权威·前沿·原创

皮书系列为
"十二五""十三五""十四五"时期国家重点出版物出版专项规划项目

智库成果出版与传播平台

河南省社会科学院哲学社会科学创新工程试点项目

河南蓝皮书
BLUE BOOK OF HENAN

河南城市发展报告
（2025）

ANNUAL REPORT ON URBAN DEVELOPMENT
OF HENAN (2025)

健全推进新型城镇化体制机制
Improving the Institutions and Mechanisms for Advancing New Urbanization

主　编／王承哲　王新涛
副主编／金　东　彭俊杰　李建华

社会科学文献出版社
SOCIAL SCIENCES ACADEMIC PRESS (CHINA)

图书在版编目(CIP)数据

河南城市发展报告.2025：健全推进新型城镇化体制机制/王承哲，王新涛主编；金东，彭俊杰，李建华副主编.--北京：社会科学文献出版社，2024.12.
(河南蓝皮书)--ISBN 978-7-5228-4781-8

Ⅰ.F299.276.1

中国国家版本馆CIP数据核字第2024C32X02号

河南蓝皮书
河南城市发展报告（2025）
——健全推进新型城镇化体制机制

主　　编／王承哲　王新涛
副 主 编／金　东　彭俊杰　李建华

出 版 人／冀祥德
组稿编辑／任文武
责任编辑／王玉霞
文稿编辑／王雅琪
责任印制／王京美

出　　版／社会科学文献出版社·生态文明分社（010）59367143
　　　　　地址：北京市北三环中路甲29号院华龙大厦　邮编：100029
　　　　　网址：www.ssap.com.cn
发　　行／社会科学文献出版社（010）59367028
印　　装／天津千鹤文化传播有限公司

规　　格／开本：787mm×1092mm　1/16
　　　　　印 张：21.25　字 数：319千字
版　　次／2024年12月第1版　2024年12月第1次印刷
书　　号／ISBN 978-7-5228-4781-8
定　　价／128.00元

读者服务电话：4008918866

版权所有 翻印必究

河南蓝皮书系列（2025）
编委会

主　任　王承哲

副主任　李同新　王玲杰　郭　杰

委　员　（按姓氏笔画排序）

　　　　　万银锋　马子占　王宏源　王新涛　邓小云
　　　　　包世琦　闫德亮　李　娟　李立新　李红梅
　　　　　杨　波　杨兰桥　宋　峰　张福禄　陈东辉
　　　　　陈明星　陈建魁　赵西三　赵志浩　袁金星
　　　　　高　璇　唐金培　曹　明

主要编撰者简介

王承哲 河南省社会科学院党委书记、院长，二级研究员，第十四届全国人大代表，中宣部文化名家暨"四个一批"人才，国家高层次人才特殊支持计划哲学社会科学领军人才，中央马克思主义理论研究和建设工程重大项目首席专家，享受国务院特殊津贴专家，中国马克思恩格斯研究会常务理事，中国社会科学院大学博士生导师，《中州学刊》主编。长期致力于马克思主义理论研究和马克思主义中国化研究，致力于中国特色哲学社会科学学科体系、学术体系、话语体系建设。主持马克思主义理论研究和建设工程、国家社科基金重大项目以及国家社科基金项目多项，主讲报告被中宣部评为全国优秀理论宣讲报告。主持起草河南省委、省政府《华夏历史文明传承创新区建设方案》《河南省文化强省规划纲要（2005—2020年）》等多份重要文件。

王新涛 河南省社会科学院城市与生态文明研究所所长、研究员，主要研究方向为城市与区域综合发展。享受河南省政府特殊津贴专家，获得河南省学术技术带头人、河南省宣传思想文化系统"四个一批"人才等荣誉称号。主持完成国家社科基金项目2项，主持或参与省级以上研究项目30余项，发表专业学术论文近百篇。获得省部级一等奖、二等奖多项，主持起草的多项决策咨询报告获得省部级领导的肯定性批示。

摘 要

党的二十届三中全会研究了进一步全面深化改革、推进中国式现代化问题，提出了健全推进新型城镇化体制机制的战略举措，是当前和未来一个时期河南推进新型城镇化体制机制创新的根本遵循。2024年，河南深入推动以人为核心的新型城镇化，着力推进区域协调发展，进一步推动农业转移人口全面融入城市，积极提升国家中心城市核心竞争力，推动郑州都市圈协同发展，中心城市辐射带动能力进一步提升，"主副引领、四区协同、多点支撑"的发展格局加快构建，新型城镇化实现质量、速度双提升。同时需要看到，相较于先进地区及全国平均水平，河南新型城镇化还有较大的提升空间，还面临城镇化推进速度有所放缓、大中小城市协调发展不够、城市安全韧性水平不足等问题，亟待系统谋划、针对性施策，推动新型城镇化实现赶超、飞跃，更好支撑现代化河南建设。

《河南城市发展报告（2025）》围绕"健全推进新型城镇化体制机制"这一主题，立足河南发展实际，从"区域协同、中心城市、规划建设、城市治理"四个板块研究和探讨了健全推进新型城镇化体制机制的思路和对策建议，以城市的高质量发展推动和支撑现代化河南建设。

总报告分为两个部分，第一部分"推进河南新型城镇化在改革中走向深入——2024年河南新型城镇化发展回顾与2025年展望"系统梳理、总结、分析了2024年河南在推进以人为核心的新型城镇化方面的主要做法、成效以及存在的问题，对2025年河南持续推进新型城镇化所面临的形势进行了分析和展望，并提出了2025年河南应在健全推进新型城镇化体制机制、

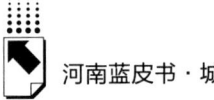

加快城市发展方式转变、推动城乡融合发展等方面持续发力，推进新型城镇化在改革中走向深入。第二部分"2024年河南省健康城市大数据监测报告"从健康人群、健康环境、健康服务、健康设施4个维度构建健康城市指标体系，对河南省17个省辖市和济源示范区健康城市建设进行监测分析。在此基础上，提出提升河南城市健康水平的思考与建议。其他专题报告分别从深化区域协同发展、加快中心城市发展、全面提高城乡规划建设治理和融合发展水平等方面提出健全推进新型城镇化体制机制的对策建议。

关键词： 新型城镇化　协同发展　河南

目 录

Ⅰ 总报告

B.1 推进河南新型城镇化在改革中走向深入
　　——2024年河南新型城镇化发展回顾与2025年展望
　　……………………………… 河南省社会科学院课题组 / 001
B.2 2024年河南省健康城市大数据监测报告
　　……………………… 河南省城乡规划设计研究总院课题组 / 032

Ⅱ 区域协同篇

B.3 深化郑州都市圈同城化发展研究……………………… 张芳菲 / 060
B.4 深化豫鲁毗邻地区合作发展研究……………………… 盛　见 / 073
B.5 加快豫皖毗邻地区协同发展研究……………………… 张　健 / 083
B.6 加快建设豫东南高新技术产业开发区的探索与实践…… 王建国 / 095

Ⅲ 中心城市篇

B.7 郑州加快转变特大城市发展方式研究………………… 左　雯 / 107
B.8 郑州提升城市文化具象化水平研究…………………… 赵　执 / 116

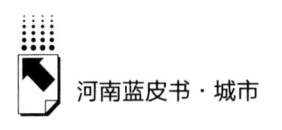

B.9 洛阳高质量建设青年友好型城市研究 …………………… 耿亚州 / 124
B.10 提升南阳副中心城市建设能级研究 …………………… 寇明哲 / 136

Ⅳ 规划建设篇

B.11 健全河南城市规划体系研究 ………………………… 刘　中 / 156
B.12 驻马店以智慧城市建设驱动产—城—人融合发展研究
　　　　　　　　　　　　　　　　　　　　 张新勤　张文静 / 168
B.13 河南城市更新可持续推进策略研究 …………………… 姚　晨 / 184
B.14 构建河南房地产发展新模式研究 ……………………… 韩　鹏 / 195
B.15 提升河南城市安全韧性研究 …………………………… 程文茹 / 207
B.16 提升河南县城综合承载能力研究 ……………………… 金　东 / 219

Ⅴ 城市治理篇

B.17 郑州构建智慧化城市运行管理体系研究 ……………… 程　方 / 235
B.18 河南实施新一轮农业转移人口市民化行动研究 ……… 易雪琴 / 246
B.19 河南健全常住地提供基本公共服务制度研究 ………… 秦艺文 / 260
B.20 推进河南县域经济"三项改革"研究 ………………… 赵中华 / 272
B.21 河南城市工商业土地利用优化研究 …………………… 赵　执 / 286
B.22 提升河南城市基层社会治理效能研究 ………………… 李建华 / 295

Abstract ……………………………………………………………… / 305
Contents …………………………………………………………… / 307

总 报 告

B.1
推进河南新型城镇化在改革中走向深入
——2024年河南新型城镇化发展回顾与2025年展望

河南省社会科学院课题组*

摘　要： 2024年，河南持续推进以人为核心的新型城镇化建设，新型城镇化水平稳步提升，城镇综合承载力全面增强，城乡融合发展新格局逐渐形成，城市安全韧性短板加快补齐，城镇化体制机制不断完善。但是河南的新型城镇化仍存在推进速度有所放缓、大中小城市协调发展不够、城市公共服务仍有短板弱项、区域发展不平衡依然明显等问题。2025年及今后一个时期，河南要在提升潜力地区城镇化水平、加快城市发展方式转变、引导大中小城市和小城镇协调发展、构建智慧高效城市治理体系、增强城市安全韧性、坚持绿色低碳发展、推动城乡融合发展等方面持续发力，推进新型城镇

---

* 执笔人：王新涛、彭俊杰、郭志远、赵中华。王新涛，河南省社会科学院城市与生态文明研究所所长、研究员，主要研究方向为城市与区域综合发展；彭俊杰，河南省社会科学院城市与生态文明研究所副研究员，主要研究方向为区域经济与生态经济；郭志远，河南省社会科学院城市与生态文明研究所副研究员，主要研究方向为城市经济；赵中华，河南省社会科学院城市与生态文明研究所助理研究员，主要研究方向为区域经济与产业经济。

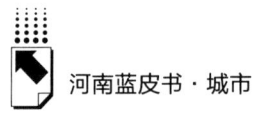

化在改革中走向深入。

关键词： 新型城镇化　城乡融合发展　河南

实施以人为核心的新型城镇化战略，是河南省"十大战略"之一，体现着河南未来一段时间内推进城镇化发展的思路、方向和着力点，是结合河南经济发展阶段和城镇化特征、顺应我国城镇化发展趋势、补齐河南城镇化发展短板的重大战略决策。面对新形势、新要求、新任务，河南需持续深化改革，大力提升县域城市综合承载力，着力建设宜居、韧性、智慧城市，以高水平城镇化有力支撑中国式现代化建设河南实践。

一　2024年河南推进新型城镇化的做法、成效及存在的问题

2024年，河南深入推动以人为核心的新型城镇化，着力推动区域协调发展，聚焦中心城市"起高峰"、县域经济"成高原"，进一步推动农业转移人口全面融入城市，积极提升国家中心城市核心竞争力，推动郑州都市圈协同发展，中心城市辐射带动能力进一步提升，"主副引领、四区协同、多点支撑"的发展格局加速构建，新型城镇化实现质量、速度双提升。

（一）主要做法

1. 提速提质建设郑州都市圈

2023年10月，《郑州都市圈发展规划》获得国家发展改革委批复。2024年初，河南省委、省政府正式印发《郑州都市圈发展规划》，为郑州都市圈加快建设擘画了蓝图、指明了方向，明确了建设步骤和建设重点，郑州都市圈建设进入全面加速阶段。2024年以来，郑州和开封、许昌、新乡等都市圈内城市以完善规划体系为引领、以交通高效互联互通共享为先导、以

产业协同为重点、以深化体制机制创新为支撑，不断推动郑州都市圈发展迈上新台阶。

一是以综合经济实力提升引领都市圈发展。经济发展是社会发展的强大动力，当今社会经济发展更多依靠科技驱动。一年来，郑州都市圈坚持以科技创新为第一动力，引领都市圈经济社会的高质量发展。郑州都市圈加快推动中原科技城"三合一"融合发展，积极争创综合性国家科学中心、国家区域科创中心，以科技赋能传统产业转型升级，努力培育壮大战略性新兴产业，积极布局未来产业，突出打造电子信息"1号"产业，不断强链延链拓链，扎实推进建设新能源汽车之城，持续做大做强装备制造产业集群。二是以统筹协调引领都市圈发展。建立健全都市圈协商合作机制，不断优化都市圈资源配置，强化科创一体化发展，着力推动产业协调、融合，积极探索产业投入和利益分配机制，深入整合文旅资源，持续擦亮"行走河南·读懂中国"文旅品牌，实施自然资源资产有偿使用、横向生态保护补偿等政策举措。三是以共建共享引领都市圈发展。利用自身优质的公共服务资源，探索不同层次和模式的合作办学和医疗服务，并促进公共服务互联互通互认。积极推进政务服务互联互通互认，进一步简化网上行政审批流程，全面推进政务服务同城化"一网通办"。同时，不断健全突发公共事件的联防联控机制，进一步建立健全治安稳定、安全隐患排查以及人居环境整治的相关协作机制。

2. 增强副中心城市区域带动能力

为更好地推动城镇化发展，河南省第十一次党代会明确提出，推动中心城市"起高峰"、县域经济"成高原"，支持南阳建设副中心城市。自此，在将洛阳建设为副中心城市的基础上，河南中心城市升级为"一主两副"、范围更大的全新格局。省域副中心城市往往综合实力强、拥有优势资源或产业，对区域经济发展具有较为明显的带动作用。2024年以来，洛阳和南阳不断集聚发展动能、提升发展能级，与周边城市联动发展，不断取得新突破。

2024年，洛阳锚定"两个确保"，深入落实"十大战略"，持续推进

"十大建设",聚焦"建强副中心、形成增长极",坚持以创新引领发展,聚焦产业发展、城市提质、乡村振兴三项重点工作,奋力用好科技创新、改革开放、激励干部担当三个抓手,推动高质量发展。洛阳坚持把创新摆在发展的逻辑起点和现代化建设的核心位置,重塑科技创新体系,研发投入强度连续5年领跑全省,加快建设高水平国家创新型城市和区域重要人才中心。奋力建设全国重要先进制造业基地,持续深化"五链"耦合,大力培育发展新质生产力,围绕农机装备制造、新能源装备等,加快构建现代化产业体系。此外,洛阳抢抓入围国家超大特大城市城中村改造政策试点重大机遇,纵深推进城市提质,向着建设中心城区人口超500万人的特大城市迈进,加快建设充满活力、富有魅力、极具吸引力的现代化城市。

2024年,南阳围绕建强省域副中心城市,纲举目张抓发展,全力以赴拼经济,城市建设取得了新的进步,推动经济和社会发展迈上新台阶。这一年,南阳大力推进科技创新,通过健全科技平台、培育科技型企业、引聚高端人才,构建完善的科技创新生态。南阳注重关键核心技术攻关,致力于通过实施重大科技项目催生高科技成果,尤其是在制造业等高技术领域实现突破。通过"7+17"重点产业链群发展战略,围绕绿色食品、装备制造、新材料等重点产业集群,推进新质生产力布局。针对绿色经济和新兴产业,南阳大力发展合成生物、新能源装备及化工、航空再制造等领域,培育新的增长极。南阳强调通过深化改革激发经济活力,特别是在交通、能源、水利和新基建等关键领域进行改革创新。南阳通过加快城镇更新和乡村振兴,全面推动城乡融合发展。城市方面,实施"九大行动",提升城市品位和功能,尤其是在制造业项目建设上发力;乡村方面,依托高标准农田建设和特色农业经济,确保农业高质量发展,推动乡村产业园建设,构建"一镇一特""一村一品"的特色乡村经济。

3. 强化县级城市和小城镇综合承载力

2024年,聚焦基础设施建设、产业发展、公共服务水平提升和政策支持等方面,河南采取了多项措施,着力强化县级城市和小城镇综合承载力。加强基础设施建设。河南将基础设施建设作为强化县级城市和小城镇综合承载力的首要任务，包括交通、能源、水利和信息通信等领域。政府计划加大对县域交通网络的投资力度，特别是高速公路和农村公路的建设与改造，以提高小城镇与大城市之间的连通性。同时，重点推进水利设施建设，确保城乡供水的安全与稳定。推动产业高质量发展。河南鼓励县级城市和小城镇依托本地资源优势，发展特色产业，促进产业集聚和升级。河南省政府支持建设产业园区，吸引投资，并推动中小企业的发展，提升当地经济的韧性。此外，发展现代农业和服务业也是强化县级城市和小城镇综合承载力的重要方向，通过推动农产品加工、乡村旅游等新兴业态发展，促进经济多元化。大力提升公共服务水平。为了提升县级城市和小城镇的生活质量，河南着重优化公共服务设施，加强教育、医疗和社会保障。政府加大对教育基础设施的投入力度，提高师资力量和教育质量，同时确保每个乡镇都有可供居民就医的医疗机构。通过完善社会保障体系，确保困难群体的基本生活需求得到满足。此外，河南通过政策支持和资金投入，激励县级城市和小城镇的发展。例如，省级财政为承载力建设项目提供专项资金，鼓励地方政府制定优惠政策吸引企业投资。政府加强对小城镇的规划引导，确保发展方向的科学性与可持续性。

4. 推进城市更新行动

在推动新型城镇化的过程中，河南力求全面提升城市功能和品质，助推城市高质量发展，奋力提高居民的获得感和幸福感。聚焦重点任务，推动规划与改造。一方面，强调城市体检与规划，河南要求各地需在 2024 年 6 月底前完成城市"体检"报告，并在 9 月底前完成城市更新规划的编制，确保高质量的规划输出。另一方面，加快老旧小区与旧城改造，河南着力推进老旧小区和城中村的改造，推动历史文化保护街区及旧厂区的升级。大力完善基础设施与公共服务。基础设施建设方面，加大对交通、供水、无障碍设施等基础设施的投资力度，增强城市韧性。城市生态环境与公共服务方面，河南大力推进城市绿色空间建设、污水处理能力提升以及垃圾综合治理，推进城市绿化、垃圾分类处理等工作，改善城市环境，提升城市管理的智能化水平。推动项目落地，提升融资能力。2024 年，河南计划实施 3610 个城市更新项目，总投资达5069亿元，"项目为王"理念贯穿城市更新的整个过程[①]。为了推动项目落地，河南不断拓宽融资渠道，通过建立政银企服务平台，促进金融机构与社会资本对接，为城市更新提供资金保障。为确保城市更新工作质量，河南加强组织统筹，不断完善政策体系。充分发挥城市更新领导小组办公室的作用，完善相关工作机制，以确保各项工作统筹推进。此外，河南加快制定《省优化城市更新项目审批办理指导意见》，有效整合审批服务事项，并建立快速审批机制。同时，推出《推进城镇低效用地再开发促进城市更新工作实施办法》，鼓励各类主体参与土地开发。

5. 提升城市治理水平

2024年，河南在提升城市社会自治水平和能力方面推出了一系列政策和措施，推动城市社会自治能力逐步增强，提升了城市管理效率，增强了居民的幸福感和社会认同感，推动了城市治理模式朝更加现代化、智慧化的方向发展。

强化社区治理。郑州、洛阳等地通过推行"网格化管理"模式，完善了社区治理体系。每个社区被划分为若干个网格，每个网格配备专职管理人员，负责对接居民诉求和解决社区问题。例如，郑州通过此方式已覆盖了约90%的社区，每个社区都配备了专职网格员，形成了居民和政府之间的桥梁。建设智慧治理和数字平台。河南在推动数字化治理方面取得成效，郑州、南阳等多个城市积极应用智慧平台，居民可以通过该平台提交投诉建议、申请服务等。例如，南阳通过"智慧城市管理平台"，在居民服务中引入大数据技术，实现了城市管理问题的高效发现与处理。洛阳的"智能社区管理系统"已经覆盖了全市70%以上的社区，居民可以通过手机App参与社区事务、查询相关政策、参与活动等，这不仅提升了居民的自治参与度，还提升了社区管理的透明度。健全基层社会组织。河南通过支持和引入社会力量参与基层治理，有效提升了

[①] 《河南：2024年城市更新行动蓝图绘就》，河南省住房和城乡建设厅网站，2024年4月1日，https://hnjs.henan.gov.cn/2024/04-01/2972004.html。

社区的自治能力。例如，洛阳市政府支持"爱心服务志愿者协会"等社会组织，组织社区居民自发开展环境整治、志愿服务、文娱活动等事务。加强居民教育和能力建设。在社区居民教育方面，河南通过线上线下相结合的方式，提供社区自治能力培训。比如，郑州为社区居民提供更多的社区自治培训，帮助居民学习如何有效参与社区管理，提升了居民的参与感和责任感。

（二）取得的成效

1.新型城镇化水平稳步提升

河南加快构建"主副引领、四区协同、多点支撑"的发展格局，推动区域协调发展。2023年底，河南城镇常住人口达到5701万人，常住人口城镇化率提升至58.08%，比上年末提高1.01个百分点[1]。

主副中心城市发展能级持续提升。2023年，郑州、洛阳和南阳的GDP合计达到2.37万亿元，占全省GDP的比例达到40.00%。其中，郑州"龙头"地位得到进一步巩固和提升。2023年，郑州GDP达到1.36万亿元，郑州依然是河南唯一GDP过万亿元的城市，增速达到7.8%，超过全国GDP增速2.6个百分点。2024年上半年，郑州坚持稳中求进工作总基调，稳步推进各项工作，GDP达到7252.4亿元，同比增长5.3%，全市经济延续总体平稳、稳中提质的良好发展态势。2024年上半年，洛阳和南阳GDP分别达到2889.8亿元和2356.0亿元，分别同比增长4.0%和6.1%，均显示出较为平稳的发展势头。从人口发展来看，主副中心城市承载越来越多的城镇常住人口。2023年末，3个中心城市城镇常住人口总量达到2022.81万人，比上年增加超过30万人，占全省城镇常住人口的比例提升至35.48%[2]。

郑州都市圈建设不断取得新突破。2023年10月，《郑州都市圈发展规划》获国家发展改革委正式批复，郑州都市圈成为全国第10个国家级都市

---

[1] 《2023年河南省国民经济和社会发展统计公报》，河南省人民政府网站，2024年3月30日，https://www.henan.gov.cn/2024/03-30/2967853.html。

[2] 根据郑州、洛阳和南阳3市2023年国民经济和社会发展统计公报整理得到。

圈，进入建设发展的快车道。当前，郑州都市圈"强核心"正加力打造。其中，电子信息、汽车、装备制造、新材料、现代食品、铝及铝精深加工6个千亿元级主导产业集群持续发力，规模稳步提升，产业链不断完善，3个国家新型工业化产业示范基地建设高水平推进，68个国家级研发平台加速集聚更多科创资源力量。2023年，郑州规模以上工业增加值同比增长12.8%，增速居9个国家中心城市首位。此外，郑州都市圈城市正着力推动产业和城市深度融合、协同发展，加快实现城市功能互补、产业错位发展，着力建设具有国际竞争力的现代化产业协同体系和新兴产业培育发展生态圈，用产业整体竞争力提升推动郑州都市圈发展迈上新台阶。

2. 城镇综合承载力全面增强

城镇民生事业不断取得新突破。2023年，河南城镇新增就业人员达119.3万人，城镇居民人均可支配收入达40234元，同比增长4.5%，有力地保障了城镇居民的生活需求。城镇居民的消费意愿稳中有进，城镇居民人均消费支出25570元，同比增长8.6%，明显超过人均可支配收入的增速。教育方面，2023年河南获批设立中国现代农业联合研究生院、郑州美术学院、信阳师范大学，推动河南省内高校总数上升到168所。普通高中多样化特色化发展取得明显成效，公办学校学位数持续提升。医疗卫生方面，河南国家区域医疗中心达到12家，推动县域医疗中心全部达到二级甲等水平，进一步缓解高质量医疗资源供需矛盾。

扎实做好城市更新工作。为了适应城市从规模扩张向内部质量提升转变的新要求，河南研究并构建了"1+1+N+X"政策框架。在此基础上，河南省人民政府办公厅发布了《关于实施城市更新行动的指导意见》，并建立了相应的工作机制来统筹城市事务。政府还安排了城市健康检查，重点关注交通拥堵、停车困难、管网老化、污水处理和垃圾收集处理等问题。全省共实施了3501个城市更新项目，总投资超过4000亿元。其中，新建了1176公里的污水管网，建成了8座污水处理和污泥处理设施，以及11座生活垃圾焚烧和餐厨垃圾处理设施，基本上实现了原生生活垃圾不再填埋。不仅如此，近年来，河南新开工建设了27万套棚户区改造安置房，其中23万套已经基本建成。此外，政府还抓住国家推行"三大工程"的政策机会，指导郑州和洛阳策划了一批城中村改造和保障性住房项目，以纳入国家支持计划。

3. 城乡融合发展新格局逐渐形成

一方面，充分发挥试验区带动效应。河南加快许昌国家城乡融合发展试验区建设，围绕5项重点任务，加大改革探索力度。2023年，成功创建国家农村产权流转交易规范化建设整市、整县试点，长葛入选农村集体经营性建设用地入市国家试点，开展村集体收益分配权抵押担保试点探索。另一方面，合理配置城乡发展要素。持续缩小城乡公共基础设施差距，优化城乡学校结构布局，新开工建设150所乡镇寄宿制小学。持续实施农村危房和农房抗震改造。新增建设乡镇政府驻地污水处理设施82个，全省农村生活污水治理率达到40.6%。保障进城务工农民的宅基地合法权益，基本完成巩义等5个全国农村宅基地改革试点，认定宅基地农户资格权61.50万户。加快农业科技成果入乡转化，积极探索农技人员"县管乡用、下沉到村"工作机制，加强主导品种、主推技术落地应用。建立政策、资金、服务"三位一体"的返乡创业培育扶持体系，加大创业担保贷款扶持力度，设立农民工返乡创业投资基金，支持返乡创业企业发展壮大。组建河南省农民工工作专家库，加强培训指导，提升返乡创业服务质效。

4. 城市安全韧性短板加快补齐

近年来，河南本着人民利益高于一切的原则，重视生命安全，兼顾发展与安全的关系，采取解决当前问题与长远规划相结合的方法，致力于从根本上消除安全隐患。省委和省政府一直把改造城市老旧社区作为重要的民生工程，着重修复和改善城市的井盖设施。2023年，河南特别强调了为居民安装燃气安全设备的重要性，对38.98万户老旧住宅进行了翻新改造，整治窨井盖28万座，实现了对问题井盖的全面治理，并为1044万户居民加装了燃气安全设备，圆满实现了各项预定的民生目标。此外，推进城市基础设施安全保障体系的构建，以及对城镇燃气供应系统的专项治理，旨在促进燃气市场的规范化管理，并完成了超过2.3万户非居民用户的瓶装气到管道气的转换工作。强化建筑工程的安全管理和标准建设，继续巩固对自建房屋的安全整治成效，确保不出现人员居住在危险房屋中的情况。持续推动提高城市排水防洪能力的六大工程项目，有效保障了城市的整体安全。

5. 城镇化体制机制不断完善

河南积极推进大中小城市和小城镇的协调发展，避免城镇化过程中出现资源过度向大城市集中导致中小城市和县城发展相对滞后的现象。为了促进城乡统筹，河南进一步增强了城乡规划的协调性，推动城乡要素自由流动，提升中小城市和县城的承载能力。2024年，河南通过优化土地使用政策、促进公共资源在城乡间合理配置，实现了城镇化的全域均衡发展。建立健全公共服务均等化机制。随着城镇化的推进，公共服务供给均衡性成为河南推进城镇化体制机制改革的重要内容。为了确保城镇居民享受到高质量的教育、医疗、养老等服务，河南不断完善财政转移支付制度，加强对中小城市和欠发达地区的公共服务投入。2024年，河南启动了一系列关于公共服务均等化的试点项目，推动教育资源、医疗设施的公平配置，提升偏远地区居民的生活质量。基础设施建设是城镇化进程中的重要一环。2024年，河南在城镇化基础设施建设体制上进行了重大改革，注重绿色低碳、可持续发展。河南加大了对城市轨道交通、新能源汽车充电设施、智慧城市基础设施的投入力度，提升了城镇的现代化水平和发展潜力。同时，河南加强了水、电、气等传统基础设施的建设，确保基础设施供给与城镇化需求相匹配。

（三）存在的问题

过去一年，河南在产业发展、社会治理、开放创新等诸多领域取得新突破，在城市建设、城乡融合、农村转移劳动力市民化等方面迈上了新台阶，新型城镇化总体上成就突出，高质量发展迎来了崭新局面。同时需要看到，相较于世界发达国家、国内先进地区，河南城镇化水平还有较大的提升空间，持续推进新型城镇化还面临诸多问题，亟待系统谋划、针对性施策，推动新型城镇化实现赶超、飞跃，更好支撑现代化河南建设。

1. 城镇化推进速度有所放缓

河南农村富余劳动力人口的城市迁移正在减速，越来越多的年轻人选择留在家乡创业或从事农业生产，而不是前往城市寻找工作。这种趋势在豫南地区尤为明显，当地许多青年返乡从事农业种植、养殖业等，形成了新的"回流"现象。根据河南省统计局的数据，截至2023年底，河南省常住人口城镇化率为58.08%，较上年仅提升1.01个百分点，远低于2012~2022年平均每年1.5个百分点的提升速度[①]。同时，劳动年龄（15~64岁）人口增长率逐渐下降，2023年仅增长了0.2%，可用于城市发展的劳动力资源正在减少。此外，河南城市发展面临土地和环境约束。河南作为粮食主产区，耕地保护压力较大。近年来，为了保护耕地红线，河南严格控制建设用地指标，导致部分城市因土地资源紧张而无法扩大规模。同时，过度开发导致的环境问题如水资源短缺、空气污染等，反过来抑制了城镇化进程。不仅如此，城市发展内生动力不足也是河南城镇化发展过程中面临的显著问题。一些中小城市由于缺乏特色产业支撑，经济增长乏力，无法吸引足够的外来人口定居。例如，平顶山虽然拥有丰富的煤炭资源，但随着能源结构调整，煤炭产业逐渐萎缩，城市经济转型困难，难以吸引人口流入。此外，当前河南农村地区发展依然滞后。河南农村居民人均可支配收入在2023年为20053元，远低于城镇居民的40234元，显示出城乡收入差距明显[②]。农村地区的基础设施和公共服务设施普遍较为薄弱，尤其是农村地区的医疗卫生服务水平与城市的差距依然较大。

2. 大中小城市协调发展不够

就河南整体而言，中心城市区域"辐射"能力偏弱，资源"虹吸"现象依然存在，导致资源过度集中。郑州作为省会城市，不仅拥有众多高校和科研机构，还是交通枢纽和物流中心，吸引了大量的资金和技术。同时，洛

---

① 《2023年河南省国民经济和社会发展统计公报》，河南省人民政府网站，2024年3月30日，https://www.henan.gov.cn/2024/03-30/2967853.html。

② 《2023年河南省国民经济和社会发展统计公报》，河南省人民政府网站，2024年3月30日，https://www.henan.gov.cn/2024/03-30/2967853.html。

阳、南阳作为副中心城市，2023年GDP分别达到5486亿元和4572亿元，"一主两副"城市GDP达河南GDP的40%[1]。相比之下，信阳、开封、漯河和鹤壁等城市虽然也有一定的工业基础，但在高端制造业、现代服务业等方面与郑州、洛阳存在较大差距。同时，河南一些城市还存在功能定位模糊的问题。一些中小城市在发展过程中没有清晰的功能定位，导致城市之间的竞争大于合作。例如，开封虽然历史文化底蕴深厚，但在现代服务业方面发展不足，难以与郑州形成互补关系。此外，城市间产业链衔接也不够顺畅。河南省内各城市之间产业关联度不高，产业链上下游衔接不紧密。例如，郑州生产的汽车零部件很难直接供应给洛阳的整车制造企业，导致资源浪费和成本增加。再如，2023年郑州的高新技术产业增加值占全省的比重超过一半，而其周边城市如开封、焦作、平顶山等占比不足10%，这些城市难以与郑州形成有效的产业链、创新链协同布局。

3. 城市公共服务仍有短板弱项

医疗和教育资源的分布不均问题较为突出。在河南，优质的医疗和教育资源主要集中在郑州等大城市，而中小城市和偏远地区的居民在享受这些基本公共服务时常常面临较大困难。例如，许多中小城市的医疗资源匮乏，医院设备落后，医护人员数量不足，导致患者不得不前往大城市就医，增加了个人和家庭的负担。尤其是当公共卫生事件突发时，医疗资源的不足更为明显，也暴露了中小城市在公共卫生领域的脆弱性。同样地，教育资源的不平衡也制约了中小城市的可持续发展。优质教育资源的集中使得大量家庭为追求更好的教育环境而迁往大城市，进一步加剧了人口在大城市的集中化。除了医疗和教育资源分布不均外，河南各城市在基础设施建设和公共服务供给方面仍然存在较大差距。省内的一些大城市如郑州、洛阳等的基础设施相对完善，众多中小城市和农村城镇的供水、供电、交通等基础设施的建设和维护仍显不足。例如，部分中小城市的供水系统老化严重，管道破损和水质问

---

[1] 《2023年河南省国民经济和社会发展统计公报》，河南省人民政府网站，2024年3月30日，https://www.henan.gov.cn/2024/03-30/2967853.html。

题频发，供电网络也面临设备陈旧、停电频率高等问题。此外，河南的养老服务和社会保障体系还不够健全。随着城市化的推进，人口老龄化问题日益突出，尤其是在一些农村人口大量外流的地区，老年人群体成为主要居民群体。但许多中小城市的养老服务设施建设滞后，社会保障体系尚未完全覆盖，使得老年人无法获得有效的照顾和保障。在一些偏远地区，基层养老机构的服务能力薄弱，社区养老设施匮乏，导致老年人在生活中面临诸多困难。

4.区域发展不平衡依然明显

河南的区域发展不平衡问题在城镇化进程中表现得尤为突出。这种不平衡不仅体现在不同地区经济发展的差距上，还体现在城乡之间以及大中小城市之间的发展差距上。河南中部、西部地区的经济发展相对较快，产业结构较为优化，而东部、北部地区的经济发展则相对滞后，区域内资源配置不均，社会经济发展差距不断拉大。

首先，东部、北部地区与中部、西部地区的经济差距日益明显。河南中部、西部地区由于地理位置和国家战略，经济发展尤其是重工业起步较早，形成了较为完善的工业体系和坚实的服务业基础，如郑州、洛阳、南阳、许昌等城市在省内经济中占有较大份额。而东部和北部地区由于资源匮乏、农业偏重，第二产业发展滞后，缺乏创新动力和现代化经济体系支撑，人均收入水平较低。其次，城乡之间的发展不平衡更加显著。随着城市化的推进，大量农村人口向城市迁移，带动了城市的经济增长和基础设施建设。然而，农村地区的经济发展滞后，基础设施落后，公共服务供给不足，使得城乡之间的差距进一步拉大。农村地区的就业机会有限，产业结构单一，许多农村劳动力无法通过本地经济实现致富，只能依靠外出务工来提高收入水平。此外，城乡之间的教育、医疗等公共资源差距也加剧了不平衡。最后，区域发展不平衡的一个重要表现是大中小城市之间的经济差距不断扩大。郑州作为省会城市，集聚了大量的资金、技术和人才资源，经济总量和城市基础设施建设处于领先地位，而一些中小城市由于产业结构单一、创新能力不足，经济发展相对滞后。特别是一些资源型城市，由于依赖单一产业，缺乏多元化的支持，当资源枯竭或市场波动时，经济增长面临较大压力。

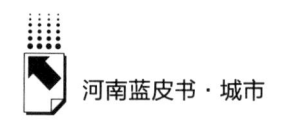

5.城市安全韧性水平仍然不足

河南城市的自然灾害、突发事件和社会危机应对能力仍然较为薄弱，城市安全韧性水平亟须提升。首先，应对自然灾害的能力不足。河南作为一个内陆省份，近年来频繁受到洪涝、台风等自然灾害的影响，尤其是2021年郑州的特大暴雨暴露出城市在应对极端气候时的脆弱性。许多城市的排水系统老旧，管网能力不足，无法有效排放暴雨积水，导致城市内涝问题频发。尤其是在极端气候频发的背景下，城市应对自然灾害的能力成为衡量城市韧性的重要标准。其次，河南城市的基础设施抗风险能力不足。在河南一些城市特别是中小城市，基础设施的建设和维护滞后，建筑物抗震、防火等标准较低，老旧小区的改造进展缓慢，增加了安全隐患。交通设施如桥梁、隧道等的老化问题也较为突出，一旦发生自然灾害或突发事件，容易造成大面积的交通瘫痪。此外，电力、供水等关键基础设施的可靠性和抗风险能力也存在较大的提升空间。这些设施的稳定性直接关系城市的正常运行与居民的生活质量，尤其是在应对极端天气或其他突发事件时，它们的表现至关重要。最后，城市治安压力增大，社会管理复杂性提高。随着城市人口的快速增长，尤其是流动人口和外来务工人员的大量涌入，社会治安问题日益凸显。城市犯罪率上升，特别是在一些人口密集、治安基础较为薄弱的城中村和城乡接合部地区，犯罪行为时有发生。针对这些地区的治安防控措施相对滞后，执法力量不足，加之复杂的社会环境，治安问题难以得到有效解决。与此同时，城市的社区管理、社会服务供给也未能跟上人口增长的节奏，基层社会治理压力进一步增大。

二 推进河南新型城镇化在改革中走向深入的形势和展望

党的二十届三中全会研究了进一步全面深化改革、推进中国式现代化问题，提出了健全推进新型城镇化体制机制的战略举措，指导推进河南新型城镇化在改革中走向深入。2024年是实现"十四五"规划目标任务的关键一年。推进河南新型城镇化在改革中走向深入，需要对当前的世情、国情、省情有全面而又清晰的认识，尤其是面对外部环境变化、国内有效需求不足、经济运行出现分化、重点领域风险隐患仍然较多、新旧动能转换存在阵痛等因素带来的深远影响，必须加以深入分析和充分把握。

（一）形势分析

1. 我国经济长期向好的基本面没有改变

根据国家统计局公布的数据，2023年我国GDP超过126万亿元，同比增长5.2%，对世界经济增长的贡献率为32%，我国依然是推动世界经济增长最有力的引擎。2024年上半年，我国GDP同比增长5.0%，运行总体平稳、稳中有进，新动能加快释放，高质量发展取得新进展，在全球主要经济体中处于领先地位。这些数据表明，尽管面临外部环境的不确定性和挑战，我国经济仍保持了稳健的增长态势。从保持经济增长动力方面来看，我国经济的增长动力正从传统制造业向服务业和高新技术产业转移。消费已成为经济增长的第一动力，随着居民收入水平的提高和消费领域的不断拓展，服务性消费支出占比逐步提高。同时，科技创新为经济增长提供了新动能，5G通信、量子技术、新能源等领域已处于世界领先水平，科技创新正在加速实现高水平科技自立自强。此外，我国持续推动供给侧结构性改革，优化营商环境，激发市场主体活力，推动经济高质量发展。我国还积极参与全球治理体系改革和建设，推动经济全球化，通过共建"一带一路"等倡议，与世界各国共享发展机遇。也就是说，我国经济的长期向好趋势得益于不断优化的经济结构、稳健的增长态势以及强劲的增长动力。尽管面临挑战，但我国经济基本面依然稳固，发展潜力巨大。

2. 新型城镇化持续推进的基本趋势没有改变

未来一个时期，河南城镇常住人口将持续增加，城镇化动力依然较强。城镇化发展规律表明，不论是基于三阶段还是四阶段划分法，河南城镇化的高质量发展都需保持适当的规模与速度。例如，诺瑟姆的三阶段划分法将城镇化发展轨迹视作一条平滑的"S"形曲线，根据城镇化率分为三个阶段：

0~30%为城镇化起步阶段，增长较慢；31%~70%为快速发展阶段；超过70%则城镇化增长放缓，可能出现停滞或逆城镇化。河南作为人口大省，农村人口占比较高。2023年，全省总人口为9815万人，城镇常住人口为5701万人，城镇化率达到58.08%，低于全国平均水平8.08个百分点。"十四五"规划提出常住人口城镇化率目标为65%，河南与此目标差距较大，未来几年持续推进新型城镇化是河南社会经济发展的最大潜力所在，也是支撑全国城镇化水平提升的关键部分。

3. 新一轮科技革命和产业变革的基本态势没有改变

一方面，我国科技创新投入持续增加，从要素投资到创新开放，城镇化发展驱动力持续转换。我国在2023年的研究与试验发展（R&D）经费支出超过了3.3万亿元，同比增长8.4%，显示出持续增长的态势，R&D经费的投入强度达到了2.65%。我国R&D经费总额在2012年超过了1万亿元，在2019年超过了2万亿元，并在2022年超过了3万亿元。目前，我国在全球R&D经费支出中排名第二，仅次于美国。持续增长的R&D经费投入为我国加快实现高水平科技自立自强和持续推进新型城镇化提供了强有力的保障。另一方面，科技与产业的深度融合推动了新技术和新产品的快速发展。5G、人工智能等技术的应用不仅提升了传统产业的竞争力，也催生了新的产业和商业模式。并且，我国出台了一系列政策支持科技创新和产业发展，包括财政资金支持、税收优惠、知识产权保护等，同时深化改革，优化创新环境，激发市场活力和社会创造力。此外，我国深入实施创新驱动发展战略，推动科技创新和产业创新融合发展，积极参与全球科技创新治理，加强创新资源统筹和力量组织，提升国家创新体系整体效能，不断提高加快实现高水平科技自立自强的能力。

4. 党的二十届三中全会释放更多改革红利

党的二十届三中全会提出健全推进新型城镇化体制机制，构建产业升级、人口集聚、城镇发展良性互动机制，同时对巩固和完善农村基本经营制度、完善强农惠农富农支持制度、深化土地制度改革等方面做出了部署和安排，城镇化改革在户籍制度改革、土地利用制度改革、城乡统一的社会保障制度改革、行政管理体制改革、投融资体制机制改革等方面取得成效，推进城镇化保持较快发展速度和较高发展质量。但是，社会关注的农业转移人口市民化、"三权"自愿有偿退出等一些关键领域的改革有待进一步突破。例如，从目前常住人口城镇化率与户籍人口城镇化率的差距基本保持不变的趋势看，农业转移人口市民化不仅受户籍制度的影响，而且受就业收入、住房支付等方面的影响。甚至就某种意义而言，就业是市民化之本，安居是市民化之基，只有让农业转移人口有稳定的工作、收入、住所，农业转移人口才有更强的动力、意愿将户口转入城镇。随着新型城镇化的推进，关键领域和薄弱环节面临的问题都将在全面深化改革中得到解决，必将释放更多的改革红利。

5.外部环境的复杂性严峻性不确定性增加

当今世界正经历百年未有之大变局，国际环境日趋复杂，不稳定性不确定性明显增加。世界经济陷入低迷期，全球经济复苏乏力，增长的空间有限、动能不足，这给我国出口和经济增长带来压力。经济全球化遭遇逆流，贸易关系紧张，全球范围内的贸易摩擦时有发生，严重影响产业链供应链安全和稳定，全球能源供需版图也正经历深刻变革。国际政治经济格局复杂多变，世界进入动荡变革期，俄乌冲突持续，中东局势动荡，导致全球能源和粮食价格波动，增加了我国发展的外部不确定性。全球科技竞争日益激烈，一些国家对我国的科技企业和研究机构进行限制和打击，影响了我国在全球科技产业链中的地位。全球治理体系面临重大变革，多边贸易体系和国际规则的不确定性增加，给我国参与全球治理和国际合作带来挑战。国际社会对企业的环境保护、社会责任和治理结构的要求越来越高。同时，随着工业化、信息化、全球化的深入推进，各类风险隐患的易发性、交互性、扩散性和危害性也呈倍增态势，城镇化发展韧性面临前所未有的挑战。

6.人口增量和结构发生重大变化

从人口数量角度来看，截至2023年末，我国的总人口为140967万人，相较于2022年减少了208万人。随着工业化和城镇化的推进，人口发展趋势将出现新的变化。尽管如此，我国依然拥有较大的人口规模，这为巩固市场规模优势提供了长期的支持。从人口结构角度来看，2023年末，我国0~15岁人口占总人口的17.6%，16~59岁劳动年龄人口占比为61.3%，60岁及以上人口占比为21.1%，其中65岁及以上人口占15.4%。我国已经步入老龄化社会，但劳动年龄人口仍有8亿多人，劳动力资源依然丰富，人口红利依然显著。老龄化带来的挑战虽然存在，但"银发经济"的快速增长不仅扩大了老年人消费市场，也推动了养老、医疗、文化、旅游等相关产业的发展，成为新的经济增长点。从人口素质角度来看，随着创新驱动发展战略、科教兴国战略和人才强国战略的深入推进，人口的教育水平不断提升。2023年，我国拥有大学文化程度的人口超过2.5亿人。16~59岁劳动年龄人口的平均受教育年限为11.05年，较2022年增加了0.12年。人才队伍结构的优化，以及人才发展红利的快速释放，为新旧动能转换和产业结构升级提供了有力支撑，对新型城镇化的持续发展起到了积极的推动作用。

7. 房地产市场区域分化加剧

从房地产开发投资的区域差异来看，相比东部地区来说，东北地区和中部、西部地区下降更明显。国家统计局2024年1~8月全国房地产市场基本情况数据显示，全国房地产开发投资总额为69284亿元，同比下降10.2%。其中，东部地区投资额为41900亿元，同比下降9.0%；中部地区投资额为13539亿元，同比下降10.8%；西部地区投资额为12205亿元，同比下降11.9%；东北地区投资额为1638亿元，同比下降20.8%。从新建商品房销售面积的区域差异来看，2024年1~8月，全国新建商品房销售面积为60602万平方米，同比下降18.0%。其中，东部地区销售面积为28109万平方米，同比下降16.0%；中部地区销售面积为15315万平方米，同比下降20.5%；西部地区销售面积为14962万平方米，同比下降19.7%；东北地区销售面积为2216万平方米，同比下降14.3%。从人口流动对房地产市场的影响来看，人口流入的一线城市和部分二线城市，由于人口增长带来需求，房地产市场相对稳健。而人口流出的三线、四线城市，由于需求减少，房地产市场面临较大压力。我国房地产市场的区域分化是多种因素共同作用的结果，包括经济发展水平、人口流动、土地供应政策、地方政府调控政策等。随着新型城镇化的推进和区域协调发展战略的实施，预计房地产市场的区域分化将进一步加剧。

（二）发展展望

1. 新型城镇化体制机制不断优化

党的二十届三中全会提出了健全推进新型城镇化体制机制的战略举措，是当前和未来一个时期推进新型城镇化体制机制创新的根本遵循。党的二十届三中全会提出了"推行由常住地登记户口提供基本公共服务制度，推动符合条件的农业转移人口社会保险、住房保障、随迁子女义务教育等享有同迁入地户籍人口同等权利""保障进城落户农民合法土地权益，依法维护进城落户农民的土地承包权、宅基地使用权、集体收益分配权，探索建立自愿有偿退出的办法""推动形成超大特大城市智慧高效治理新体系，建立都市圈同城化发展体制机制""建立新增城镇建设用地指标配置同常住人口增加协调机制"等改革举措，对新型城镇化体制机制进行系统创新、整体升级，着力破解推进新型城镇化的痛点堵点难点，实现体制机制创新全面发力、多点突破、纵深推进。站在新的历史起点上，全面贯彻落实党的二十届三中全会精神，牢牢把握"人的现代化"核心要义，坚持从社会的全面进步和人的全面发展出发，坚持"人民城市人民建、人民城市为人民"，不断优化新型城镇化体制机制，推动新型城镇化实现高质量发展，并最终走向全面现代化，是未来一个时期新型城镇化的题中应有之义。

2. 城镇化格局体系渐趋优化稳定

随着河南深入实施以人为核心的新型城镇化战略，推动中心城市"起高峰"、县域经济"成高原"，城镇化的空间格局与产业格局、动力格局的匹配度进一步提高，城镇化进入空间组织的不断调整优化阶段，"主副引领、四区协同、多点支撑"的城镇化空间格局将加快形成。从动力来看，城市在交通、市政、教育、医疗、养老、文化等基础设施和公共服务方面的软硬件建设投资进一步增加，城镇化投资需求潜力将进一步释放；各种要素资源的省内外流动制约将进一步解除，城市生产生活模式持续优化创新，城乡居民的差异化、品质化消费需求将得到进一步满足，城市消费将迎来一波高潮，城市对整体经济体系的支撑作用将得到充分发挥。从空间来看，河南的豫北、豫中南、豫东等板块在未来一个时期的城镇化水平将明显提升，与全省平均水平的差距将明显缩小。其中，郑州都市圈一体化发展加快，郑开同城化全面推进，并将兰考纳入郑开同城化进程，许昌、新乡、焦作、平顶山、漯河与郑州融合发展步伐不断加快；洛阳与三门峡、济源等城市协同发展，共同打造豫西转型创新发展示范区；南阳与信阳、驻马店等城市厚植文化生态优势，协作互动打造豫南高效生态经济示范区；商丘、周口协同打造豫东承接产业转移示范区；安阳、鹤壁协同打造豫北跨区域协同发展示范区。县城扩容提质的成效将更加突出，县域发展活力进一步被激发。

3. 城市发展新旧动能加速转换

2024年1月，习近平总书记在中共中央政治局第十一次集体学习时指出，新质生产力是创新起主导作用，摆脱传统经济增长方式、生产力发展路径，具有高科技、高效能、高质量特征，符合新发展理念的先进生产力质态[1]。新质生产力的显著特点是创新，通过城市创新的示范效应、倍增效应、引力效应和聚合效应，促进资源要素集聚和高效配置，打造区域创新体系，推动城市发展新旧动能加速转换。以往支撑城镇化发展的"人口红利""土地红利""投资红利"都已开始出现"拐点"，而前期所积累的大量问题和矛盾将在中后期集中显露，未来城镇化发展实现"从失衡到均衡"需要付出不断趋高的成本，亟须从外延无序式扩张朝内涵集约式提升方向转型。新的发展阶段迫切需要新的生产力理论来指导，而新质生产力已经在实践中形成并显示出对新型城镇化高质量发展的强劲推动力、支撑力，可以用来指导新型城镇化发展新的实践，开辟新的发展赛道。新质生产力、新型城镇化、新型基础设施"三新"融合互促，可以为推进河南新型城镇化在改革中走向深入提供崭新路径和科学指引。

---

[1] 《习近平：推动新质生产力加快发展》，《中国组织人事报》2024年2月2日。

4. 城乡融合发展步伐持续加快

城市是人们生活居住的主要场所，其从根本上属于居民。城镇化不仅意味着人口的增加和城市规模的扩张，还意味着城乡居民平等地参与现代化进程，并共同分享成果。随着城镇化的快速发展和居民收入水平的提升，人们对优质教育、医疗卫生服务和社会保障的需求日益上升。他们期望获得稳定的工作以实现更高的收入，追求更好的居住条件、更舒适的生活环境以及更丰富的文化生活。这种对美好生活的向往，成为城乡融合发展的主要动力。随着新型城镇化和乡村振兴战略的深入实施，河南将更加具备以工业反哺农业、以城市带动农村发展的条件。城乡融合发展的动力将逐步释放，城乡发展差距将逐步缩小，城乡关系将进入一个快速融合的新阶段，实现更加和谐的统筹发展。城镇建设用地等公共资源的配置将根据常住人口规模的变化而不断优化，农业转移人口市民化政策将更加包容。人口在城乡间的双向流动和多元互动趋势将更加显著，居民选择在城乡之间"双栖"将更加普遍。人口、土地、资金等传统要素，以及技术和数据等新兴要素，将在城乡间实现更频繁的双向流动和跨界配置。乡村宅基地、承包地等资源的资产价值将日益显现，农村"三产"融合将进一步加速，城乡产业协同发展将融入更广阔的国内市场。城乡间教育、医疗、文化、就业等基本公共服务的衔接和融合将不断加强，逐步实现优质均衡发展，城乡居民收入差距将持续缩小，为实现共同富裕奠定坚实基础。

5. 城市更新的拉动作用更加凸显

党的二十大报告提出实施城市更新行动。自 2024 年起，中央财政创新方式方法，支持部分城市开展城市更新示范工作，重点支持城市基础设施更新改造，进一步完善城市功能、提升城市品质、改善人居环境，推动建立"好社区、好城区"，促进城市基础设施建设由"有没有"向"好不好"转变，着力解决好人民群众急难愁盼问题，助力城市高质量发展。特别是国家层面大力推动大规模设备更新和消费品以旧换新，统筹安排 3000 亿元左右超长期特别国债资金，城市发展进入"城市更新、以旧换新"的转型提质期，城市更新的拉动作用将更加凸显。未来，河南将以人为核心加强现代化建设，加快建设宜居、韧性、创新、智慧、绿色、人文等新型城市，基于环境容量和综合承载能力的城市生产、生活、生态空间品质将不断提升，城市将实现内涵式发展。更加注重"里子工程""避险工程"建设；更加注重对历史文化遗迹、特色建筑的保护，传承城市的历史文脉；更加注重数字化治理，提升社会治理、政务服务、城乡管理、安全生产、生态保护等智能化水平；更加积极倡导绿色交通出行、零碳城市建设、绿色城市管理运营方式，让人民群众在城市生活得更方便、更舒适、更美好。

三 推动河南新型城镇化在改革中走向深入的对策建议

党的二十届三中全会明确提出要统筹新型工业化、新型城镇化和乡村全面振兴，健全推进新型城镇化体制机制，为新时期河南深入推进以人为核心的新型城镇化提供了战略指引和基本遵循。今后一个时期，河南要以贯彻落实党的二十届三中全会精神为契机，以转变城市发展方式为主线，以体制机制改革创新为根本动力，全面提高城乡规划、建设、治理融合水平，围绕要素顺畅流动、城乡融合发展、城市现代化治理等推出一批改革创新举措，着力解决新型城镇化发展不平衡、不充分的突出问题，推动河南新型城镇化在改革中走向深入。

（一）健全推进新型城镇化体制机制，提升潜力地区城镇化水平

2024年7月31日，国务院印发《深入实施以人为本的新型城镇化战略五年行动计划》，提出实施潜力地区城镇化水平提升行动，以冀中南、皖北、鲁西南、豫东南、湘西南、粤西、川东等城镇化潜力较大的集中片区为重点，兼顾其他城镇化率低且人口规模大的县（市、区），在协调推进新型工业化、新型城镇化方面加快突破，构建产业梯度布局、人口就近就业、大中小城市协调发展的良性互动格局。其中，"豫东南"指的是河南的商丘、周口、驻马店、信阳等地，这些地区是河南传统的粮食生产核心区，工业发

展基础相对薄弱,但同时人口规模较大,城镇化率低于全省平均水平,城镇化水平提升潜力较大。截至2023年末,商丘、周口、驻马店、信阳4地常住人口城镇化率分别为48.76%、45.31%、46.84%、52.71%,明显低于全省平均水平。提升豫东南潜力地区的常住人口城镇化率,对于河南缩小与全国平均水平的差距意义重大。党的二十届三中全会指出,构建产业升级、人口集聚、城镇发展良性互动机制。对于当前的河南来说,城镇化仍然处于重要战略机遇期,城镇化是支撑未来发展的重要潜力所在。从全省城镇化发展特征来看,正在进入"整体放缓、局部加快、量质并重"的深度调整新阶段,还存在大中小城市和小城镇之间产业分布与人口分布不协调、城市空间规模与人口集聚程度不匹配等问题,协同效应难以充分发挥。加快农业转移人口市民化步伐,尤其是加快推进潜力地区农业人口转移,是河南推进新型城镇化的首要任务,也是提升河南城镇化质量的重要一环。

将推进农业转移人口市民化摆在突出位置,深化户籍制度改革,完善农业转移人口市民化配套政策,打通农业转移人口市民化的制度性通道,让数量庞大的农业转移人口能够在城市安家落户。按照农业转移人口的流动趋势,推行由常住地登记户口提供基本公共服务制度,剥离附着在户籍上、用以分割城乡的配套政策,实现城镇常住人口与城镇户籍人口在住房、医疗、教育、社保等方面享有平等无差别的服务。建立健全常住地提供基本公共服务制度,保障农业转移人口教育、医疗等基本公共服务需求得到有效满足。加强农业转移人口随迁子女教育保障,建立按常住人口规模配置教育资源机制,增强农业转移人口随迁子女在学前教育、义务教育阶段进入公办学校就读的保障能力。完善技能人才培养、评价、使用激励机制,建立健全职业技能等级与薪资待遇挂钩机制。聚焦用工矛盾突出的行业和新业态,持续大规模开展面向新生代农民工等的职业技能培训,提升农业转移人口在城市稳定就业的能力,增强农业转移人口在城市的安全感。在充分尊重农民意愿的前提下,坚持依法依规、风险可控、稳慎推进、试点先行等原则,健全进城落户农民"三权"退出机制,切实保障进城落户农民合法权益,消除农民进城的后顾之忧。

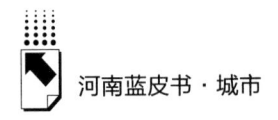

（二）深化城市规划、建设、治理体制改革，加快城市发展方式转变

《中共中央关于进一步全面深化改革、推进中国式现代化的决定》提出："深化城市建设、运营、治理体制改革，加快转变城市发展方式。"这是对新时代城市发展的重要要求，是贯彻人民城市理念的内在要求，也是顺应城市发展规律的必然要求。随着河南城镇化的深入推进，城市发展成就显著。但是，城市规划、建设、治理仍有较大提升空间。一些城市存在管理简单粗放、人地失衡、城市生态和历史文脉遭到破坏等现象；一些城市存在交通拥堵、下雨积水、环境污染等"城市病"。只有加快推进城市规划、建设、治理体制改革，提高城市治理的现代化水平，才能逐步解决城镇化过程中遇到的各种难题，确保河南以人为核心的新型城镇化建设顺利推进。推动城市发展方式加快转变，要聚焦人民群众对高品质生活的期待，合理安排生产、生活、生态空间，走内涵式、集约型、绿色化的高质量发展道路，让人民群众有更强的获得感、幸福感、安全感。充分认识、尊重和顺应城市发展规律，统筹城市发展的生产需要、生活需要、生态需要和安全需要，推动城市高质量可持续发展。

坚持"人民城市人民建，人民城市为人民"，适应城市发展进入新阶段所面临的新要求，进一步深化城市规划、建设、治理体制改革，打造宜居、韧性、智慧城市，让人民群众在城市生活得更方便、更舒心、更美好。在城市规划体制方面，立足各城市发展的阶段性特征，适应优化存量、完善功能、提升品质的实际需要，健全城市规划体系，进一步深化城市规划设计制度的改革。从规划的期限与范围、发展指标体系、技术规范标准等方面切入，进一步加强城市总体规划、国民经济和社会发展规划、土地利用总体规划、生态环境保护规划等的衔接融合。在城市建设体制方面，进一步完善和创新城市更新模式，因地制宜、量力而行推动地下综合管廊建设，加快城镇老旧天然气、供排水管网改造升级，加强防灾减灾、公共卫生、城市内涝治理，全方位增强城市安全韧性。在城市治理体制方面，强化系统思维，健全城市管理的统筹协调机制，加快城市运行管理服务平台的建设和应用，推动城市管理融入基层社会治理，提高基层服务管理能力，推进城市治理体系和治理能力现代化。将公共空间秩序管理、环境保护管理、交通管理、违法建设治理等纳入城市统一调配范围，将市政公用设施运行、市容环境卫生、园林绿化管理等方面的职能整合到城市管理部门。将大数据、云计算、人工智能等前沿技术应用到城市规划、建设、治理全过程和全生命周期，提升城市的智慧度与便利度。

（三）加快培育现代化都市圈，引导大中小城市和小城镇协调发展

推动都市圈同城化是推动新型城镇化高质量发展的重要手段。都市圈的出现和发展壮大，是城市化发展到一定阶段的产物。都市圈是以一个或者多个具有一定规模、综合竞争力和带动能力的城市为核心形成的内部紧密联系、高度分工、高效协作的城市化区域，是随着城市产业分工、区域化发展形成的一种空间组织形式。2023年10月，《郑州都市圈发展规划》正式获得国家发展改革委批复，标志着郑州都市圈建设进入新的发展阶段。作为一个新兴的都市圈，郑州都市圈还处在发展的最初阶段，中心城市带动能力弱、城市之间产业链关联配套不够、区域分工合作不足、协同发展体制机制不健全等问题尚未解决，同城化发展任重道远。为此，首先，要加强顶层设计，加快构建郑州都市圈同城化发展统筹协调机制，建立同城化发展领导小组，形成联席会议制度和常态化协商制度，强化政策制定统一性、规则一致性和执行协同性。其次，要健全同城化利益联结机制，化解都市圈跨行政区合作产生的税收、征管等方面的矛盾。再次，要健全同城化交通网络，加强城际铁路、轨道交通、高速公路、快速通道等基础设施的互联互通，破解都市圈跨城市职住分离、"潮汐交通"等难题。最后，要构建都市圈同城化公共服务供给体系，运用"互联网+"等技术手段，打破公共资源共享的地域限制，促进优质教育、医疗等公共服务共享。

推动大中小城市和小城镇协调发展，是推动新型城镇化高质量发展的必然要求，也是优化城镇规模等级体系的重要举措。党的十八大以来，河南大中小城市和小城镇协调发展水平不断提升，基本形成了以超大特大城

市、大城市、中小城市、小城镇为主体的城镇化空间布局。但是依然存在链接不紧、协作不强、分工不优等结构性失衡问题，大城市过度"虹吸"周边资源，但是带动能力不足，中小城市发展滞后，小城镇承载能力弱。为此，要调整优化规划体系，引导不同规模等级城市形成分工合理、优势互补、协调联动的发展格局，促进大中小城市和小城镇协调发展。提质进位发展郑州国家中心城市，壮大洛阳、南阳副中心城市，加强区域中心城市和城镇协同区建设。通过协调不同规模等级城市的发展，优化资源配置，提高资源使用效率，促进人口合理流动，既避免人口过度集中在大城市而引发"城市病"，又促进城镇化空间合理布局。支持县城和特色中心镇发展，提升中小城市竞争力，促进区域均衡发展。提高区域经济的抗风险能力，缩小区域和城乡差距，增进社会整体福祉，促进社会公平，实现城镇化的健康、高效和可持续发展。

（四）以全生命周期健康管理理念为指引，构建智慧高效城市治理体系

随着城镇化的持续推进，在城市规模不断扩张、城市化水平大幅提高的同时，城市面临的风险逐渐增多、复杂性日益增强，城市治理的难度不断加大。2020年6月2日，习近平总书记在北京主持召开专家学者座谈会时强调，要推动将健康融入所有政策，把全生命周期健康管理理念贯穿城市规划、建设、管理全过程各环节①。这为河南解决城市治理难题提供了全新的思路和方向。坚持全生命周期健康管理理念，首先要将城市看成一个有机共同体，将城市治理视为一项系统工程，从整体性和周期性的角度出发分析城市发展的阶段性，从而推出有针对性的政策措施，保持城市治理工作的稳定和持续。其次要在尊重自然、保护自然理念的指引下，立足河南省情和城镇化发展的阶段性特征，坚持集约发展和可持续发展，框定城镇化

---

① 《习近平主持专家学者座谈会强调 构建起强大的公共卫生体系 为维护人民健康提供有力保障》，"人民网"百家号，2020年6月30日，https：//baijiahao.baidu.com/s？id＝1668439012434771074&wfr＝spider&for＝pc。

发展总量，限定城镇化发展容量，盘活城镇化发展存量，做优城镇化发展增量，提高城镇化发展质量，增强城镇化发展的可持续性。最后要在尊重城镇化发展规律的基础上，统筹城镇化的空间结构、规模结构和产业结构，统筹好城镇化的规划、建设和管理三大环节，统筹好城市生产、生活、生态空间。

随着互联网、物联网、大数据、云计算、人工智能等数字技术的迅猛发展，河南各城市纷纷抢抓机遇，在深入推进新型智慧城市建设的过程中，不断推动现代信息技术与城市管理服务的深度融合，持续推进城市治理智慧化发展，提升城市治理和服务水平。如何更好地运用现代科技手段提升城市的治理水平，构建城市治理智慧化体系并探索其实现路径，已成为当前城市治理领域的重要课题。信息基础设施是构建城市治理智慧化体系的重要保障，其完善程度直接关系城市治理智慧化程度和效率。要聚焦云计算、大数据、人工智能等新一代信息技术的应用，提升城市基础设施的智慧化水平，提高网络覆盖率和网络质量，为打造智慧高效的城市治理体系提供稳定可靠的网络支撑。数据是构建城市治理智慧化体系的核心资源，只有加快数据资源的整合和有效利用，才能为智慧高效的城市治理提供有力支撑。城市智慧化治理包含经济社会发展的各个方面，需要城市管理部门加强信息共享和协同合作，打破数据壁垒，实现跨部门、跨领域的数据共享，从而让城市治理更智慧、更高效、更精准。

（五）持续开展城市更新行动，增强城市安全韧性

当前，我国大规模的城市建设逐渐放缓，城市发展正在由增量时代进入存量时代，城市由大规模增量发展转为存量提质改造和增量结构调整并重，城市更新成为城市建设改造的主要模式。党的二十大报告指出，实施城市更新行动，加强城市基础设施建设，打造宜居、韧性、智慧城市。党的二十届三中全会通过的《中共中央关于进一步全面深化改革、推进中国式现代化的决定》提出，建立可持续的城市更新模式和政策法规，加强地下综合管廊建设和老旧管线改造升级，深化城市安全韧性提升行动。改革开放以来，

河南在大规模、高速度的城镇化过程中积累了一些矛盾和问题，城市安全韧性问题逐渐暴露。随着各城市不同程度地进入更新时代，城市发展模式从增量扩张转入存量提升阶段，城市更新正在成为转变城市发展方式、实现高质量发展的重要抓手和路径。

推动城市更新，增强城市安全韧性，要以人口密集的大城市为重点，以影响面广的关键领域为重点，补齐城市基础设施短板，筑牢城市安全韧性防线。一是加强城市"里子工程""避险工程"建设，开展燃气管网、交通物流、供电供水、信息通信、电力系统、热力管网等风险隐患排查，强化老旧管道检测评估，滚动实施更新改造项目，全面消除安全隐患。二是科学利用地下空间，合理规划布局应急避难场所，提升体育场馆等公共建筑和设施的应急避难功能；推动数字孪生城市建设，加快推进城市地上、地面、地下设施数字化建设，全面提升城市安全系数。三是科学应对城市洪涝灾害，加强城市内涝治理，统筹推进城市防洪排涝设施建设和提标改造，建设自然积存、自然渗透、自然净化的海绵城市，有效减少城市建成区内涝现象的发生。四是提高城市公共卫生防控救治能力，加强疾病预防控制机构能力建设，推进综合医院和疾控中心提标改造，增强传染病科室和重症监护室诊疗救治能力，健全传染病疫情和突发公共卫生事件监测系统，提升疫情发现和现场处置能力；加强重大疫情应急物资储备、技术储备和产能储备，完善应急响应体系。五是健全城市应急管理体系，完善安全生产、防汛抗旱、防灾减灾、灾难救助等部门的联动协同机制，提升突发事件应急处置能力。

（六）坚持绿色低碳发展，促进人与自然和谐共生

城市是人口和经济活动最为密集的地区，是能耗和碳排放的"大户"，河南推进新型城镇化建设要以绿色低碳发展为前提。城市发展的绿色低碳转型，是经济社会发展绿色化、低碳化的重要内容。尤其是在当前"双碳"目标背景下，城镇化进程中要实现经济增长与人口、资源、环境、社会福利

等多维度的和谐共生，新型城镇化的绿色低碳转型显得尤为重要①。习近平总书记在2023年全国生态环境保护大会上强调，以绿色低碳、环境优美、生态宜居、安全健康、智慧高效为导向，建设新时代美丽城市②。把生态建设作为发展方向，以人与自然和谐共生为重点，改变传统城市发展理念，加快构建绿色低碳产业体系，倡导发展绿色建筑、节能建筑，用环保材料建设城市，加强城市基础建设和公共产品配备，提高城市生态系统功能，努力打造天蓝、地绿、水清的自然家园。

首先，优化城市生态空间，丰富优质生态产品供给。依托山水林田湖草沙等自然基底建设城市生态绿色廊道，提高森林公园、湿地公园、郊野公园覆盖率，保护城市内部及周边地区的山地、林地、湿地，保持城市生态用地规模，让城市绿水青山常驻。加强城市中心区、老城区园林绿化建设和绿地品质功能提升，形成点状绿色空间与线性绿道相结合的绿色服务网络。其次，以实现"双碳"目标为引领，构建绿色低碳产业体系。加快对高耗能的有色、化工、建材等重点行业和重点企业进行节能环保改造，推动产业集聚区和产业集群采用绿色低碳技术，促进能源资源节约集约利用。积极发展低碳高效产业，培育壮大智能装备、生物医药、新能源、节能环保、新能源汽车等战略性新兴产业。再次，大力发展太阳能、风能、水电、生物质能等清洁能源，构建以新能源为主体的城市能源生产和消费系统。最后，大力发展绿色建筑和装配式建筑，加快推进既有建筑、老旧建筑的绿色化节能改造。此外，大力推广绿色生活方式，倡导绿色出行，鼓励有条件的城市沿河流、绿廊等打造城市绿道，完善慢行交通系统，提升市民骑行、步行体验，让绿色出行成为一种时尚的生活方式，积极创建城市绿色社区，培育社区绿色文化。

---

① 邓毛颖、韦晓莉、张国俊：《中国新型城镇化与绿色发展协调演进关系研究》，《自然资源学报》2024年第7期。
② 《推动美丽城市建设融入基层治理创新》，"中工网"百家号，2024年4月12日，https：//baijiahao.baidu.com/s？id=1796110607372464406&wfr=spider&for=pc。

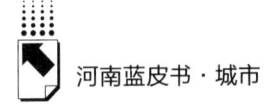

（七）促进城乡要素双向流动，推动城乡融合发展

推进城乡融合发展是一项具有根本性和全局性的战略任务，是推进中国式现代化的必然要求。长期以来，生产要素在城乡之间无法实现顺畅流动和平等交换，是城乡二元结构的主要特征，也是城乡融合发展的瓶颈。加快破除城乡二元结构，实现城乡融合发展，必须在畅通城乡要素流动上率先取得突破。坚持以工补农、以城带乡，促进城乡要素双向自由流动和公共资源合理配置，缩小城乡发展差距和居民生活水平差距，形成工农互促、城乡互补、协调发展、共同繁荣的新型工农城乡关系。习近平总书记深刻指出，重塑城乡关系，走城乡融合发展之路①。《中共中央关于进一步全面深化改革、推进中国式现代化的决定》提出"必须统筹新型工业化、新型城镇化和乡村全面振兴，全面提高城乡规划、建设、治理融合水平，促进城乡要素平等交换、双向流动，缩小城乡差别，促进城乡共同繁荣发展"，为深化农业农村改革、推进城乡融合发展指明了前进方向，注入了强大思想动力。

促进新型城镇化走深走实的一个重要支撑就是形成包括土地在内的城乡要素双向流动机制，实现土地资源在城乡之间以及城市内部和乡村内部的合理配置。继续深化土地制度改革，不断探索宅基地所有权、资格权、使用权"三权"分置的有效实现形式，盘活农村闲置宅基地和闲置房屋。完善农村集体建设用地的价格机制、交易规则和收益分配机制，为推进城乡土地市场的一体化积累经验。拓展乡村建设多元化融资渠道，积极争取国家城乡融合发展基金，鼓励有条件的地方设立城乡融合发展专项资金，加大对城乡融合发展项目的支持力度。加大乡村发展财税支持力度，引导社会资本参与乡村发展，加强农村金融市场建设，撬动更多金融资本和工商资本投向广大乡村地区，鼓励各类金融机构为农业和农村发展提供融资优惠。健全农业融资担保体系，开展农村集体经营性建设用地使用权、承包地经营权、集体林权等抵质押融资以及集体资产股权等担保融资。加快农业科技成果入乡转

---

① 习近平：《论"三农"工作》，中央文献出版社，2022，第243页。

化，完善激励机制，使科研人员能够合法享有农业科技成果所有权、使用权和收益分配权，通过提供增值服务合理取得报酬。引导城市人才入乡发展，推广科技特派员制度，壮大涉农科技人才队伍。建立健全科研人员入乡兼职兼薪和离岗创业制度，为乡村繁荣发展提供技术支撑。通过职称评定和工资待遇等政策向乡村地区的倾斜，吸引和支持有技能、有管理经验的农民工等人员返乡入乡创业。

参考文献

河南省社会科学院课题组：《强化新型城市支撑城镇化高质量发展的平台载体功能——2022年河南新型城镇化发展回顾与2023年展望》，载王承哲、王建国主编《河南城市发展报告（2023）》，社会科学文献出版社，2022。

李莎：《城镇化步入下半场》，《21世纪经济报道》2024年8月14日。

王俊岭：《创新驱动发展势头更旺》，《人民日报》（海外版）2023年9月20日。

王萍萍：《人口总量有所下降 人口高质量发展取得成效》，《中国信息报》2024年1月19日。

薛超凡、王智：《新质生产力的三重阐释：核心要义、价值意蕴及培育路径》，《湖北文理学院学报》2024年第6期。

杨荫凯：《推进以人为核心的新型城镇化》，《习近平经济思想研究》2023年第4期。

叶兴庆：《促进城乡要素双向流动》，《中国发展观察》2024年第7期。

《中共中央关于进一步全面深化改革、推进中国式现代化的决定》，《党史文汇》2024年第8期。

B.2
2024年河南省健康城市大数据监测报告

河南省城乡规划设计研究总院课题组*

摘　要： 本报告通过关注自然环境及建成环境等可优化的物理环境要素，构建涵盖4个一级指标、8个二级指标、25个三级指标的健康城市指标体系，旨在综合评估河南省17个省辖市和济源示范区的健康城市建设水平，进而提升居民整体健康水平。研究结果表明，河南省健康城市建设取得明显进展，但也存在若干短板，城市整体健康水平仍有待提高。针对这些问题，本报告从医疗卫生、社会氛围、文体设施、健康环境以及中间群体5个维度为河南省提升城市健康水平提出相应建议，包括优化医疗资源配置、构建心理健康教育体系、均衡文体设施分布等。

关键词： 健康城市　大数据　健康人群　河南

一　理论分析

20世纪80年代，"健康城市"的概念应运而生。1984年，加拿大多伦

---

* 课题组组长：李晨阳。课题组成员：王劲军、李志、李雅、李砺峰、高建华、黄向球、夏保林、王建军、刘志宏、贾潇冉、黄仪一、薄亚聪、李智、翟雅梦、张启帆。执笔人：李晨阳，河南省城乡规划设计研究总院信息与大数据中心高级工程师，主要研究方向为地理大数据分析；贾潇冉，河南省城乡规划设计研究总院信息与大数据中心工程师，主要研究方向为大数据分析；黄仪一，中山大学学生，主要研究方向为城市地理学；薄亚聪，郑州大学副教授，主要研究方向为健康大数据分析；李智，河南省城乡规划设计研究总院信息与大数据中心工程师，主要研究方向为地理信息系统；翟雅梦，河南省城乡规划设计研究总院信息与大数据中心工程师，主要研究方向为大数据分析；张启帆，河南省城乡规划设计研究总院信息与大数据中心工程师，主要研究方向为人工智能应用。

多的"2000年健康多伦多"会议首次提出这一理念，随后世界卫生组织于1986年启动城市健康促进计划并建立健康城市建设指标框架。中国自1994年以来启动健康城市项目，北京市东城区和上海市嘉定区成为首批试点，此后健康城市建设活动在全国逐步铺开。2016年，全国爱国卫生运动委员会全面启动健康城市建设工作，公布首批健康城市试点名单，《"健康中国2030"规划纲要》也明确了健康城市建设的目标和任务，强调将健康融入城乡规划、建设、治理的全过程。河南省对健康城市建设高度重视。2016年，郑州市被列入首批全国健康城市试点市名单，成为河南省唯一试点。此后，河南省陆续出台多项政策文件，如2017年中共河南省委、河南省人民政府发布《"健康中原2030"规划纲要》。2024年，河南省卫生健康委召开专项工作会议，指出要深入实施健康河南行动并培育一批样板市、县。

尽管健康城市概念引入我国已有30年，但真正深入开展健康城市建设的城市并不多，大部分城市的建设要么停留在规划制定阶段，要么规划中缺乏明确的指标体系，无法明确衡量成效，也无法精准查找问题。由此可见，制定一个适用于河南省的健康城市指标体系显得尤为必要。

开展健康城市建设旨在通过改善物理和社会环境，促进健康生活，进而提升居民整体健康水平。世界卫生组织将健康城市定义为"不断创造和改善物理与社会环境、扩展支持社区和个人生活资源的城市"。目前，成熟的健康城市指标体系主要从城市管理者的视角出发，制定时讲究全面性，通常涵盖健康指标、服务指标、环境指标、社会指标和民意指标等多个方面，需要各相关部门协同参与，共同建设健康城市，且更偏重对社会环境的度量，尤其关注直接与健康相关的医疗卫生方面。然而，对于城市规划者而言，主要能够改变的是物理环境。因此，本报告在制定指标时统筹考虑城市规划和城市建设两个维度，对现有的指标体系进行补充。

回顾历史，霍德华提出高密度混合功能的步行友好社区概念，致力于减少对汽车的依赖，促进社区互动和健康生活，注重可持续发展和环境保护；简·雅各布斯在《美国大城市的生与死》中提出健康城市应通过物理环境组织强化社交活动，强调混合功能、多样化建筑、短小街区和公共空间的自然监督；勒·柯布西耶在《光辉城市》一书中提出通过科学规划和设计改善城市环境，包括明确的功能分区、高层集中住宅、模块化设计、高效的交通网络和大面积绿地开放空间；新都市主义强调创造多功能、可步行和社区导向的城市环境，以提升居民生活质量和城市可持续性。这些理念为健康城市建设提供了重要启示，充分证明城市规划对城市健康具有积极的促进作用。合理的城市规划能够创造更加宜居、可持续的城市环境，提升居民的生活质量和健康水平。

综上所述，本报告将从城市规划者和城市建设者的双重视角出发，聚焦自然环境、建成环境等可改善的物理环境，对现有的健康城市指标体系进行有益补充和更加聚焦的探索，建立一个具有河南省特色的健康城市指标体系，监测河南省各城市的健康水平，并根据监测结果，提供一幅更全面、更生动的城市健康图景，帮助城市在规划和建设中更好地融入健康理念，从而提升城市的整体健康水平。

二 指标体系构建

（一）研究范围

此次健康城市监测覆盖河南省17个省辖市和济源示范区，旨在全面评估河南省健康城市建设水平，为推动城市可持续发展提供科学依据。

本报告根据不同指标的特点及数据获取实际情况，将研究范围划分为市域和中心城区。一方面，基本医疗保险覆盖率、人均预期寿命等指标反映整个城市居民的健康状况与保障水平，此类数据统计通常以市域为单位，难以单独获取中心城区范围的数据。而且这些指标从宏观层面体现城市在健康保障和居民基础健康方面的表现，对全面了解城市整体健康水平至关重要。因此，将研究范围确定为市域，能够更准确地反映城市实际情况，为制定全局性的健康政策提供依据。另一方面，综合医院、专科医院、公共厕所、垃圾中转站等设施在中心城区分布密度较高，服务范围和影响主要集中于此。对于这些设施的监测重点在于它们在中心城区的布局合理性和服务可及性。例如，中心城区人口密集，对医疗资源和公共设施的需求更为迫切，研究相关设施的分布密度可以更好地评估居民获取健康服务的便利性。同时，中心城区的环境质量等与市域其他区域存在差异，单独研究中心城区能突出这些差异，为进行有针对性的城市规划和管理提供更精准的信息。

综上所述，将研究范围划分为市域和中心城区，能够更有针对性地监测不同指标，充分反映城市不同层面的健康状况和资源分布，为制定科学合理的健康城市发展策略提供有力支持。

（二）指标构建及定义

本报告构建了一个由4个一级指标、8个二级指标、25个三级指标组成的河南省健康城市指标体系（见表1）。该指标体系全面涵盖了居民生活的重要方面，如身体健康、心理健康、环境质量、环境卫生、医疗资源及健康设施等，充分考量居民在城市中的医、动、住、行、娱等领域的相关情况。

表1 河南省健康城市指标体系

一级指标	二级指标	三级指标	指标解释	研究范围	数据来源
健康人群	身体健康	基本医疗保险覆盖率(%)	研究区域参加基本医疗保险的人员总数/研究区域常住人口数×100%	市域	官方统计数据
		人均预期寿命(岁)	假若当前的分年龄死亡率保持不变,同一时期出生的人预期能继续生存的平均年数	市域	官方统计数据
	心理健康	心理健康信息搜索指数(次)	在搜索引擎上,每万人日均搜索与心理健康相关的信息的次数	市域	百度搜索大数据
		失眠信息搜索指数(次)	在搜索引擎上,每万人日均搜索与失眠相关的信息的次数	市域	百度搜索大数据

续表

一级指标	二级指标	三级指标	指标解释	研究范围	数据来源
健康环境	环境质量	$PM_{2.5}$平均浓度（微克/米^3）	空气中直径小于2.5微米的颗粒物的平均浓度	市域	气象数据
		空气重污染天数占比(%)	一年中空气质量达到重污染标准的天数/全年天数×100%	市域	气象数据
		绿色空间占比(%)	研究区域绿色空间面积/研究区域总面积×100%	中心城区	遥感数据
		蓝色空间占比(%)	研究区域蓝色空间面积/研究区域总面积×100%。	中心城区	遥感数据
	环境卫生	垃圾中转站密度（座/公里^2）	研究区域垃圾中转站数量/研究区域总面积	中心城区	网络服务大数据
		公共厕所密度（座/公里^2）	研究区域公共厕所数量/研究区域总面积	中心城区	网络服务大数据
健康服务	基础医疗资源	综合医院步行15分钟覆盖率(%)	步行15分钟内可以到达的综合医院覆盖的区域面积/研究区域总面积×100%	中心城区	网络服务大数据
		专科医院步行15分钟覆盖率(%)	步行15分钟内可以到达的专科医院覆盖的区域面积/研究区域总面积×100%	中心城区	网络服务大数据
		每千人口执业医师和执业助理医师数（人）	研究区域执业医师和执业助理医师数量/研究区域常住人口总数×1000	市域	官方统计数据
		千人医院床位数（个）	研究区域医院床位数量/研究区域常住人口总数×1000	市域	官方统计数据
		县级特色专科数量（个）	各县级医院中特色专科的数量	市域	官方统计数据
		万人拥有社区卫生服务中心、诊所数量（个）	研究区域社区卫生服务中心、诊所数量/研究区域常住人口总数×10000	中心城区	网络服务大数据
	辅助医疗资源	万人拥有药房、药店数量（个）	研究区域药房、药店数量/研究区域常住人口总数×10000	中心城区	网络服务大数据

续表

一级指标	二级指标	三级指标	指标解释	研究范围	数据来源
健康服务	辅助医疗资源	自动体外除颤器(AED)设施数量(个)	研究区域公共场所配置的AED的数量	中心城区	网络服务大数据
		万人拥有中医馆数量(个)	研究区域中医馆数量/研究区域常住人口总数×10000	中心城区	网络服务大数据
健康设施	体育设施	万人拥有健身房数量(个)	研究区域健身房数量/研究区域常住人口总数×10000	中心城区	网络服务大数据
		人均体育场地面积(平方米)	研究区域体育场地总面积/研究区域常住人口总数	中心城区	官方统计数据
		万人拥有武术场馆数量(个)	研究区域武术场馆数量/研究区域常住人口总数×10000	中心城区	网络服务大数据
	休闲设施	万人拥有剧场、影剧院数量(个)	研究区域剧场、影剧院数量/研究区域常住人口总数×10000	中心城区	网络服务大数据
		万人拥有图书馆数量(个)	研究区域图书馆数量/研究区域常住人口总数×10000	中心城区	网络服务大数据
		万人拥有茶馆数量(个)	研究区域茶馆数量/研究区域常住人口总数×10000	中心城区	网络服务大数据

在身体健康方面，以基本医疗保险覆盖率、人均预期寿命反映整体健康保障水平。在心理健康方面，借助心理健康信息搜索指数和失眠信息搜索指数关注居民心理状态。环境质量与环境卫生相关指标，如$PM_{2.5}$平均浓度、绿色空间占比、垃圾中转站密度等，是衡量城市环境是否舒适宜居的重要依据。健康服务中的各项指标可以衡量医疗资源的可及性与充足性，而体育设施、休闲设施等健康设施相关指标可以衡量居民文体娱乐生活的丰富程度。研究过程中充分借鉴国内外成熟的指标体系，以确保河南省健康城市指标体系的科学性与有效性，进而全面、准确地反映河南省的健康水平，为推动河南省健康城市建设提供有力的决策支持。

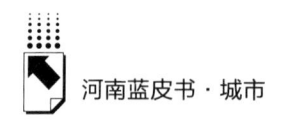

为科学地验证河南省健康城市指标体系的科学性与有效性，本报告从信度和效度两方面展开分析。在信度分析方面，采用克隆巴赫系数来计算指标体系中各指标间的内部一致性程度。通常，系数大于0.7表明指标在衡量健康水平时可靠性较高，意味着这些指标相互关联并共同反映相对稳定的潜在特质，即健康水平。在河南省健康城市指标体系中，标准化的克隆巴赫系数处于0.7~0.8，系数较高，意味着指标体系中的各个指标在衡量健康水平时具有较为稳定和可靠的表现。在效度分析方面，采用平方复相关系数反映单个变量与其他变量组合时的关联强度。本报告中变量的平方复相关系数值均在0.9以上，表明单个变量与其他变量组合时关联紧密，这意味着这些变量整体上对衡量健康水平有一定贡献，各个指标并非孤立存在，而是相互关联、相互补充，共同构建起一个能够全面反映健康水平的指标体系。

综上所述，本报告构建的指标体系能够为政策制定者、城市规划者、城市建设者及相关研究人员提供一些参考，助力他们深入了解河南省不同地区的健康状况，发现现存问题与不足，进而制定具有针对性的政策和措施，推动健康城市的可持续发展。

（三）数据说明

本报告中河南省健康城市指标体系的数据来源广泛且可靠，主要包括官方统计数据、网络服务大数据、百度搜索大数据、气象数据以及遥感数据等。多样化的数据来源确保了指标体系在评估河南省健康城市建设水平时具备全面性、准确性和可靠性。本报告中的数据均为2023年1月1日至2023年12月31日的数据，能够较为全面地反映各项指标的现状。以下是对指标相关定义的具体说明。

心理健康信息：涵盖情绪调节（如焦虑、抑郁、愤怒等情绪的应对）、心理状态认知（对自身心理状态的了解与判断）、心理疾病知识（常见心理疾病的症状、成因与治疗）、心理咨询途径（如何寻找专业心理咨询师及咨询方式）以及心理健康促进（保持良好心理状态的生活方式与习惯）等内容的信息。

失眠信息：包括但不限于失眠的症状表现（如入睡困难、睡眠浅、多梦易醒、早醒等）、失眠的原因（如心理压力、不良生活习惯、环境因素、身体疾病等）、失眠的应对方法（如调整作息、改善睡眠环境、心理调节、药物治疗、自然疗法等）以及失眠相关的研究进展和科普知识等方面的信息。

绿色空间：涵盖国土空间中所有人工及自然开放空间，包括农业空间与生态空间中的农田、山岳、森林、草地等，以及城镇空间中的公园、防护绿带、公共开放空间等。

蓝色空间：包括河流、湖泊、滩涂、湿地等自然水体空间及水库、沟渠等人工水体空间。

体育场地：包括各类市级、区级体育场馆设施（如综合体育场馆、游泳馆、各类球场），全民健身活动中心以及各类公共健身设施等。

武术场馆：包括武馆、太极馆、拳馆等在内的专门用于开展武术教学、训练及交流活动的场所，为武术爱好者提供专业的场地与指导，传承和弘扬中华武术文化。

三　河南省健康城市监测结果分析

（一）健康人群

本部分指标不仅包括传统的健康指标，如基本医疗保险覆盖率、人均预期寿命，还涵盖了心理健康相关的指标，如心理健康信息搜索指数、失眠信息搜索指数等。通过这些指标的监测，我们能够更全面地了解河南省城市居民的健康状况，并及时发现健康问题，采取相应的干预措施。

在身体健康维度，河南省在基本医疗保险覆盖率方面的成效明显。多个城市如三门峡市（99.53%）、濮阳市（99.43%）、南阳市（99.27%）、新乡市（99.19%）等接近全覆盖，平顶山市（98.04%）、开封市（97.94%）、安阳市

(97.84%)、信阳市（97.68%）、许昌市（97.08%）、漯河市（96.65%）、焦作市（96.03%）、洛阳市（95.38%）、鹤壁市（95.23%）等城市的基本医疗保险覆盖率达到了95%以上。这反映出河南省在医保政策推进过程中，积极探索有效的参保方式，通过严格的参保要求确保"应保尽保"，以更有效的宣传教育提升居民认知，借助便捷的参保流程提高居民参保积极性。这一系列举措不仅为居民提供了坚实的医疗保障，也为社会稳定发展奠定了基础。在人均预期寿命方面，鹤壁市（79.13岁）、郑州市（79.07岁）、平顶山市（79.00岁）、商丘市（78.80岁）、济源示范区（78.60岁）、周口市（78.60岁）表现较好，超过了国家2023年平均水平，三门峡市（78.41岁）、焦作市（78.34岁）、驻马店市（78.34岁）等超过了国家《"十四五"公共服务规划》所提出的人均预期寿命2025年达到78.3岁的目标值。在这一指标上表现较好的原因是多方面的，如郑州市、平顶山市、焦作市等城市经济较为发达，提供了良好的就业机会和稳定的收入，使居民能够负担得起优质的医疗保健服务、营养丰富的食物和舒适的居住环境；三门峡市、平顶山市、焦作市等城市广泛的医疗保障覆盖也为居民在面对疾病问题时提供了及时的救助和支持，减轻了经济负担，提高了生活质量；郑州市等城市拥有优质的医疗资源、先进的医疗设施和专业的医疗团队，为居民提供了高质量的医疗服务，有效降低了因病死亡率；三门峡市拥有良好的自然环境，有助于居民放松身心、缓解压力，促进身体健康。综上所述，这些城市在经济、医疗、环境等方面的优势共同作用，使得人均预期寿命超过国家平均水平或2025年目标值。

在心理健康维度，周口市（0.40次、0.10次）、驻马店市（0.45次、0.11次）、南阳市（0.46次、0.11次）、商丘市（0.49次、0.12次）、信阳市（0.54次、0.12次）的心理健康信息搜索指数和失眠信息搜索指数皆较低（括号内依次为心理健康信息搜索指数和失眠信息搜索指数）。这表明以上城市的居民心理健康状况良好，对心理健康知识和服务的需求相对较低。然而，心理健康信息搜索指数和失眠信息搜索指数高并不一定意味着不好，较高的搜索指数可能也表明当地居民对心理健康问题比较重视，愿意通过搜索相关信息来了解和改善自己的心理健康状况。关注这些指数能促使城市管理者改善城市环境、调整工作模式、加强健康生活方式的宣传引导，从而提高城市的整体健康水平，推动健康城市的建设和发展。

总体而言（见表2），在身体健康方面，河南省基本医疗保险覆盖率总体高于全国平均水平，且70%以上的城市高于全国平均水平。这在一定程度上体现了河南省在医疗保障体系建设方面所做出的努力。在人均预期寿命方面，河南省仍有提升空间。值得关注的是，身体健康维度的两个指标之间存在显著的负相关关系，这一现象引人深思。这种负相关关系可能暗示着多种潜在因素的相互作用。在心理健康方面，周口市、商丘市、驻马店市、信阳市、南阳市等城市的心理健康信息搜索指数和失眠信息搜索指数相对较低。这从侧面表明这些地区居民的心理问题可能相对较少。这可能与这些地区的经济发展水平、社会环境、文化氛围等因素有关。心理健康维度的两个指标呈现显著的正相关关系，相关系数高达0.95以上，这揭示了心理因素对睡眠质量的重要影响，也提醒我们在关注居民身体健康的同时，不能忽视心理健康问题。失眠往往是心理健康问题的外在表现，关注失眠问题可以及时发现潜在的心理隐患，采取相应的干预措施。

表2 健康人群维度指标平均水平

一级指标	二级指标	三级指标	河南省年度平均水平	目标值或国内外较高水平
健康人群	身体健康	基本医疗保险覆盖率(%)	95.50	95%（国家2023年平均水平）
		人均预期寿命（岁）	78.25	78.3岁（国家2025年目标值）
	心理健康	心理健康信息搜索指数（次）	0.64	—
		失眠信息搜索指数（次）	0.16	—

整体来看，河南省各城市在健康人群维度还存在提升空间。在身体健康方面，要进一步加强医保政策的宣传和实施，提高基本医疗保险覆盖率，尤其是在大城市和经济发达地区，要确保每一位居民都能享受到医疗保障。同时，要加大对医疗资源的投入力度，优化资源配置，提高医疗服

务质量，加强公共卫生体系建设，改善居民的生活环境，引导居民养成健康的生活习惯，从而有效提高人均预期寿命。在心理健康方面，要加强心理健康教育和服务体系建设，提高居民对心理健康的认识和重视程度。可以通过开展心理健康宣传活动、设立心理咨询热线、建立心理健康服务中心等方式，为居民提供便捷的心理健康服务。同时，要关注重点人群的心理健康，如青少年、老年人、职场人士等，针对他们的特点和需求提供个性化的支持。

（二）健康环境

在健康城市的构建中，健康环境是重要组成部分。本部分将从环境质量、环境卫生两个维度进行阐述。对相关指标进行优化，能有效提升城市环境质量，促进居民的健康。

在环境质量维度，河南省在大气污染防治方面虽然取得了一定成效，但也面临诸多挑战。一方面，河南省$PM_{2.5}$平均浓度较低，80%以上的城市低于省定目标（50微克/米^3）。其中，驻马店市（41.3微克/米^3）、三门峡市（41.7微克/米^3）、信阳市（41.9微克/米^3）、平顶山市（43.4微克/米^3）、南阳市（44.6微克/米^3）、郑州市（44.8微克/米^3）、焦作市（46.1微克/米^3）、洛阳市（46.7微克/米^3）、商丘市（47.5微克/米^3）、漯河市（47.7微克/米^3）等城市表现较为出色。这充分表明这些城市积极采取措施减少$PM_{2.5}$排放，如加强工业污染源治理、推进能源结构调整、强化机动车尾气排放管控等，为居民营造了相对洁净的空气环境。另一方面，河南省各城市空气重污染天数占比均高于省定目标（2.2%），说明河南省在大气污染防治工作中仍存在一些薄弱环节。这可能是由于：工业企业在生产过程中未能有效控制部分污染物的排放；能源结构转型尚未完成，一些高污染能源仍在使用；机动车保有量持续增长，尾气排放对空气质量的影响依然较大；气象条件等自然因素也可能在一定时期内不利于污染物的扩散，从而导致重污染天气出现的频率较高。总体而言，河南省还需进一步加大大气污染防治力度，针对薄弱环节采取更加有效的措施，持续改善空气质量，降低空气重污染天数占比，更好地保障居民的健康。在绿色空间占比方面，三门峡市（92.29%）、信阳市（90.86%）、驻马店市（84.96%）、周口市（84.48%）、南阳市（84.18%）相对较高。这意味着这些城市的居民能够享受到更优质的自然环境，以及更多的公园、森林和绿地，这些绿色空间有助于改善空气质量、调节气候、减少噪声污染等。在蓝色空间占比方面，平顶山市得益于白龟山水库的资源加持，城市整体水环境较好，蓝色空间占比较高，为11.31%，形成了独特的生态优势。此外，信阳市（3.54%）、驻马店市（3.00%）、郑州市（2.33%）、洛阳市（2.24%）的蓝色空间占比也相对较高。蓝色空间不仅能调节气候、改善水质和水循环、保护物种多样性，还能为居民提供休闲娱乐场所，促进旅游业的发展。值得一提的是，河北雄安新区、海口江东新区规划蓝绿空间占比为70%，而河南省目前的蓝绿空间占比超过该值，这也从侧面体现了河南省在城市规划和建设中十分注重生态环境保护，努力打造宜居城市。

在环境卫生维度，当前河南省各城市垃圾中转站密度与公共厕所密度普遍处于较低水平。其中，济源示范区（0.1624座/公里^2）、焦作市（0.0511座/公里^2）、许昌市（0.0359座/公里^2）、洛阳市（0.0299座/公里^2）、漯河市（0.0286座/公里^2）的垃圾中转站密度相对较高。在公共厕所密度方面，河南省各城市均未达到《环境卫生设施设置标准》（CJJ27—2012）所要求的每平方公里3~5座。其中，郑州市（1.81座/公里^2）、洛阳市（1.42座/公里^2）、济源示范区（1.39座/公里^2）、安阳市（1.25座/公里^2）、新乡市（0.90座/公里^2）的公共厕所密度相对较高。公共厕所的合理设置对于提高城市文明程度、方便居民生活具有重要作用。因此，各城市应加大公共厕所建设力度，提高公共厕所密度，满足居民的实际需求。

总体而言，在环境质量方面，驻马店市、三门峡市、信阳市、南阳市等呈现相对良好的状态。从区域来看，河南省在环境质量方面呈现南部地区优于北部地区的态势。南部地区如信阳市等地，凭借自然地理条件优势，拥有丰富的山水资源，森林覆盖率较高，为空气质量的改善和生态平衡的维持提供了有力支撑。而北部地区的一些城市，由于地形较为平坦，不利于污染物的扩散，加之工业集中和交通繁忙，空气污染问题更为突出。在环境卫生方面，济源示范区、焦作市、洛阳市等相对较好，但整体水平均需提高，公共厕所密度与垃圾中转站密度有待提升。各城市应加大垃圾中转站和公共厕所建设力度，提高环境卫生管理水平，为居民提供更加整洁、舒适的生活环境。

从整个健康环境维度来看（见表3），河南省虽在$PM_{2.5}$平均浓度、蓝绿空间占比方面表现较好，但仍存在较大提升空间。环境质量和环境卫生是一个城市可持续发展的重要基础，也是保障居民健康的关键因素。为实现健康环境目标，政府、企业和社会各界需要共同努力。政府应制定更为严格的环保政策和标准，加大环境监管和执法力度，推动产业升级和绿色发展，以减少污染物排放。企业应增强社会责任感，积极采用环保技术和生产方式，降低对环境的影响。社会各界应积极参与环保行动，如垃圾分类、绿色出行、植树造林等，共同为改善河南省的环境质量和环境卫生贡献力量。

表3　健康环境维度指标平均水平

一级指标	二级指标	三级指标	河南省年度平均水平	目标值或国内外较高水平
健康环境	环境质量	$PM_{2.5}$平均浓度（微克/米³）	46.67	50微克/米³（省定目标）
		空气重污染天数占比（%）	4.14	2.2%（省定目标）
		绿色空间占比（%）	72.53	70%（河北雄安新区、海口江东新区规划蓝绿空间占比）
		蓝色空间占比（%）	1.90	
	环境卫生	垃圾中转站密度（座/公里²）	0.03	—
		公共厕所密度（座/公里²）	0.63	3~5座/公里²（《环境卫生设施设置标准》要求）

（三）健康服务

本部分从基础医疗资源和辅助医疗资源两方面对河南省各城市的健康服务状况进行考量。

在基础医疗资源方面，济源示范区（71.07%）、濮阳市（37.75%）、郑州市（37.19%）、洛阳市（31.03%）和平顶山市（30.73%）的综合医院步行15分钟覆盖率较高。同时，济源示范区（57.91%）、郑州市（39.01%）、新乡市（38.6%）、濮阳市（35.71%）和洛阳市（32.77%）的专科医院步行15分钟覆盖率处于较高水平。其中，济源示范区、洛阳市和郑州市在综合医院与专科医院两方面表现突出，这显示出这些地区在医疗资源布局方面的合理性。居民在短时间内能够到达医院，不仅提高了就医的便捷性，也为及时救治提供了保障。从每千人口执业医师和执业助理医师数来看，商丘市（5.17人）、郑州市（4.01人）、安阳市（3.94人）、漯河市（3.69人）、南阳市（3.60人）、济源示范区（3.54人）、三门峡市（3.54人）、信阳市（3.42人）相对较高，说明这些城市在医师的培养、引进和留用等方面投入了更为充足的资源。整体来看，河南省该指标的平均值与全国平均水平持平，达到了3.40人，且超过了国家卫生健康委发布的《医疗机构设置规划指导原则（2021—2025年）》所提出的2025年目标值3.20人。这一成绩表明河南省在整体上对医疗人才有一定的吸引力和留用能力，体现了河南省在医疗人才培养方面的积极作为，但仍有提升空间，需进一步加大投入和政策支持力度，以实现全省医疗服务水平的提升。从千人医院床位数来看，三门峡市（8.64个）、郑州市（8.61个）、信阳市（8.05个）、濮阳市（7.94个）、洛阳市（7.83个）、周口市（7.71个）、南阳市（7.51个）、驻马店市（7.41个）、漯河市（7.40个）相对较多，说明这些城市的医疗资源配置和投入充足，能够为当地居民提供较好的住院医疗服务。国家卫生健康委发布的《医疗机构设置规划指导原则（2021—2025年）》明确提出，2025年千人医院床位数的目标值为7.4~7.5个。整体来看，河南省千人医院床位数平均值为7.15个，虽接近国家2025年目标值，但部分城市与目标值仍存在一定差距。这提示这些城市要进一步优化医院床位资源配置，可考虑加大对医疗卫生基础设施的建设投入力度，优化医疗资源布局，从而满足居民日益增长的医疗服务需求。从县级特色专科数量来看，南阳市（21个）、周口市（18个）、郑州市（12个）、新乡市（12个）和平顶山市（11个）相对较多，可满足居民多样化医疗需求，有助于提高医疗服务的质量和满意度。从万人拥有社区卫生服务中心、诊所数量来看，濮阳市（9.32个）、南阳市（8.30个）、新乡市（6.69个）、安阳市（6.39个）和焦作市（6.39个）较多，表明这些城市基层医疗服务网络密集，居民获取基层医疗服务较为方便。

在辅助医疗资源方面，济源示范区（9.87个）、洛阳市（6.52个）、濮阳市（5.99个）、信阳市（5.48个）和开封市（5.36个）的万人拥有药房、药店数量较多，为居民的日常健康保障提供了有力支持，方便居民及时获取所需药品。从AED设施数量来看，郑州市（10个）、平顶山市（5个）较多，进一步加大对AED设施的投入和推广力度、提高城市的安全保障水平迫在眉睫。从万人拥有中医馆数量来看，濮阳市（2.31个）、焦作市（2.13个）、济源示范区（1.97个）、郑州市（1.81个）、安阳市（1.66个）和南阳市（1.57个）较多，其中郑州市、南阳市被列为国家中医药传承创新发展试验区，许昌市、周口市也成功入选，河南成为全国入选城市最多的省份。这充分体现了河南省在推动中医药发展方面的积极作为，为居民提供了更多的医疗选择，同时大力弘扬了传统的健康养生文化，为中医药的传承与创新发展奠定了坚实基础。

总体来看，济源示范区、郑州市、洛阳市、新乡市、濮阳市等在基础医疗资源方面优势明显。这表明这些城市的医疗资源布局更加科学合理，注重居民就医的便捷性，能够让居民在较短的时间内到达各类医院，为及时诊治疾病提供了有力保障。同时，这些城市在医疗人力资源和床位资源方面的优势，也确保了能够为居民提供高质量的医疗服务，满足不同疾病的治疗需求。并且，这些城市对基层医疗服务网络和特色专科建设的重视，进一步丰富了医疗服务的层次，提升了整体医疗服务的专业化水平。在辅助医疗资源方面，河南省整体呈现不均衡态势。这反映出河南省在药房、药店数量，AED设施数量以及中医馆数量等方面存在较大的提升空间。辅助医疗资源的不均衡分布，可能会影响居民在紧急情况下的救治及时性以及日常药品的获取便利性，也限制了传统中医养生文化的传播和发展，无法充分发挥中医药在预防和治疗疾病方面的独特优势。

从整个健康服务维度来看，河南省在基础医疗资源和辅助医疗资源方面取得了一定的成绩（见表4）。例如，河南省在每千人口执业医师和执业助理医师数、万人拥有中医馆数量等指标上的亮眼表现值得肯定。然而，仍存在一些问题和不足。无论是基础医疗资源还是辅助医疗资源，在河南省各城市间都呈现不均衡分布状态。一些经济较为发达的城市虽然在部分指标上表现突出，但依然存在一些不可忽视的短板。而一些中小城市的多项指标排名较为靠前，展现出一定的发展潜力和特色优势。然而，整体资源相对不足，无法形成全面、强大的健康服务体系。这充分说明河南省各城市在健康服务的发展上既面临资源分布不均衡的挑战，又有着各自独特的发展机遇。各城市需要根据自身的实际情况，有针对性地加强薄弱环节建设，充分发挥自身优势，共同推动河南省健康服务水平的整体提升。

表4 健康服务维度指标平均水平

一级指标	二级指标	三级指标	河南省年度平均水平	目标值或国内外较高水平
健康服务	基础医疗资源	综合医院步行15分钟覆盖率（%）	22.17	—
		专科医院步行15分钟覆盖率（%）	21.18	—
		每千人口执业医师和执业助理医师数（人）	3.40	3.40人（国家2023年平均水平）
		千人医院床位数（个）	7.15	7.4~7.5个（2025年目标值）
		县级特色专科数量（个）	8.89	—
		万人拥有社区卫生服务中心、诊所数量（个）	5.94	—
	辅助医疗资源	万人拥有药房、药店数量（个）	5.21	—
		AED设施数量（个）	1.22	—
		万人拥有中医馆数量（个）	1.31	—

（四）健康设施

本部分包括体育设施、休闲设施两个维度，通过相关指标可以了解居民

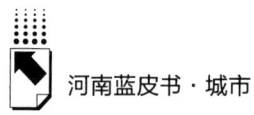

的文化生活品质及健康生活方式，同时体现城市基础设施的完善程度。

在体育设施维度，万人拥有健身房数量反映了城市居民获取健身资源的便利程度，是衡量城市运动设施普及程度的重要指标。数据显示，济源示范区（1.43个）、郑州市（1.13个）、濮阳市（0.85个）、洛阳市（0.74个）、新乡市（0.73个）等城市在万人拥有健身房数量上表现较好。河南省不同城市在健身房建设方面存在较大的差异，这可能与各城市的经济发展水平、居民健身意识以及政府政策支持等因素有关。人均体育场地面积体现了城市居民拥有的体育活动空间资源。周口市（2.72平方米）、开封市（2.69平方米）、新乡市（2.67平方米）、平顶山市（2.61平方米）、漯河市（2.61平方米）、三门峡市（2.61平方米）、驻马店市（2.61平方米）、鹤壁市（2.61平方米）等城市的人均体育场地面积较大，大于国家《"十四五"公共服务规划》《"十四五"体育发展规划》中所提出的2025年全国平均水平应大于2.6平方米的目标值。然而，尽管省内近一半城市的人均体育场地面积大于目标值，但河南省整体水平仍低于目标值。因此，在未来的城市建设中，仍需重点关注人均体育场地面积较小的城市，通过增加体育设施供给满足市民的运动需求。武术场馆的数量与城市的体育文化和传统武术的传承有关。太极拳被列入人类非物质文化遗产代表作名录，焦作市温县作为"中国太极拳发源地"，其万人拥有武术场馆数量（1.84个）在省内名列前茅，济源示范区（0.84个）、濮阳市（0.82个）、开封市（0.58个）等城市也有较好的表现。此外，郑州市是中原武术资源的重要集聚地之一，登封市嵩山少林寺是中国功夫的发源地之一，登封市的万人拥有武术场馆数量达到0.57个。对于万人拥有武术场馆数量较少的城市而言，可以积极借鉴焦作、郑州等城市的成功经验，加大对武术文化的宣传和推广力度，提高对武术场馆建设的重视程度，从而推动城市体育文化的发展和传统武术的传承。

在休闲设施维度，万人拥有剧场、影剧院数量衡量了城市的文化娱乐设施丰富程度。数据显示，濮阳市（0.41个）、郑州市（0.34个）、新乡市（0.32个）、洛阳市（0.29个）、济源示范区（0.29个）在万人拥有剧场、影剧院数量这一指标上处于领先地位，显示出这些城市在文化艺术设施建设方面投入较大，为居民提供了丰富的文化娱乐选择。剧场和影剧院不仅是人们欣赏艺术表演的场所，也是城市文化软实力的重要体现。对于万人拥有剧场、影剧院数量较低的城市，可以加大对文化艺术设施的建设投入力度，进一步营造城市的文化氛围。图书馆的数量与城市的文化氛围和居民的阅读便利性密切相关。洛阳市的万人拥有图书馆数量（1.05个）最多，濮阳市（1.03个）次之，安阳市（0.97个）、济源示范区（1.03个）、信阳市（0.73个）等地也有较好的表现，这表明这些城市在图书馆建设上的投入较大，有助于促进居民的知识获取和文化素养提升。图书馆作为城市文化的重要载体，其数量直接关系市民的阅读习惯和文化素养。各地市应加大对图书馆建设的投入力度，特别是扩充薄弱地区的图书资源，为居民提供更好的阅读环境。茶馆作为人们休闲交流的场所，反映了城市的传统文化氛围。信阳市（2.10个）、洛阳市（1.41个）、焦作市（1.22个）、濮阳市（1.14个）、郑州市（1.09个）等地的万人拥有茶馆数量较多。各地市可根据自身文化特色和市民需求，合理布局茶馆等休闲设施，为居民提供更多的休闲选择，丰富居民的精神文化生活。

总体而言，在体育设施方面，济源示范区、郑州市、开封市等城市在各项指标上的表现相对较好，既反映出居民对健康生活方式的强烈追求，也彰显了城市在满足居民健身需求方面的有力实践。在城市规划与资源分配的过程中，这些城市对体育设施建设给予了较高的重视，从而使居民的健身需求得到充分满足。尽管河南省在体育设施方面仍存在一些短板，但目前一些城市正在努力扭转"经济大市，体育小市"的局面，将大力发展全民健身运动纳入民生工程，持续完善体育设施。在休闲设施方面，洛阳市、濮阳市和济源示范区等城市的建设成效显著。

整体来看（见表5），河南省在整个健康设施维度上呈现一定的空间分布特征，存在豫北地区优于豫南地区、豫西地区好于豫东地区的趋势。这种分布状况可能与地区经济发展水平、历史文化背景以及人口密度等因素紧密相关。豫北地区和豫西地区在经济上相对较为发达，对健康设施的投入力度较大，同时历史文化底蕴深厚，对休闲、文化设施的重视程度也较高。而豫南地区和豫东地区可能由于经济发展相对迟缓，在健康设施建设方面面临资金、资源等的限制。这种空间分布的不均衡也为河南省未来的健康设施建设指明了方向。各地区应依据自身实际情况，加大对健康设施的投入力度，优化资源配置，提高健康设施的可及性与质量，以满足居民日益增长的健康生活需求。同时，政府部门应加大对落后地区的扶持力度，促进全省健康设施的均衡发展，共同打造健康、和谐、宜居的城市环境。

表5 健康设施维度指标平均水平

一级指标	二级指标	三级指标	河南省年度平均水平	目标值或国内外较高水平
健康设施	体育设施	万人拥有健身房数量（个）	0.59	—
		人均体育场地面积（平方米）	2.20	>2.6平方米（国家2025年目标值）
		万人拥有武术场馆数量（个）	0.52	—
	休闲设施	万人拥有剧场、影剧院数量（个）	0.22	—
		万人拥有图书馆数量（个）	0.64	—
		万人拥有茶馆数量（个）	0.80	—

（五）健康城市监测结果分析与相关发现

1. 健康城市监测结果分析

整体而言，河南省在健康城市建设方面既取得了显著成效，又存在明显短板。郑州市、洛阳市、濮阳市、南阳市等城市在多个指标上均有较为突出的表现，呈现相对较高的综合健康水平。然而，部分城市却呈现两极分化现象，一方面在某些指标上表现出色，另一方面在其他指标上排名靠后。这种两极分化现象表明这些城市在健康城市建设过程中存在不平衡的问题，亟须进一步加强协调发展。

在健康人群方面，河南省在身体健康领域取得了亮眼成绩，如基本医疗保险覆盖率高于全国平均水平，但仍存在提升空间，尤其是大城市和经济发达地区需进一步加强医保政策的宣传与实施，提高基本医疗保险覆盖率，以确保每一位居民都能享受到医疗保障。同时，在提升居民整体健康水平和延长人均预期寿命方面，河南省任重道远。在心理健康方面，河南省还需大力加强心理健康教育和服务体系建设，提高居民对心理健康的认识与重视程度。

在健康环境方面，河南省在蓝绿空间建设以及 $PM_{2.5}$ 平均浓度控制方面取得了较好成绩。但是，在空气重污染天数占比、垃圾中转站密度、公共厕所密度等方面仍有提升空间。这需要政府、企业以及社会各界共同努力，加强环境保护，推动产业升级，减少污染物排放，提高环境卫生设施的建设和管理水平。

在健康服务方面，河南省在基础医疗资源和辅助医疗资源方面均取得了一定成果，但也面临挑战。无论是基础医疗资源还是辅助医疗资源，在各城市间都呈现不均衡分布状态。各城市需根据自身实际情况，有针对性地加强薄弱环节建设，充分发挥自身优势，共同推动河南省健康服务水平的整体提升。

在健康设施方面，河南省呈现豫北地区优于豫南地区、豫西地区好于豫东地区的趋势。这种空间分布差异反映了地区经济发展水平、历史文化背景以及人口密度等因素的影响。豫南地区和豫东地区可以借鉴豫北地区和豫西地区的经验，加大对健康设施的建设投入力度，结合自身特色和优势发展健康设施，以提高居民的生活质量和幸福感。

综上所述，河南省在健康城市建设方面取得一定成绩，但也存在诸多问题和不足。未来，河南省应继续发挥优势、补齐短板，加强各方面的建设和管理，推动全省综合健康水平不断提升。

2. 相关发现

通过对各城市健康水平数据进行深入挖掘，本报告得出一些有价值的结论。

一是医疗资源分布与城市规模之间的关系较为复杂，并非城市规模越大，医疗资源就分布得越均衡。对于规模较小的城市而言，在医疗资源均衡分布方面可能具有一定优势。一方面，城市规模较小，人口规模也相对较小，人口密度较为适中，这使得在配置医疗资源时能够更好地依据人口分布进行精准布局，从而避免医疗资源的过度集中或分散。另一方面，人口流动性相对较弱，有利于医疗服务的长期稳定，能够更好地满足居民的日常就医需求。医疗资源均衡分布对于规模较大的城市来说具有更大的挑战。一般来说，规模较大的城市，人口相对较多，居民对医疗服务的需求更大。因此，在新城区建设和老城区改造过程中，应充分考虑居民对医疗服务的需求，预留出合适的土地用于建设医疗机构，使医院的分布更加合理、居民就医更加便捷。同时，地方政府应更加重视健康服务方面的建设，加大医疗资源建设投入力度，注重医疗服务体系的构建。

二是心理因素在失眠问题中的关键作用凸显。心理健康信息搜索指数与失眠信息搜索指数呈现显著正相关关系，相关系数达 0.95 以上。这一现象表明心理因素在当前失眠问题中具有重要地位。现代社会中，人们面临工作、学业等多方面压力，焦虑情绪普遍存在。长期处于高压状态下，焦虑会使人体紧张，大脑持续活跃，难以放松进入睡眠。此外，抑郁情绪也是导致失眠的常见心理因素。抑郁症患者常伴有失眠症状，抑郁会让人失去生活兴趣和动力，同时影响睡眠质量。经历重大心理创伤或应激事件同样可能引发失眠，这些会给人带来较大心理冲击，使大脑不断回忆和思考，干扰睡眠。此外，不良心理习惯如过度思考、过度担忧等也会影响睡眠。过度思考使大脑兴奋，难以平静；过度担忧则会加重失眠症状。综上所述，心理因素在失眠问题中起着关键作用。在研究和解决失眠问题时，不应忽视心理因素的影响，必要时可以通过心理调节、心理咨询等方式改善睡眠质量。

三是不同类型的医疗资源之间关联紧密。综合医院、专科医院、社区卫生服务中心和诊所、药房和药店以及中医馆等各类医疗资源存在显著的相关性。综合医院通常是一个地区的核心医疗力量，具备先进的医疗技术和设备，能够诊治复杂的疾病和重症患者。专科医院则针对特定疾病领域或人群，提供更加专业和深入的医疗服务。社区卫生服务中心和诊所贴近居民生活，承担着基层医疗保健、常见疾病诊治和公共卫生服务等重要任务。药房和药店为居民提供药品销售和基本的用药咨询服务。中医馆则以传统中医理论和方法为特色，为居民提供中医诊疗、养生保健等服务。这些不同类型的医疗资源在功能上相互补充，在布局上相互呼应，构建起一个高效、完善的健康服务体系。例如，社区卫生服务中心可能与附近的药房和药店建立合作关系，方便居民在就诊后购买药品。综合医院和专科医院可能会与中医馆合作，开展中西医结合治疗。同时，这些医疗资源的布局也会考虑人口分布、交通便利性等因素，以确保居民能够便捷地获得所需的医疗服务。深入研究这些医疗资源的相关性和布局规律，有助于优化医疗资源配置，提高医疗服务的质量和可及性，为居民的健康提供更加坚实的保障。

四是医疗、健身与休闲设施相关性较强。综合医院和专科医院的步行15分钟覆盖率，万人拥有健身房数量及万人拥有剧场、影剧院数量等指标有较强的相关性。原因可能在于城市在规划层面综合考虑居民的多种需求，对医疗、健身以及休闲设施进行协同规划，依据人口分布合理设置功能分区与配套设施，促使不同类型的设施在空间上相对集中且分布更为科学合理。与此同时，随着社会的发展，居民健康生活理念日益普及，生活方式也愈加多元化，这使居民对医疗、健身和休闲娱乐的综合性需求不断增长，进而使不同设施之间的联系更为紧密。此外，在社会发展进程中，产业融合与资源整合共享发挥着重要作用。例如，医疗、健身和休闲娱乐产业之间的合作互动，以及建设综合性社区服务中心等举措，都进一步加强了相关设施之间的联系，这对城市健康具有积极意义。一方面，便捷的医疗资源与丰富的健身、休闲设施相结合，为居民提供了从疾病治疗到预防保健、身心放松的全方位支持。居民可以在短时间内到达医院进行疾病诊治，同时能方便地前往健身房锻炼身体、增强体质，到剧场、影剧院等场所放松心情、缓解压力，这些都有助于提升居民的整体健康状态。另一方面，产业融合与资源整合共享促进了健康服务的多元化发展。医疗与健身产业的合作可以为居民提供更科学的康复指导和健康管理方案；休闲设施与医疗、健身的结合则能通过丰富的文化活动传播健康知识，营造积极的社会氛围，进一步推动居民养成良好的生活习惯，提高城市整体健康水平。

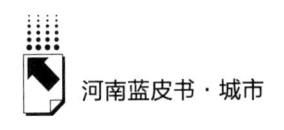

四 提升河南省城市健康水平的思考与建议

(一)优化医疗资源配置,强化医保政策保障

1. 优化医疗资源配置,实现均衡布局

深入分析河南省各城市的人口结构、地理分布等特征,依据这些实际情况制定科学合理的医疗资源规划方案。对于大城市和经济发达地区,要充分考虑其人口密集且流动性强的特点,在城市更新和新区建设过程中预留足够的土地用于医疗机构的建设,特别是优化基层医疗服务机构如社区卫生服务中心的布局,以提高医疗资源的可及性,缓解大医院的就医压力。

济源示范区在推动医疗资源均衡分布方面拥有成功经验,其通过合理规划形成了每个街道办事处有1家社区卫生服务中心以及"15分钟健康服务圈"的格局。其他城市可学习这种模式,根据自身人口规模和分布,合理确定综合医院、专科医院、社区卫生服务中心的数量和位置,避免医疗资源过度集中在某些区域,确保居民在短时间内能够获得所需的医疗服务。

2. 提升医保政策效果,增强保障能力

加快建立医保政策的全面评估机制,简化医保报销流程,建立一站式报销服务窗口,减少居民办理报销手续的时间成本。同时,加强医保信息化建设,实现医保信息的实时共享,提高医保服务效率。

加大对医疗服务供给的投入力度,特别是提高基层医疗机构的服务能力,包括增加医护人员数量、更新医疗设备等。此外,扩大医保对重大慢性疾病和老年病的保障范围,适当提高这些疾病的报销比例,鼓励居民积极预防和治疗慢性疾病,从而提高居民的整体健康水平,延长人均预期寿命。

加大医保政策宣传力度,通过多种渠道如社区宣传、媒体报道、线上宣传等方式,向居民详细解读医保政策的内容、参保流程、报销范围和比例等关键信息,提高居民对医保政策的了解程度和认同感,促进居民积极参保并合理利用医保政策资源。

（二）构建心理健康教育体系，营造健康生活文化氛围

1. 加强心理健康教育，构建心理支持网络

针对河南省心理健康信息搜索指数较高以及心理健康问题较为突出的现状，应将心理健康教育纳入国民教育体系和社区教育体系。在学校教育中，从小学到大学设置系统的心理健康课程，培养学生正确的自我认知、情绪管理和人际交往能力。同时，加强对教师的心理健康教育培训，使教师能够及时发现和帮助学生解决心理问题。

在社区层面，建立社区心理健康服务中心，配备专业的心理咨询师和诊疗设备，为居民提供免费或低成本的心理咨询和诊疗服务。通过社区宣传活动、心理健康讲座等形式，提高居民对心理健康知识的了解和重视程度，引导居民正确对待心理问题，消除对心理咨询的偏见和误解。

利用媒体的传播优势，开设心理健康专题节目或专栏，宣传心理健康知识和心理调适方法，分享心理健康案例，营造关注心理健康的社会氛围。同时，设立心理咨询热线，确保居民能够及时获得专业的帮助和支持。

2. 营造健康生活文化氛围，引导健康生活方式

制定和实施健康生活文化推广计划，通过政府引导、社会参与的方式，在全省范围内营造健康生活文化氛围。鼓励居民树立健康第一的观念，将健康融入日常生活的各个方面。

开展健康生活方式宣传活动，如合理饮食宣传活动，向居民介绍科学的饮食结构和营养搭配知识；开展适量运动宣传活动，推广适合不同年龄段和身体状况的运动方式；开展戒烟限酒宣传活动，强调吸烟和过度饮酒对健康的危害；开展心理健康宣传活动，引导居民保持良好的心理状态。通过这些活动，引导居民形成健康的生活方式，提高居民的整体健康水平。

（三）均衡文体设施分布，促进产业融合发展

1. 均衡文体设施分布，满足多元需求

针对河南省文体设施存在的空间分布不均衡问题，进行全面的文体设

需求评估。考虑不同地区的人口密度、年龄结构、经济发展水平以及居民的文化娱乐需求等因素，制定差异化的文体设施建设规划。

对于文体设施建设相对滞后的区域，加大政府投入力度，通过财政补贴、政策优惠等方式吸引社会资本参与文体设施建设。在建设过程中，注重设施的质量和功能，根据当地居民的需求合理布局健身房、剧场及影剧院、图书馆等设施，提高设施的可及性和实用性。

加强对文体设施的管理和维护，建立健全的设施管理制度，确保设施的正常运行和使用。定期对设施进行检查和维护，及时更新损坏的设施，为居民提供良好的文体活动环境。

2.促进产业融合发展，提供多元服务

基于综合医院和专科医院步行15分钟覆盖率，万人拥有健身房数量，万人拥有剧场、影剧院数量等指标的相关性，推动医疗、健身和文化娱乐产业的深度融合。鼓励医疗机构与健身机构、文化娱乐机构开展合作，如共同举办健康讲座、康复训练指导、健身比赛等活动，实现资源共享和优势互补。

建设综合性社区服务中心，将医疗、健身、文化娱乐等功能整合，为居民提供一站式多元服务。在综合性社区服务中心内设置医疗诊室、健身房、剧场及影剧院、图书馆等功能区域，让居民可以在同一地点获得多种服务，提高生活便利性和生活质量。

加强对产业融合发展的政策支持，制定税收优惠政策，鼓励企业积极参与产业融合发展项目，促进医疗、健身和文化娱乐产业的协同发展，为居民提供更加丰富多样的健康服务。

（四）加强环境治理与生态优化，提升环境质量

1.加强环境治理，改善环境质量

强化环境监管职能，加大环境执法力度。制定更加严格的环境质量标准和污染物排放标准，加强对工业企业、建筑工地等主要污染源的监管，严厉打击违法排放行为。

推动产业升级和绿色发展，通过政策引导和资金支持，鼓励企业采用环保的技术和生产方式，减少污染物排放。例如，对采用清洁生产技术的企业给予税收优惠和财政补贴，对高污染、高耗能企业进行整改或关停。

加强环境监测和信息公开，建立健全环境监测体系，实时监测环境质量指标，及时向社会公开环境监测数据和环境状况报告，保障公众对环境质量的知情权和参与权。

鼓励社会各界积极参与环境治理，通过宣传教育，增强公众的环保意识和责任感。开展垃圾分类宣传活动，引导居民正确分类垃圾；推广绿色出行方式，鼓励居民乘坐公共交通工具、骑自行车或步行，组织植树造林活动，扩大城市绿化面积。

2. 增加蓝绿空间，优化生态环境

虽然河南省在蓝绿空间建设方面取得了一定成绩，但部分城市仍需进一步加强蓝绿空间建设。对城市规划进行调整和优化，合理确定绿色空间和蓝色空间的布局和比例。在城市建设过程中，优先保留和建设公园、防护绿带、公共开放空间等绿色空间，保护由河流、湖泊等自然水体构成的蓝色空间。通过增加绿色空间和蓝色空间的面积，调节城市气候，减轻城市热岛效应，改善城市小气候环境。同时，为居民提供休闲健身和亲水的环境，提高居民的生活质量和健康水平。为了确保绿色空间不被侵占和破坏以及蓝色空间的水质清洁和生态系统稳定，需要制定相关的管理规定和保护措施。

（五）聚焦中间群体健康需求，完善健康服务体系

1. 关注老年人健康，完善养老服务体系

基于老年人的特殊健康需求，增加老年人聚居区的社区卫生服务中心数量，同步配备专业的医护人员，提供便捷的基层医疗服务，如定期为老年人进行体检、提供慢性病管理服务等。加强养老设施建设，根据老年人的生活需求和经济状况，建设多种类型的养老设施，如老年活动中心、养老院、老年公寓等。在养老设施内提供舒适的居住环境、丰富的文化娱乐活动和专业的护理服务，提高老年人的生活质量和健康水平。开展老年健康宣传活动，

通过开展社区讲座、发放宣传手册等形式，向老年人介绍健康知识和养生方法，增强老年人的健康意识和自我保健能力。同时，关注老年人的心理健康，为老年人提供心理咨询和情感支持，缓解老年人的孤独感和心理压力。

2. 保障青少年健康，促进全面发展

加强学校体育设施建设，根据学校规模和学生人数，合理配置体育设施，如篮球场、足球场、田径场、体育馆等，确保青少年有足够的体育锻炼设施。同时，加强对体育设施的管理和维护，保证体育设施的正常使用。在学校教育中，开设心理健康教育课程，培养青少年正确的自我认知、情绪管理和人际交往能力。同时，加强对教师的心理健康教育培训，使教师能够及时发现和帮助学生解决心理问题。加强学校卫生管理，建立健全的学校卫生管理制度，如食品卫生管理制度、环境卫生管理制度等，预防疾病传播。同时，开展健康知识宣传活动，向学生介绍健康知识和疾病预防方法，增强学生的健康意识和自我保健能力。

3. 重视青壮年人群健康，提升生活质量

为青壮年人群提供职业健康保障，改善工作环境，预防职业病。企业应加强对员工的健康管理，定期组织员工体检，提供健康管理服务，如健康咨询、营养指导等。同时，关注青壮年人群的心理健康，通过开展心理健康培训、设立心理咨询热线等方式，缓解工作压力，引导其养成健康的生活习惯。在社会层面，开展健康生活方式宣传活动，向青壮年人群宣传合理饮食、适量运动、戒烟限酒等健康生活方式，增强青壮年人群的健康意识和自我保健能力。同时，加强对青壮年人群的健康管理，如建立健康档案、跟踪健康状况等，确保青壮年人群能够保持良好的健康状态。

参考文献

丁国胜、魏春雨、焦胜：《为公共健康而规划——城市规划健康影响评估研究》，《规划研究》2017年第7期。

丁国胜、曾圣洪：《中国健康城市建设30年：实践演变与研究进展》，《现代城市研究》2020年第4期。

〔加拿大〕简·雅各布斯：《美国大城市的生与死》，金衡山译，译林出版社，2005。

《"健康中国2030"规划纲要》，中国政府网，2016年10月25日，https：//www.gov.cn/zhengce/202203/content_3635233.htm。

《"健康中原2030"规划纲要》，河南省人民政府网站，2017年2月26日，https：//www.henan.gov.cn/2017/02-26/370798.html。

〔法〕勒·柯布西耶：《光辉城市》，金秋野、王又佳译，中国建筑工业出版社，2011。

马琳、董亮、郑英：《"健康城市"在中国的发展与思考》，《医学与哲学》2017年第5期。

王兰、凯瑟琳·罗斯：《健康城市规划与评估：兴起与趋势》，《国际城市规划》2016年第4期。

闻大翔：《落实健康中国战略 推进健康城市建设》，《健康中国观察》2024年第7期。

武占云、单菁菁、耿亚男：《中国城市健康发展评价》，《区域经济评论》2015年第1期。

于海宁等：《我国健康城市建设指标体系比较分析》，《公共卫生》2012年第12期。

赵明丽：《我国健康城市建设的时空格局演变及形成机制研究》，硕士学位论文，鲁东大学，2023。

WHO, *Ottawa Charter for Health Promotion*, 1986.

区域协同篇

B.3 深化郑州都市圈同城化发展研究

张芳菲

摘　要： 都市圈同城化是城市经济一体化的重要阶段，是促进区域经济高质量发展的重要途径。郑州都市圈位于我国中部地区，其同城化发展将加快中原城市群一体化进程，推动中部地区崛起。本报告基于郑州都市圈圈层结构、交通区位、基础设施、自然禀赋等优势，分析其同城化发展的现实基础，并针对现存的中心城市核心竞争力不强、创新动能支撑不足、产业协作配套不优、公共服务供给不均衡等问题，提出深入推进郑州都市圈同城化发展的具体路径，即通过加快国家中心城市建设推动都市圈同城化发展、通过加速都市圈协同推进同城化创新体系建设、通过构建高质量现代化产业体系实现企业生产同城化、通过共筑高品质都市圈实现居民生活同城化。

关键词： 都市圈　同城化发展　郑州

---

* 如无特殊标注，本报告数据来源于《中国城市统计年鉴2023》。
** 张芳菲，河南省社会科学院城市与生态文明研究所研究实习员，主要研究方向为能源经济。

都市圈以发展能级高、辐射带动力强的中心城市为核心，通过集聚扩散效应带动周边县（市、区）发展，是城市群和城镇化发展的客观趋势，遵循了区域经济社会的演进规律。2016年《中原城市群发展规划》指出，郑州作为国家中心城市，要与开封、许昌、新乡、焦作深度融合，逐步形成郑州都市圈"1+4"阵容。2020年1月，在中央财经委员会第六次会议上，习近平总书记指出，要推进郑州与开封同城化，引领中原城市群一体化发展[①]。圈内县（市、区）为了实现资源共享、优势互补、互利共赢，以同城标准构建的协同发展地域关系被称为同城化。2020年9月17日，河南省政府首次公开提出郑州和开封"同城化"的概念，即按照同一个城市来打造、规划、建设以及管理，标志着郑开同城化发展的正式启动。2021年10月26日，河南省第十一次党代会提出"加快郑州都市圈一体化发展，全面推进郑开同城化，并将兰考纳入郑开同城化进程"，郑州都市圈同城化迈入更高水平建设的新阶段。2023年，郑州都市圈正式跻身国家级都市圈行列，踏上建设发展新征程，提出了"1+1+3+N+X"的新规划体系。2024年7月，中共二十届三中全会对进一步全面深化改革、推进中国式现代化做出战略部署，并对深化都市圈同城化发展体制机制改革提出要求。深入推进郑州都市圈同城化发展，是全面提升区域发展能级的动力源和强引擎，是新时代推动形成区域经济高质量发展布局的具体实践，是实现河南"经济大省挑大梁"的必然选择。

一 郑州都市圈实现同城化发展的基础条件

（一）圈层结构不断优化

近年来，河南省委、省政府大力推进"郑开同城化""郑许一体化"，建设郑（港）汴许"黄金三角"。具体来说，郑州和开封以发展空间充足、配套设施完善的整建制乡镇（街道）为基本单元，设立沿郑开交界区域北部、南部和东部3个示范区，打破行政区划限制，实现统一规划、联合开发

---

① 龚砚庆、史长来：《开封：不遗余力加快郑开同城化进程》，《河南日报》2022年4月21日。

和园区共建。郑州航空港经济综合实验区立足港城一体、全域统筹，通过拓宽发展空间和管理范围实现扩容提质，构建核心区、联动区、协同区一体化发展格局。郑州和许昌以构建多节点半小时生活圈为导向，布局建设轨道微中心，优化生活服务、文化娱乐等产业的设施布局，打造集交通枢纽、游客集散、商业服务等于一体的综合功能区。

依托陇海铁路、郑焦和郑开城际铁路，以及沿黄高速公路和城际快速通道，郑州与洛阳、开封、焦作、新乡等城市的中心城区和沿线县（市、区）串联，打造沿黄河高质量发展轴，从而联动中原城市群西部和东部城镇协同发展区，对接关中平原城市群、长三角城市群，增强了对新欧亚大陆桥通道的战略支撑作用。依托京广通道、济郑渝通道等复合型交通轴，郑州与新乡、许昌等城市的中心城区和沿线县（市、区）串联，打造沿京广高质量发展轴，从而联动中原城市群北部和南部城镇协同发展区，对接京津冀协同发展、长江经济带发展、粤港澳大湾区建设等重大国家、区域战略，形成联通南北的"串珠"形城镇产业密集带。

（二）交通区位优势凸显

郑州从古至今都是交通要塞，素有"九州腹地，十省通衢"之称。现代郑州被誉为"火车拉来的城市"，拥有亚洲最大的列车编组站（郑州北站）、全国最大的零担货物转运站（郑州货运东站）和亚洲唯一运行时速达350公里的高速铁路十字枢纽站（郑州东站）。高铁南站开通后，联通国内的"米"字形高铁与联通世界的"空中丝绸之路"将在郑州航空港经济综合实验区实现衔接。2013年由国务院批准设立的郑州航空港经济综合实验区，是全国首个国家级航空经济先行区、国家首批通航产业综合示范区和全国唯一空港型国家物流枢纽，成为集航空、高铁、地铁、高速公路于一体，可实现"铁公机"无缝衔接的立体综合交通枢纽，覆盖全国2/3的主要城市和3/5的人口[①]。郑州航空港经济综合实验区与老城区"双核"驱动地区经济发展。

---

① 曾全红、赵倩倩：《行走中原：郑开同城化的发展与启示》，《四川省情》2020年第12期。

郑州都市圈位于我国"两横三纵"城镇化战略格局中陆桥通道、京广通道的交会处，与周边城市建立"3+3+4"快速交通系统，推动高铁、普铁、城际铁路、市域铁路和地铁"五网融合"。目前，新郑国际机场至郑州南站城际铁路和郑许市域铁路均已开通运行，郑开、郑焦、郑机城际开行车次逐步加密，机西高速二期、开港大道、许港大道等一批城际快速通道相继建成。新郑国际机场货邮吞吐量连续多年稳居中部地区第一，中欧班列（郑州）综合运营指标位居全国前列。郑州都市圈依托枢纽优势，"四路协同"联动世界，经济结构逐步由内向型转为外向型，推动中原腹地河南成为开放前沿，为区域经济增长提供源源不断的动力。

（三）设施体系逐步完备

基于交通区位优势，郑州全面发展智慧协同的融合基础设施，争取全国路网客户服务数据中心落地和全国一体化大数据中心新增国家级枢纽节点布局。与此同时，加快传统基础设施数字化改造，部署新一代通信网络基础设施。例如，开展城市大脑三期项目，将郑州地铁12号线建为智慧地铁示范线，新郑国际机场建设智慧航站楼，打造新型空间运营模式。郑州正逐步成为中国联通中原数据基地、中国移动网络云华中大区节点、中国电信中部数据中心、中原大数据中心、上汽大数据中心等新型数据中心，打造国家重要信息通信枢纽和信息集散中心，并超前谋划量子通信网、第六代移动通信等前沿引领性创新基础设施，建设现代化新型基础设施体系。

郑州都市圈着力建设新型智慧城市统一中枢平台，开展都市圈数字孪生城市试点，搭建城市信息模型平台，打造全信息数字化"沙盘"。2024年6月，郑州数据交易中心与开封自然资源投资集团签署协议，共建郑州数据交易中心开封运营中心，探索建立统筹协调的区域性数据要素市场培育工作机制和资源管理平台。此外，在郑州、洛阳等建设人工智能计算中心，构建中原人工智能算力网，强化郑汴洛互联网国际通信专用通道的应用推广。洛阳、许昌、漯河、新乡等工业互联网标识解析二级节点加速发展，实施"上云用数赋智"行动和工业互联网发展工程，在重点行业打造"5G+工业互联网"典型场景。

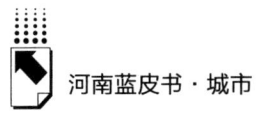

（四）生态共治持续推进

郑州自然禀赋优良，拥有大河大山大平原的地理空间，山地绿屏、流域绿廊、平原绿网的生态安全格局持续巩固，固碳降碳能力不断提升。一直以来，郑州坚持"绿水青山就是金山银山"理念，不断推进生产和生活方式绿色转型，健全生态环境协同保护机制，筑牢"一带两屏、一心多廊"生态格局。坚持"重在保护、要在治理"理念，全面落实黄河流域生态保护和高质量发展重大国家战略。圈内城市以黄河干流为主线，立足地形地貌特征、自然生态禀赋，统筹推进沿黄地区国土绿化和水土保持。在太行山和伏牛山等山区实施小流域综合治理、水土流失治理等工程，通过营造水土保持林和水源涵养林，构建山河立体绿屏和平原生态绿网①。

郑州都市圈依托郊野公园、绿楔、绿道等构建山城相融的特色生态景观，拓宽了城乡生态游憩空间，实现生态资源同城化。嵩山生态绿心是以偃师、巩义、登封、禹州、汝州为主体，北起黄河、南至嵩山的世界级生态绿心。通过加大嵩山、浮戏山和大鸿寨森林补植补造力度，进行森林生态系统修复和矿山综合系统整治。为防止城市"摊大饼"式无序扩张，蓝绿交织区域生态水廊发挥了"硬隔离"作用。已建成惠济至开封界沿黄大堤复合型生态廊道和S312生态廊道市区段，逐步绿化京港澳高速、连霍高速、南水北调干渠等沿河沿路生态廊道。此外，郑州都市圈秉承"以水定城、以水定地、以水定人、以水定产"理念，不断优化圈内水资源统筹配置，提高水资源保障能力。

二 郑州都市圈同城化发展面临的现实问题

（一）中心城市核心竞争力不强

强有力的"核心"是推进同城化的要素之一，作为都市圈中心城市，

---

① 彭俊杰：《基于比较视域的郑州都市圈培育发展研究》，《黄河科技学院学报》2021年第9期。

郑州在经济实力、产业结构、人力资源等方面还有较大的不足。首先，在经济实力方面，郑州在近年来取得了显著的增长。根据《2023年郑州市国民经济和社会发展统计公报》，2023年郑州市GDP达到13617.8亿元，同比增长7.4%。这一增速不仅高于全国平均水平，也显示出郑州经济的强劲增长势头。然而，与京津冀、长三角、粤港澳等区域的中心城市相比，郑州还存在经济总量较小的问题。2023年郑州GDP仅为上海（4.722万亿元）的1/4左右、北京（4.376万亿元）的1/3左右，与中西部地区的成都（2.207万亿元）和武汉（2.001万亿元）相比差距也较大。在9个国家中心城市中，郑州GDP仅高于西安，位居第八，在全国城市中排第16位。因此，郑州需要进一步提升自身的经济实力，以更好地发挥在都市圈中的辐射带动力。

其次，在产业结构方面，郑州的产业结构正在不断优化，但仍需进一步升级。2023年，郑州市第一产业增加值为172.2亿元，同比增长1.0%；第二产业增加值为5373.4亿元，同比增长11.1%；第三产业增加值为8072.2亿元，同比增长5.1%。可以看出，第二产业尤其是工业是支撑郑州经济大盘的中流砥柱，而第三产业也呈现稳定增长的趋势。然而，与国内外先进的都市圈相比，郑州的产业结构仍存在一些问题。例如，高新技术产业和战略性新兴产业的比重相对较低，创新能力和品牌影响力有待提升。虽然规模以上工业高新技术产业、战略性新兴产业增加值分别实现了17.2%、13.8%的同比增长，但仍有较大的提升空间。

最后，在人力资源方面，郑州作为河南省的省会城市，其城市规模和人口数量近年来发生了显著变化。根据统计数据，2023年末郑州市常住人口已突破1300万人，达到1300.8万人。这一庞大的人口基数为郑州的经济发展提供了坚实的基础。然而，郑州的人口老龄化问题逐渐显现，65岁及以上人口占比达到10.1%。同时，虽然郑州的常住人口城镇化率已达到80%，但仍有提升空间。此外，与国内外先进的都市圈相比，郑州在人口素质、人才储备等方面仍存在差距，这制约了其竞争力和辐射带动力的提升。

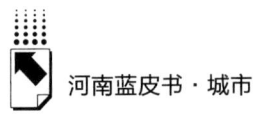

（二）创新动能支撑不足

根据河南省科技厅发布的数据，2023年郑州都市圈的科技创新投入虽然持续增长，但相较于国内其他先进都市圈仍显不足。具体表现在研发投入强度[①]上，虽然河南省的研发经费投入在逐年增加，2022年已达到1143.26亿元，但研发投入强度仅为1.86%，低于全国平均水平2.54%。在郑州都市圈内部，除郑州市、洛阳市外，其他城市的研发投入强度普遍偏低。从产出角度看，郑州都市圈的科技创新成果转化率不高，高新技术产业和战略性新兴产业的比重相对较低。这反映出郑州都市圈在科技创新方面的整体实力还有待提升，创新动能支撑不足。

高等教育和科研机构是科技创新的重要支撑。然而，根据教育部发布的数据，郑州都市圈内的高质量高等教育资源相对匮乏，尤其是高水平大学数量不足。目前，郑州都市圈仅有郑州大学、河南大学两所国家"双一流"大学，且在全国排名相对靠后。这导致郑州都市圈在科研人才培养、科研团队建设以及科研成果产出等方面存在明显短板。同时，郑州都市圈内的科研机构数量不多，且研究方向相对分散，难以形成集聚效应和协同创新优势。

企业在科技创新中应占据主体地位，但郑州都市圈的企业创新能力普遍不强。根据河南省统计局发布的数据，2023年郑州都市圈内企业的研发经费投入占全社会研发经费投入的比重较低，且企业申请的专利数量和质量也不高。这表明郑州都市圈的企业在科技创新方面的积极性不高，缺乏足够的创新动力和能力。

（三）产业协作配套不优

根据河南省发展和改革委员会发布的数据，2023年郑州都市圈在产业协作方面取得了一定进展，但仍存在明显不足。一方面，产业分工协作不明确。根据河南省工业和信息化厅的数据，2023年郑州都市圈内各城市在产

---

① 研发投入强度即研发经费投入与GDP之比。

业发展上仍存在较明显的同质化现象，导致资源分散、竞争加剧，难以形成有效的产业协作①。具体来说，部分城市在产业发展上缺乏明确的定位和特色，盲目追求热门产业和短期利益，导致产业结构趋同、产能过剩。例如，在新能源汽车产业领域，多个城市都在积极布局，但缺乏统筹规划和协作机制，导致资源浪费和恶性竞争。根据河南省统计局的数据，2023年郑州都市圈内各城市的产业结构相似度较高，部分行业的产能利用率不足50%。

另一方面，产业发展蓝图不完善。根据河南省发展和改革委员会的数据，2023年郑州都市圈虽然已经制定了一些产业发展规划，但在具体实施过程中仍存在较强的随意性和盲目性。具体来说，部分规划缺乏科学性和前瞻性，未能准确把握产业发展趋势和市场需求，导致规划与实际脱节。例如，在新能源汽车产业规划中，预计的市场需求与实际销量存在较大差距。同时，规划之间的衔接和协调不够紧密，存在重复建设和资源浪费的问题。这导致企业在进行产业协作配套时难以匹配合适的合作伙伴和产业链上下游环节，部分关键环节缺失，使得产业链整体竞争力不强。例如，在电子信息产业领域，虽然郑州市已经集聚了一批知名企业，但在上游原材料供应和下游应用开发方面仍存在短板。

（四）公共服务供给不均衡

2023年，郑州都市圈在公共服务供给方面取得了一定进展，但都市圈外围地区居民难以获得与核心城市同等的公共服务。首先，在教育服务领域，根据郑州市教育局发布的数据，2023年全市共有独立设置的幼儿园2066所，比上年增加40所，郑州市区的普惠性幼儿园覆盖率较高，达到89.29%，但在都市圈内的部分县区，这一比例则相对较低；小学、初中、高中的数量虽然也有所增长，但优质教育资源仍主要集中在郑州市区，都市圈内的其他城市和县区则相对匮乏。这种不均衡现象导致都市圈内居民在享

---

① 河南省社会科学院课题组、王建国：《中西部地区都市圈发展阶段的研判与推进》，《区域经济评论》2021年第4期。

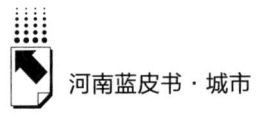

受教育服务方面存在明显差异。

其次,在医疗服务领域,根据河南省卫生健康委员会的数据,2023年郑州都市圈的医疗资源虽然相对丰富,但医疗服务供给仍存在不均衡问题。一方面,郑州市区的医疗机构数量多、规模大、技术水平高,而都市圈内的其他城市和县区则相对薄弱;另一方面,即使在同一城市内,不同区域的医疗服务水平也存在明显差异。例如,郑州市区的部分医院拥有先进的医疗设备和优秀的医疗团队,而部分县区医院则在这方面相对落后。这种不均衡现象导致都市圈内居民在享受医疗服务方面存在明显差距。

最后,在社保服务领域,由于城乡经济发展不平衡,农村地区的社会保障制度建设相对滞后。郑州市区的社会保障覆盖率相对较高,而都市圈内的其他城市和县区则相对较低。这种差异还体现在社会保障待遇中。一般来说,郑州市区的社会保障待遇相对较高,包括养老金、医疗保险等。根据河南省人力资源和社会保障厅的数据,2023年郑州市区的养老金平均水平高于都市圈内的其他城市和县区。这种待遇差异导致都市圈内居民在享受社会保障服务方面存在不公平感[1]。

三 深入推进郑州都市圈同城化发展的路径选择

相比国内外成熟都市圈,郑州都市圈正处于加速成长阶段,同城化范围还相对较小。郑州作为特大城市和圈内龙头正加快转变发展方式,致力于提升国家中心城市国际化水平,建设"四个高地",优化城市布局,增强竞争力。同时,圈内其他城市也积极对接国家战略,实施创新人才工程,统筹各类创新,打造有国际影响力的创新品牌。郑州都市圈以市场需求和产业协作为导向,培育新产业,提升产业链现代化水平,构建高质量现代化产业体系;以人民为中心,推进公共服务品质化、均衡化发展,努力实现生产生活同城化。

---

[1] 郭志远:《提升郑州国家中心城市规模能级的主要路径》,《决策探索》2021年第11期。

（一）通过加快国家中心城市建设推动都市圈同城化发展

都市圈强首先要龙头强，郑州率先发展，是推进郑州都市圈同城化的重要条件，郑州的城市能级决定了其都市圈的能级。为加快郑州国家中心城市建设，需推进"四个高地"建设。一是发挥郑州科创资源要素集聚优势，建设国家创新高地。依托中原科技城、郑州高新技术产业开发区、郑州金水高新技术产业开发区等，争取国家大科学中心、重大科技基础设施等落地布局，打造高能级创新空间载体。支持郑州率先开展创新发展综合配套改革，形成示范经验，在都市圈复制推广。二是完善郑州产业创新融合链条，建设国家先进制造业高地。统筹推进传统优势产业、新兴产业和未来产业发展，构建高能级产业生态。具体来说，培育壮大电子信息"一号产业"，大力发展新能源及智能（网联）汽车、新型材料、绿色环保等产业，布局前沿技术和未来产业，推动产业链头部企业集聚发展，拓展产业链辐射范围，为构筑优势互补、分工协作的郑州都市圈产业链奠定坚实基础。三是依托郑州交通区位优势，建设国家开放高地。深化郑州—卢森堡双枢纽战略合作，加快实现"通道经济"向"枢纽经济"的转变；探索"跨境电商+空港+陆港+邮政"运营模式，拓展海铁联运班列线路；探索设立《区域全面经济伙伴关系协定》（RCEP）经贸合作示范区，依托海外仓积极布局全球供应链。四是将郑州人口规模优势转化成人才储备优势，建立国家人才高地。加快河南省（中原科技城）人才创新创业试验区建设，集聚高层次创新人才；实施青年人才创新创业行动、"郑州人才计划"、安居工程等，规划建设青年创新创业园，大力引进青年人才。

（二）通过加速都市圈协同推进同城化创新体系建设

科技是第一生产力，人才是第一资源，创新是第一动力。郑州都市圈只有借助创新的乘数效应，才能积累未来长期发展所需要素。为此，政府、企业、高校和科研院所等主体需要共同努力。在顶层设计方面，优化创新空间布局，构建中原科技城、中原医学科学城、中原农谷"三足鼎立"的创新发展格局；助力嵩山、神农种业、黄河等省实验室快速发展，着力打造高端创新平台；通过深化科技体制改革、优化科技创新服务，为郑州都市圈营造良好的创新生态。在企业创新方面，实施创新型企业树标引领行动、高新技术企业倍增计划、科技型中小企业"春笋"计划，加快培育"专精特新""瞪羚""独角兽""雏鹰""单项冠军"企业，建立完善"微成长、小升规、高变强"创新型企业梯次培育机制，打造"雁阵"形创新企业集群。在教育科研方面，着力打造郑州大学、河南大学"双航母"，集中资源发展重点学科、重点团队，加快"双一流"大学建设；大力支持河南师范大学、河南理工大学、华北水利水电大学等高校围绕"双一流"目标创建学科，提升应用基础研究能力，建设双一流"后备军"；强化创新资源协同，依法依规推动成立高等院校科技创新联盟，推动郑州高校与都市圈内其他高校及科研院所合作共建协同创新中心，积极开展高水平中外合作办学。

（三）通过构建高质量现代化产业体系实现企业生产同城化

产业发展是都市圈建设的重要支撑。都市圈内各产业应以市场需求为导向，结合城市自身优势，进行合理分工和错位发展。一方面，圈内城市找准产业定位，优化细化专业分工，培育各自优势产业。郑州作为都市圈中心城市，应以先进制造业为主导、以现代服务业为支撑、以战略性新兴产业为引领、以现代农业为基础，形成"四轮驱动"的产业发展格局[1]。通过核心城市产业结构的高端化，最大限度地集聚信息流、技术流和资金流，辐射带动都市圈内其他城市产业发展。圈内其他城市则应立足自身资源优势，布局差异化和特色化产业，避免重复建设和恶性竞争造成的资源浪费，实现互补发展。另一方面，城市间完善产业协同机制，加强统筹引导，共建跨区域产业带。发挥郑州产业创新发展引擎作用，强化中小城市服务配套和产业承接能力，推动形成"总部+基地""研发+产业化"等产业协作模式。以资源整

---

[1] 左雯：《中心城市引领都市圈协同发展研究——以郑州为例》，《现代商业研究》2023年第4期。

合、分工协作、链接融合为重点，调整优化区域产业链供应链体系，重点打造郑开汽车、郑洛先进材料、许港精密制造、郑新高技术、郑焦智造、郑漯现代食品、洛济焦高端石化、洛平高端装备等 8 条高质量发展产业带。

（四）通过共筑高品质都市圈实现居民生活同城化

都市圈内居民享受"同城待遇"是都市圈同城化的重要标志。在同城化进程中，各县（市、区）要坚持以人民为中心，推进城乡与区域公共服务的品质化、均衡化发展，通过深化区域合作，共同构建一个互惠共享、宜居宜业的高品质都市圈。在教育领域，协同扩大优质教育资源的供给，推动义务教育优质均衡发展，并加大公办学前教育资源供给力度。同时，通过优化基础教育资源配置、推动高等教育资源稳步扩充以及深化教育资源共建共享，为都市圈内的学生提供更加优质、多元的教育选择。此外，还需加快职业教育的提档升级，构建覆盖全劳动周期、全工种门类的技能培训体系，以满足社会对高技能人才的需求。在医疗卫生领域，依托现有优质医疗资源，加快国家区域医疗中心建设，并推动远程医疗、精准医疗等服务的发展。同时，通过建立健全医疗服务共享机制，提升基层医疗卫生服务能力，从而为城乡居民提供更加便捷、高效的医疗服务。在社会保障领域，加强都市圈重点公共服务领域的政策协调，逐步建立统一、有效衔接的基本公共服务制度。同时，通过推进信息互联互通和"一卡通"服务，为都市圈内的居民提供更加便捷、高效的社保服务。

参考文献

郭志远：《提升郑州国家中心城市规模能级的主要路径》，《决策探索》2021 年第 11 期。

河南省社会科学院课题组、王建国：《中西部地区都市圈发展阶段的研判与推进》，《区域经济评论》2021 年第 4 期。

彭俊杰：《基于比较视域的郑州都市圈培育发展研究》，《黄河科技学院学报》2021

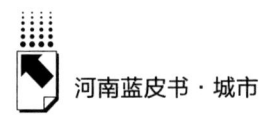

年第9期。

曾全红、赵倩倩：《行走中原：郑开同城化的发展与启示》，《四川省情》2020年第12期。

左雯：《中心城市引领都市圈协同发展研究——以郑州为例》，《现代商业研究》2023年第4期。

B.4 深化豫鲁毗邻地区合作发展研究

盛 见*

摘　要： 豫鲁毗邻地区合作发展有基础、有条件、有意愿，潜力巨大。然而，当前豫鲁毗邻地区合作尚不够深入，依然面临内生动力尚未充分激发、产业合作尚未普遍形成、协同效应尚未有效发挥、发展速度尚未全面提升等问题。借鉴安徽与江苏、成渝地区双城经济圈等省际毗邻地区合作发展的成功经验，结合豫鲁毗邻地区合作发展实际，通过强化基础设施互联互通、探索建立合作共赢的利益分配机制、着力推动产业共建共兴、建立健全协商推进机制、推动生态环境共建共治等举措，全面深化豫鲁毗邻地区合作发展。

关键词： 豫鲁毗邻地区　区域协调发展　生态环境

豫鲁毗邻地区地缘相邻、人文相亲、来往密切，有长期合作的基础，深化豫鲁毗邻地区合作的空间巨大。当前，在统筹区域协调发展、加快推进黄河流域生态保护和高质量发展、新时代推动中部地区高质量发展的背景下，进一步深化豫鲁毗邻地区合作的意义重大。豫鲁毗邻地区包括山东省聊城市、菏泽市全域以及济宁市梁山县、泰安市东平县，河南省开封市、商丘市、濮阳市全域以及长垣市（新乡市代管县级市），面积为4.54万平方公里。其中，黄河干支流流经的山东省菏泽市东明县、牡丹区、鄄城县、郓城县，济宁市梁山县，泰安市东平县，聊城市阳谷县、莘县，河南省开封市兰考县，长垣市，濮阳市濮阳县、范县、台前县，以及黄河故道沿线山东省菏

---

* 盛见，河南省社会科学院城市与生态文明研究所副研究员，主要研究方向为区域经济、城市治理、养老服务。

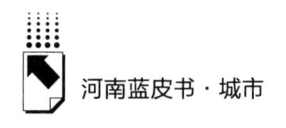

泽市曹县、单县，河南省商丘市虞城县、梁园区、民权县为核心区，面积为2.16万平方公里。

一 豫鲁毗邻地区合作发展的背景和基本情况

（一）豫鲁毗邻地区合作发展背景

新中国成立后，为了全面治理黄河，我国于1949年组建了平原省（包括河南黄河以北地区、山东西部、河北南部），经过几十万名军民两年多的艰苦奋斗，黄河治理工作取得了非凡成就。1952年11月，平原省被撤销。1963年由于大暴雨，处于两省交界地区的金堤河发生了历史罕见的洪水，为了全面治理金堤河，确保两岸百姓的安全，国家于1964年对河南、山东两省进行了一系列的区划调整，撤销了山东省的寿张县，重新组建了范县并划入河南省，东明县划入山东省，形成了目前两省"你中有我、我中有你"的紧密联系格局。改革开放后，为加强沿黄省（区）际经济技术合作，1988年7月，新疆、青海、甘肃、宁夏、内蒙古、陕西、山西、河南、山东9省（区）及新疆生产建设兵团、水利部黄河水利委员会共同成立了黄河经济协作区，搭建了合作交流平台，建立了区域合作机制，强化了省际协作，形成了发展合力。20世纪90年代后，豫鲁两省互动活跃，多层次多方面的合作不断深入。

近年来，豫鲁两省深入贯彻落实习近平总书记关于黄河流域生态保护和高质量发展的重要讲话精神，抢抓重大战略机遇，积极推进省际合作交流。特别是黄河流域生态保护和高质量发展重大国家战略实施以来，根据《黄河流域生态保护和高质量发展规划纲要》要求，两省制定并签署了《黄河流域（豫鲁段）横向生态保护补偿协议》（2021年5月）、《关于豫鲁毗邻地区共建黄河流域高质量发展示范区合作框架协议》（2021年10月）、《鲁豫建设具有全国影响力的科技创新中心规划（2022—2035年）》（2022年12月）、《关于加强交通互联互通 服务支撑黄河流域生态保护和高质量发展的合作协议》（2023年8月）、《鲁豫毗邻地区合作发展实施方案》（2023

年12月）等一系列省际合作文件，为全面深化豫鲁毗邻地区合作提供了重要遵循、打开了广阔空间。

（二）豫鲁毗邻地区合作发展基本情况

1. 基础设施互联互通

交通互联互通方面，根据两省合作协议，落实7个交通运输项目，包括3座黄河特大桥、4条省际高速，目前已完成2个、在建1个、推进4个，其中济郑高铁全线贯通，打通了山东半岛通往中原城市群、成渝地区等的快速通道，京雄商高铁台前段建设顺利推进，濮卫高速、阳新高速、濮聊高速、S304白堽黄河大桥等跨省路桥建设加速了两地交通贯通协同步伐。水利建设方面，开展京杭大运河（台前段）、金堤河（濮阳段）复航通航研究，谋划推进彭楼灌区引黄入鲁干渠跨流域调水现代化改造等一批大中型灌区配套节水改造项目，建立健全常态化跨省输水联合协作、沿河闸站联合调度等机制。能源设施方面，中原油田白庙浅层储气库将成为推动濮阳、菏泽两市设施互通、产业融合的桥梁。

2. 经济发展协调联动

豫鲁毗邻地区产业合作意愿强烈，在新材料、新能源、食品、化工、木材加工等领域，两地企业优势互补、强化合作，初见成效。鼓励各类开发区探索共建产业合作园区，共同探索"反向飞地""反向孵化器"等承接产业转移新模式。建立农业发展常态化交流合作机制，整合两地地理标志品牌优势，联合实施新品种新技术培训推广及病虫害统防统治。打造"郑汴洛濮氢走廊"和山东半岛"氢动走廊"战略节点，抢占氢能产业制高点。组建文化旅游联盟，建立非物质文化遗产保护协同机制，依托黄河文化资源和黄河、金堤河优质旅游资源，建设鲁豫黄河文化旅游协作区，推进鲁豫文旅融合发展。

3. 生态环境共保共治

濮阳市与聊城市签署了《边界河湖管理保护联系合作协议》《行政边界地区联动执法协议》《毗邻地区湿地生态协同保护合作协议》等，协同开展生态环境联合管理及执法活动，强化生态保护合力。共同推进金堤河综合治理，筑牢两市金堤河防洪减灾工程体系。开封市、菏泽市先后签署了《跨省流域上下游突发水污染事件联防联控工作协议》《菏泽市人民政府、开封市人民政府协同推进黄河流域生态保护和高质量发展战略合作框架协议》，推进豫鲁毗邻地区黄河流域生态保护和高质量发展区域合作。濮阳县与东明县签订了《濮阳县人民政府、东明县人民政府共建黄河流域高质量发展示范区合作框架协议》和《生态环境保护合作框架协议》，并建立跨区域联合调解机制。

4. 公共服务合作共享

2020年，山东莘县，河南范县、南乐县、清丰县及河北大名县5县共同签订《冀鲁豫"三省五县"关于市场准入、工程建设领域"跨省通办"合作的框架协议》，推进行政审批"跨省通办"。2022年，山东省冠县、莘县人民法院，河北省大名县人民法院及河南省南乐县人民法院联合出台《关于建立冀鲁豫三省四县人民法院司法协作机制的实施意见》。2023年，山东聊城、河北邯郸、河南安阳、山西长治4地市共同建立跨省联合"双随机、一公开"监管工作制度。另外，豫鲁毗邻地区积极探索建立不受行政区划和户籍身份限制的医疗资源共享机制，开展协同临床研究、远程医疗等，推动养老服务政策通关、标准互认，公共服务事项无差别受理、同标准办理，促进更多高频事项实现跨市县通办。

二 深化豫鲁毗邻地区合作发展面临的问题

当前，豫鲁毗邻地区合作有良好基础，也有现实需要，前景广阔、潜力巨大，但与长三角、粤港澳、成渝等发达经济板块相比，还处于双方共谋、争取政策支持、加快联动发展的初步阶段，面临一些问题，尚需走深走实。

（一）整体发展能级不高，内生动力尚未充分激发

豫鲁毗邻地区的五市三县地处豫鲁交界地带，经济发展相对落后，缺少发展能级较高、带动能力较强的区域中心城市。2023年，聊城市、菏泽市、

开封市、商丘市、濮阳市的地区生产总值分别为 2926 亿元、4464 亿元、2534 亿元、3109 亿元、1851 亿元，均未超过 5000 亿元，远小于皖苏、沪苏、广佛、深莞、成渝等毗邻地区合作发展所依托的区域中心城市的经济体量。实际上，豫鲁毗邻地区中心城市仍处于加快发展的集聚阶段，经济和产业外溢效应不明显，在一定程度上制约了地区合作持续向纵深推进。

（二）产业创新协同不足，产业合作尚未普遍形成

豫鲁毗邻地区各市县传统产业居多，高端创新产业少，产业规模、梯度差距较小，互补性不足，导致产业互补协同发展的空间有限。如开封主要产业有高端化工、农副产品加工、装备制造、汽车制造、纺织服装、现代家居、新材料、生物医药、全钒液流电池、储能碳基新材料等，而菏泽重点产业有石油、煤炭和其他燃料加工业，医药制造业，化学原料和化学制品制造业及农副食品加工业等。一方面，两市都存在高端产业布局不足、创新引领发展的能力不强等突出问题；另一方面，就两市本身支柱产业而言，除了形成从板材加工到定制家居的"曹县—兰考"全产业链合作走廊外，大多数产业互补性较弱，重点行业、产业集群等深层合作空间有限。

（三）经济要素流动性不强，协同效应尚未有效发挥

豫鲁毗邻地区由于经济体量较小且互补性弱，经济协同发展效应不强，导致人员、资金、信息等要素流动性不强，与发达地区差距较大。对比来看，广佛、深莞每天通勤人数分别达到 171 万人次、121 万人次；成都至德阳、眉州、资阳三地日开行动车已达 88 对；苏州轨道交通 11 号线实现和上海 11 号线的无缝衔接，单线客流日均超 20 万人次。与此同时，豫鲁在民间层面的合作渠道有限，山东省河南商会主席在访谈中反映，两省合作存在"民相近""官相远"，民间组织积极寻求合作发展的愿望较强烈，但政府层面缺乏有效政策推动。具体表现为两省过分关注政府层面的沟通合作，而对民间合作缺少足够的支持，致使合作沟通平台有限，产业峰会、商业联盟、学术论坛等发展不足，没有充分发挥协会、商会等社会组织的力量。

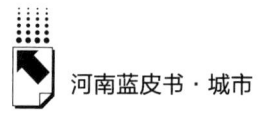

（四）体制机制不够健全，发展速度尚未全面提升

在省级层面上，河南、山东两省已出台《鲁豫毗邻地区合作发展实施方案》，但尚未成立高规格的议事协调机构以及两省定期会晤协商工作机制，在产业链对接、文旅融合发展、跨地区跨部门协作等方面缺乏统筹和规划，协调联动机制不够高效，职责和管理权限有"重叠区"和"空白区"。省级交流互访、常态化推进机制不完善，缺少定期沟通的平台，影响了两省合作事项的推动和合作领域的拓展。对比之下，长三角地区建立了决策层、协调层、执行层"三级运转"的省际区域合作协调机制，有力推动了区域合作发展。

三 国内其他省际毗邻地区合作发展的成功经验

（一）实现合作共赢是促进省际毗邻地区合作发展的根本

一般情况下，省际毗邻地区均位于省域经济边缘，普遍远离本省经济中心，多是发展洼地，产业发展水平差别不大、互补性不强，只有通过建立合作共赢的利益分配机制，强化地区间经济横向合作，才能增强"双向奔赴、抱团取暖"的合作意愿。安徽和江苏交界线较长，毗邻地区涵盖多个地级、县级行政区，其中安徽有 7 市 24 个区县，江苏有 7 市 16 个区县。多年来，两省毗邻地区积极谋求合作发展，其中安徽滁州和南京的江北新区（浦口—南桥和顶山—汊河）、马鞍山的博望区和南京的江宁区，由于建立了投资和利益分享机制，合作比较密切且成效显著，而其他县区由于尚未建立起合作共赢的利益分享机制，合作不够深入，仅仅停留在交通互联、人文交流、生态共保、医疗互助等层面，成效不明显。

（二）促进产业共建共兴是促进省际毗邻地区合作发展的关键

省际毗邻地区合作发展包含产业发展、社会发展、生态建设、社会治理等方面，其中促进省际毗邻地区产业共建共兴是关键。成渝地区双城经济圈建设以来，成渝切实深化合作、多措并举，积极开展首创性、集成化、差异化探索，在多方面形成了一系列成功的合作经验，尤其是在促进产业共建共兴方面成效显著。为促进产业共建共兴，成渝联合出台汽车、电子信息、装备制造、特色消费品4个领域的高质量协同共建实施方案，细分产业链特征，推动补链、延链、强链，共建优势产业链。同时，成渝联合发布"双城双百"投资机会清单和成渝地区双城经济圈协同招商十条措施，建立协同招商定期联席会议制度和协调联络工作制度，共建联合招商机制。此外，成渝在共同建设统一市场、协同推进对外开放、深化生态环境共治、推动社会共建互融等方面共建共享、协同发力，进一步助推产业共建共兴。

（三）建立协商推进机制是促进省际毗邻地区合作发展的保障

打破行政壁垒限制，建立健全省际毗邻地区合作发展的协商推进机制，是促进省际毗邻地区要素自由流动、实现成功合作的重要保障。协商推进机制包括协同立法机制、多层次协商合作机制、重大项目联合调度服务机制等。川渝两地联合出台《川渝人大法制工作机构推动成渝地区双城经济圈建设协同立法工作办法》，实现立法项目协商确定、立法文本协商起草、立法程序同步推进、立法成果共同运用、法规实施联动监督。成渝地区通过建立党政联席会议、常务副省市长协调会议、联合办公室及专项工作组常态化工作机制，推进多层次协商合作。重庆市联合四川省建立重大项目联合调度服务机制，统筹项目要素保障，共同开展"月调度、季通报、年复查"。

四 深化豫鲁毗邻地区合作发展的建议

（一）强化基础设施互联互通

强化基础设施互联互通是推动豫鲁毗邻地区合作发展的前提。一是推进高铁建设。加快推进安阳经濮阳至菏泽铁路前期工作。加快推进日兰高铁菏泽至兰考段建设，已按期通车。开展菏兰高铁南延至郑州南站高铁线路规划研究。共同推进京雄商高铁商丘段、菏泽段项目建设。加快推进菏泽至新乡高铁建设。二是推进高速公路建设。尽早启动濮阳至聊城（临清至濮阳）高速公路、台前至阳谷（高唐至台前）高速公路等重大跨区域项目建设。加快推进徐民高速、沿黄高速民权至兰考段等高速公路建设，共同推进鄄城至兰考、兰考至沈丘等高速公路前期工作。完成阳新、沿黄、兰太高速建设任务。三是推进水利设施建设。协力推动金堤河共治共建，大力支持京杭大运河（台前段）、金堤河（濮阳段）复航通航。谋划推进彭楼灌区引黄入鲁干渠跨流域调水现代化改造等一批大中型灌区配套节水改造项目，建立健全常态化跨省输水联合协作、沿河闸站联合调度等机制。

（二）探索建立合作共赢的利益分配机制

共同研究建立豫鲁毗邻地区合作共赢的利益分配机制，研究制定指导意见。一是建立省际毗邻地区财税分享机制。建立省际毗邻地区财税分享机制，有助于激发毗邻地区政府间推动跨区域产业合作发展的积极性。毗邻地区政府应根据产业合作发展需要，按照"增量起步，资本纽带，要素分享，动态调整"的原则，在跨区域招商与企业迁移过程中，明确财税分享的路径，推进跨区域税收征管一体化，激发产业协同发展动力。二是建立健全合作园区利益分配机制。通过建立健全合作园区利益分配机制，支持各方共建，促进地区间加强合作，发挥区域比较优势，推进产业转移，提升园区承载能力和集聚效应。通过建立健全飞地经济利益分配机制，促进飞地经济有序发展，整合区域要素资源，消除发展瓶颈。探索"飞地经济"园区在利润、投资、税收等方面的利益分配模式。三是完善豫鲁生态补偿机制。进一步完善《黄河流域（豫鲁段）横向生态保护补偿协议》，认真落实共同抓好大保护、协同推进大治理要求，统筹推进山水林田湖草沙综合治理、系统治理、源头治理，加强上下游系统谋划，共同建设集防洪护岸、水源涵养、生物栖息等功能于一体的黄河下游绿色生态走廊。探索建立豫鲁毗邻地区黄河故道生态补偿机制，强化明清黄河故道沿线综合治理，筑牢区域生态安全屏障，探索碳排放权跨区域交易。

（三）着力推动产业共建共兴

推动产业共建共兴是深化豫鲁毗邻地区合作发展的关键。一是加强区域创新联动。根据各自的资源禀赋，聚焦战略性新兴产业、优势产业及未来产业的关键环节和重大科技需求，建立区域创新联合体，构建一批具有全国影响力的区域创新平台。二是促进制造业互动发展。在化工新材料、新能源等领域开展合作，推动企业间技术、产品、市场和资源的深度融合、优势互补，打造区域现代化工产业集群；全面加强氢能产业合作，畅通"郑汴洛濮氢走廊"和山东半岛"氢动走廊"，抢占氢能产业发展制高点；共建产业合作园区，探索"反向飞地"新模式，着力构建产业链供应链融合发展新格局；推动曹县—兰考现代家居产业联动发展。谋划一批标志性合作工程，共同打造区域高端产业集群。三是进一步加强文旅融合发展。充分发掘豫鲁两省的历史文化资源，在景点开发、线路推广、游客推送等方面加强互动合作，共同建立文旅合作新机制，整体推动区域文旅发展，重点共建豫鲁黄河文化旅游协作区，打造黄河生态文化旅游带，加强黄河故道保护利用。

（四）建立健全协商推进机制

一是尽快设置省、市、县三级协调推进工作机构。建立豫鲁毗邻地区合作发展联席会议制度，两省政府分管负责同志负责召集，办公室设在两省发展改革委。豫鲁毗邻地区各市县建立相应的合作发展联席会议制度，分层建立协调推进工作机制。以合作发展联席会议为统领，定期召开双方主要领导参加的联席会议，统筹推进合作发展相关事宜，推动开展交流互访，协调解决跨区域重大问题。二是建立日常工作联络机制。豫鲁毗邻地区省、市、县三级分别成立合作发展办公室，由一名政府副秘书长兼任办公室主任，负责具体联络、沟通协调、落实协议约定事项。三是建立重点合作项目或重点工

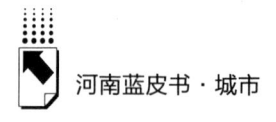

作督导机制。围绕重点合作项目或重点工作,及时召开推进会议,督导合作事项进展情况,研究提出需提交联席会议协调推进的事项。

(五)推动生态环境共建共治

生态环境溢出效应明显,推进生态环境共建共治是深化豫鲁毗邻地区合作发展的重要内容。一是推进生态环境共保共治。联合开展黄河流域环境综合治理和生态修复,完善跨区域生态环境联合监管执法机制,探索跨界监测数据信息共享,建立生态环境重大案件信息共享、案情通报、案件线索移送制度。二是协力推动金堤河共建共治。共同实施金堤河综合治理,推进加固南北小堤、畅通河道等工程项目,增加金堤河引黄指标,并探索共同设立金堤河滞洪区等事宜。三是共同推进黄河故道生态资源开发。省级层面出台政策,使河南省虞城县和山东省单县两地依托本地农、林、果等相关领域企业,积极打造果、林、牧、农、水"五点一线"生态文化休闲观光旅游区。共同保护黄河故道,激活故道生态潜力,打造宜居宜业宜游生态带。

参考文献

《成渝地区双城经济圈跨区域协作18条经验做法》,"华龙网"百家号,2023年9月26日,https://baijiahao.baidu.com/s?id=1777989588243073020&wfr=spider&for=pc。
《关于深化鲁豫合作的思考与建议》,新乡市政协,2024。
《"荷"作共赢"汴"地出彩——开封市政协关于深化豫鲁合作情况的调研报告》,开封市政协,2024。
《胡艳:省际毗邻经济区要顶层设计,统一规划,协同推进》,"澎湃新闻"百家号,2024年2月13日,https://baijiahao.baidu.com/s?id=1790748965382892239&wfr=spider&for=pc.2024-02-13/2024-09-10。
《深化鲁豫合作推动高质量协同发展》,商丘市政协,2024。
《深化鲁豫合作 助推引领黄河流域生态保护和高质量发展》,河南省政协,2024。
《抓住新机遇 建好核心区努力在深化鲁豫毗邻地区合作中走在前列》,濮阳市政协,2024。

B.5 加快豫皖毗邻地区协同发展研究

张 健*

摘　要： 加快豫皖毗邻地区协同发展是实现中部地区加快崛起的重要一环。本报告通过分析豫皖毗邻地区在地缘条件、交通基础设施、经济和政策环境等方面的现实条件，以及面临的产业结构不完善、人口流出严重等问题和挑战，提出通过强化顶层设计、提升交通互联互通能级、加快城镇化建设等方向与路径，助力实现区域经济繁荣和社会和谐。

关键词： 豫皖毗邻地区　协同发展　产业分工　城镇化

豫皖毗邻地区涵盖河南省商丘市、周口市、驻马店市、信阳市及安徽省淮北市、亳州市、宿州市、阜阳市、六安市共9个地级市。豫皖毗邻地区是我国主要粮食产区、能源原材料基地、大别山革命老区。从地理位置上看，豫皖毗邻地区连通东西、承接南北，更是通江达海的中部核心要地。

在新时代背景下，加快豫皖毗邻地区协同发展是践行区域整体发展理念、落实国家区域发展战略部署、推动豫皖协同一体发展、实现中部地区加快崛起的关键一步，有利于豫皖两省拓展合作领域、丰富合作形式、创新合作机制，有利于增进中原经济区和长三角经济带的融合互促，有利于推动豫皖两省乃至中部地区产业的转型升级，有利于促进豫皖的高质量发展。

---

* 张健，河南省社会科学院改革开放与国际经济研究所工程师，主要研究方向为外向型经济、制度型开放。

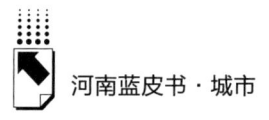

一 加快豫皖毗邻地区协同发展的现实条件

(一) 地缘相邻、人文相亲,具有协同发展的共同愿景

豫皖毗邻地区山水相连、地缘相邻,广袤的面积和密集的人口为加快区域协同发展打下坚实的基础。豫皖毗邻地区9市总面积为10.4万平方公里,与浙江省的面积相当。据第七次全国人口普查数据,豫皖毗邻地区总计常住人口约5413万人,相当于河南省一半的人口。豫皖毗邻地区没有天然地形屏障,地势平缓,省界线犬牙交错,两省鸡犬相闻。豫东南的商丘、周口、驻马店和皖西北的淮北、亳州、宿州为黄淮海大平原,豫南信阳和皖西南六安是大别山山地丘陵。大别山和淮河是豫皖毗邻地区共同的山河资源,在地理上有着天然的协同发展条件。从文化上看,豫皖毗邻地区人文相亲、方言相通,两省人民一直来往密切,有着共同的价值认同和情感认同。历史上豫皖毗邻地区是兵家必争之地,也是中原文化和江淮文化交融的区域。许多历史事件在这里发生,留下了丰富的文化遗产。历史故事在两省人民中广为流传,成为共同的文化记忆,加深了豫皖毗邻地区人民的情感联系,一直以来豫皖毗邻地区有着协同发展的历史传承和现实需求。

(二) 政策环境为加快区域协同发展带来新机遇

推动中部地区崛起是党中央、国务院做出的重要决策。2004年,国务院《政府工作报告》首次提出"促进中部地区崛起"。2006年,《中共中央、国务院关于促进中部地区崛起的若干意见》要求将中部地区建设为"粮食生产基地、能源原材料基地、现代装备制造及高技术产业基地和综合交通运输枢纽"。党的十八大以来,党中央、国务院先后发布《关于大力实施促进中部地区崛起战略的若干意见》《关于新时代推动中部地区高质量发展的意见》《促进中部地区崛起"十三五"规划》《新时代推动中部地区加快崛起的若干政策措施》，对促进中部地区崛起这一重大战略决策做出谋划部署，明确要求推动中部6省省际交界地区与东部、西部其他省份交界地区的合作，深化大别山等区域旅游与经济协作。2024年3月，习近平总书记在主持召开新时代推动中部地区崛起座谈会时强调，在更高起点上扎实推动中部地区崛起[①]。

河南、安徽两省把推动豫皖毗邻地区协同发展作为实施重大国家战略、实现中部地区加快崛起的关键一步，推出一系列政策措施，深化豫皖毗邻地区的协同发展。河南省政府印发《河南省"十四五"深化区域合作融入对接国家重大战略规划》，安徽省委、省政府出台《关于坚持高质量发展奋力在中部崛起中闯出新路的实施意见》等系列文件，把促进豫皖毗邻地区经济社会发展深度融合作为推动区域经济发展新的着力点。

（三）交通基础设施合作吹响加快区域协同发展的号角

路通百业兴，完善的交通网络设施是推动豫皖毗邻地区协同发展的基础条件，对于促进豫皖毗邻地区产业布局优化、推进新型城镇化建设、提升区域协同发展水平、加强对外开放有着基础支撑作用。

豫皖两省把强化交通基础设施合作作为加快区域协同发展的重要举措。2024年3月，河南、安徽两省签署《关于加强交通运输领域合作的协议》，推动交通互联互通工作进入新阶段。铁路方面，郑阜高铁、商合杭高铁已经通车，京港高铁阜阳至黄冈段正开展前期工作。豫皖两省积极争取沿淮铁路（南阳—驻马店—阜阳—淮南—蚌埠—淮安）、亳蚌滁宁铁路亳州—蒙城段纳入国家中长期铁路网规划。省际公路方面，豫皖两省正加快G3031商丘—固始、G3611南京—信阳、G4222和县—襄阳等省际高速公路的建设。此外还将开工建设长丰至固始高速霍邱至皖豫界段，以及亳州至郸城、周口至平顶山、徐州至民权等高速公路。内河航运方面，豫皖两省正在加快谋划共建"中原出海新通道"，加快淮河皖豫段航道整治，提升淮

---

① 《在更高起点上扎实推动中部地区崛起》，《人民日报》2024年3月21日。

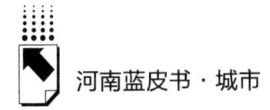

河干流通道服务水平,加快推进沙颍河、涡河、洪河、沱浍河、汾泉河、惠济河等干支流航道建设。航空运输方面,豫皖两省重点深化航空物流合作,增强郑州机场与信阳、合肥、芜宣、阜阳等机场的优势互补性,增加运力投放,增开国内外全货机货运航线,加快将豫皖两省的区位优势转换为航空物流优势。

(四)产业发展构筑加快区域协同发展的经济基础

加快豫皖毗邻地区协同发展的目的是实现区域经济的跃升,需要大量的资金投入和支持。河南和安徽都是经济总量和财政收入大省,经济实力雄厚、产业体系完备,这为加快豫皖毗邻地区协同发展提供了良好的经济基础和财政支撑。从经济总量来看,2023年河南省GDP实现5.91万亿元,在此之前河南省GDP连续多年排全国第5位;2023年安徽省GDP实现4.71万亿元,排全国第10位。从财政收入来看,2023年河南省财政收入达到4512亿元,排全国第8位、中部6省第1位;2023年安徽省财政收入达到3939亿元,排全国第10位、中部6省第2位[1]。

产业是区域经济发展的核心动力。豫皖两省完备的产业体系、领先的产业优势为促进豫皖毗邻地区协同发展提供了扎实的产业支撑。农业方面,河南和安徽都是农业大省、重要的粮食生产基地。河南素有"中原粮仓"之称,小麦、玉米等主要粮食作物产量居全国前列。安徽同样以农业为基础产业,水稻、小麦、油菜等农作物生产具有显著优势。豫皖毗邻地区都是农业主产区,农产品生产加工实力雄厚。工业方面,河南和安徽各有特色。河南拥有较为完善的工业体系,煤炭、冶金、机械制造、食品加工等行业具备竞争优势。郑州作为国家中心城市,其物流、商贸、金融等现代服务业发展迅速,是带动全省经济发展的龙头。安徽在汽车、家电、电子信息等领域具有较强的竞争力,合肥作为全国重要的科教基地,科技创新氛围浓厚,带动安徽新兴产业快速发展。

---

[1] 数据来源:2023年河南省、安徽省国民经济和社会发展统计公报。

二 加快豫皖毗邻地区协同发展面临的问题和挑战

由于历史原因,豫皖毗邻地区是河南、安徽两省的经济薄弱地区。进入新时代,加快豫皖毗邻地区协同发展,推动豫皖两省经济高质量发展,面临一些长期以来存在的问题和挑战。

(一)区位的边缘化和区域经济的欠发达

豫皖毗邻地区由于历史积淀与地理限制,长期面临经济发展滞后的问题,被视为豫皖"经济洼地"。从地理上看,豫皖毗邻地区远离豫皖的经济中心,位于长三角、京津冀、郑州都市圈的边缘地带,处于郑州、武汉、合肥、济南等省会城市的围空地区,在区域经济发展的版图上相对边缘化,在接受核心城市的辐射和带动方面相对较弱。区位的边缘化导致豫皖毗邻地区在发展中容易被忽视,在资源分配和政策支持上常常处于不利地位。在当前河南推动交通区位优势向枢纽经济优势转化、安徽推动与长三角深度融合的区域整体发展方向上,豫皖毗邻地区由于地理位置未充分享受到战略发展红利。另外,豫皖毗邻地区在基础设施建设方面相比豫皖其他地区落后。豫皖毗邻地区地处省际交界,历史遗留问题较多,交通和基础设施的发展相对区域经济发展的需求滞后,与豫皖发达地区的差距逐渐拉大。这不仅削弱了区域交通网络的通达性,也限制了区域对外来投资的吸引力,成为区域经济发展的瓶颈。

(二)产业结构不完善,转型升级难度较大

从区域经济发展的一般规律来看,随着经济的发展,区域第一产业的比重会逐渐下降,第二产业和第三产业的比重会逐渐上升。从增加值比重变化上看,国民经济总量增长从主要由第一、第二产业带动转为主要由第二、第三产业带动。"十四五"时期,我国第一产业比重将持续稳步下降,第二产业比重将降至35.5%左右,第三产业比重将升至58.0%左右。

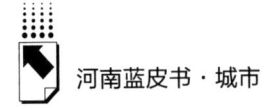

从豫皖毗邻地区来看，区域三次产业结构不尽完善，呈现第一产业比重相对较高、第二产业发展动力不足、第三产业比重相对偏低的特点。根据2023年各市统计局发布的数据，河南省商丘市三次产业结构为18.9∶32.6∶48.5，周口市三次产业结构为17.4∶40.3∶42.3，驻马店市三次产业结构为17.6∶39.3∶43.0，信阳市三次产业结构为15.9∶31.3∶52.8。安徽省阜阳市三次产业结构为13.0∶35.2∶51.8，六安市三次产业结构为12.9∶39.0∶48.1，亳州市三次产业结构为12.9∶34.9∶52.2，宿州市三次产业结构为14.8∶32.2∶53.0，淮北市三次产业结构为6.6∶42.8∶50.6[①]。

从整体上看，豫皖毗邻地区的产业体系难以为加快区域经济发展提供更大的动能，亟待通过推动传统产业转型升级、发展战略性新兴产业和现代服务业来构建区域现代产业体系，从而实现区域经济的高质量发展。一方面，要在扛稳国家粮食安全重任的前提下，加快区域三次产业结构的优化升级，构建合理完善的区域产业结构。另一方面，要加快产业内部结构的调整和升级。豫皖毗邻地区面临传统农业向现代农业和高效农业升级、工业向高端制造和服务型制造转型、服务业向高技术和高附加值领域发展的挑战。

（三）人口流出严重，老龄化、空心化加剧

河南省和安徽省都是人口大省，也是劳动力输出大省，豫皖毗邻地区更是以劳动力输出地而闻名。第七次全国人口普查结果显示，河南、安徽位居全国人口流出省份前二。周口、信阳、驻马店、商丘分别流出267万人、246万人、210万人、178万人，合计流出902万人，占河南全省流出人口总量的56.02%。阜阳、亳州、六安、宿州分别流出260.3万人、173.4万人、145.7万人、130.2万人，成为安徽省人口流出最多的4个城市。

---

① 数据来源：豫皖毗邻地区9市统计局。

豫皖毗邻地区的人口流出有着相似的原因：地处黄淮海大平原和大别山区，农业人口基数大，人口密度也比较大，农村富余劳动力比较多，当地城市吸纳农村富余劳动力就业的能力不足。豫皖毗邻地区经济总体上欠发达，为寻求更多的就业机会和更高的生活质量，当地劳动力人口向经济发达地区流动的趋势愈加明显。人口流出造成豫皖毗邻地区的人口空心化和老龄化，年轻劳动力大量流失，这给当地的社会和经济发展带来了诸多挑战。一方面，留守老人和儿童的数量增加，给当地的社会福利和教育体系带来了巨大压力；另一方面，劳动力的流失使得本地产业发展受限，豫皖毗邻地区现代农业、先进制造业和高端服务业的发展因为人口红利的缺失而面临较大的困难和挑战。

（四）城镇化率较低，区域公共服务水平较低

新型城镇化建设是区域经济发展的成果，也是推动区域经济发展的重要因素。豫皖毗邻地区作为传统的粮食生产核心区，农业人口基数大，区域城镇化进程相较于豫皖其他地区更为缓慢，整体城镇化率处于落后位置。豫皖毗邻地区的商丘市、周口市、驻马店市、信阳市的常住人口城镇化率分别是48.76%、45.31%、46.84%、52.71%，均低于河南省城镇化率55.43%。安徽省阜阳市、宿州市、六安市、亳州市、淮北市的城镇化率分别为45.16%、43.96%、50.5%、44.05%、65.64%[①]，除了淮北市，其他城市的城镇化率均低于2022年安徽省城镇化率60.15%。

城镇化是现代化的必由之路。豫皖毗邻地区偏低的城镇化率反映出城市在推动区域产业结构优化升级、提升社会公共服务能力、增进民生福祉方面的辐射带动作用没有得到充分发挥。一方面，豫皖毗邻地区城镇化进程滞后，影响了区域第二产业和第三产业特别是服务业的快速发展，弱化了城市在推动产业结构优化升级中的重要作用。另一方面，较低的城镇化率不利于豫皖毗邻地区社会公共服务能力的提升和民生福祉的增进。豫皖毗邻地区在

---

① 数据来源：2023年河南省、安徽省国民经济和社会发展统计公报。

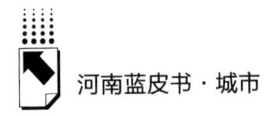

教育、医疗、交通等公共服务领域存在资源供给不足、城乡分配不均、服务水平不高等问题和挑战。

三 加快豫皖毗邻地区协同发展的方向与路径

（一）强化顶层设计，做好政策供给和制度创新

习近平总书记指出："统筹区域发展从来都是一个重大问题。"① 加快豫皖毗邻地区的协同发展，重点在于做好顶层规划设计、健全协同发展的协作机制。河南、安徽两省政府要发挥制度设计和统筹引领能力，着力打破区域行政壁垒，以促进资源要素高效流动和优化配置、发挥市场在资源配置中的决定性作用为落脚点，做好加快豫皖毗邻地区协同发展的政策供给和制度创新。推动劳动力、资本、土地、数据等要素在区域内的自由流动和灵活配置，建立统一规划、统一管理、合作共建、利益共享的区域合作新机制。

一是健全豫皖两省省级层面合作统筹机制。制定豫皖毗邻地区协同发展规划，联合报批、共同实施，确保各项政策措施的前瞻性和互惠性。在已签订的《关于加强交通运输领域合作的协议》的基础上，继续加大更多领域的政策协同力度，强化政策赋能，推动豫皖毗邻地区的协同发展在更广领域铺开。二是豫皖两省共同构建利益共享、统计核算、督促考核3项保障机制。建立协调机构，制定合作框架，加强信息共享，实施激励措施，确保政策措施加快推进、落到实处。三是深化豫皖毗邻地区城市间交流合作。建立常态化的豫皖毗邻地区城市政府间联席会议制度，拓展合作思路，创新合作方式，探索完善资源配置、利益分配、服务共享、制度保障等合作新机制，促进豫皖毗邻地区各城市的紧密合作和共同发展。

---

① 《全国一盘棋 共谱协奏曲 从协调发展看新时代改革开放》，中国政府网，2024年7月15日，https://www.gov.cn/yaowen/liebiao/202407/content_6962947.htm。

（二）提升交通互联互通能级，共建"中原出海新通道"

交通是经济的血脉，针对豫皖毗邻地区交通基础设施建设的短板，必须把强化区域交通基础设施建设、提升区域交通互联互通能级放在加快区域协同发展的先行位置。加强豫皖交通运输领域合作，挖掘淮河水运价值，共同推进高铁、高速等跨省通道项目，以交通的互联互通加快区域协同发展。

一是深化落实河南、安徽两省签署的《关于加强交通运输领域合作的协议》，加快建设复合型快速通道，提升交界区域路网密度和等级。加快推进南信合高速铁路、淮北—永城高速公路、沿大别山高速公路等重点工程。加强区域内高速公路、普通国省干线、农村公路和航道工程规划建设，打通"断头路""宽窄路""瓶颈路"，构建豫皖毗邻地区"一小时通勤网络"，形成布局合理、层级明晰、分工明确的区域现代综合交通体系。二是充分发挥区域的陆水联运优势，强化铁路、水运港口协同联动，加快建设5G、工业互联网、特高压线路等新型基础设施，推动油气基础设施互联互通。加快铁路进港口、大型公共企业和物流园区建设，构建豫皖毗邻地区现代货运物流体系。加强豫皖地区与郑州、合肥、武汉、徐州等中心城市的陆水通道协同对接，共同打造区域陆水物流网络。三是实施淮河等航道整治，提升水运主通道航运能力。加快推进淮河皖豫段航道整治工程，提升淮河干流通道服务水平。加快推进沙颍河、涡河、洪河、沱浍河、汾泉河、惠济河等干支流航道建设，增强豫皖毗邻地区的水运航道承载能力，充分发挥淮河航运价值，全面构建豫皖两省通江达海的内河航运新格局，协同共建"中原出海新通道"。

（三）加快城镇化建设，推动区域公共服务一体化

城市是承载区域人口的重要空间、产业创新的策源地和区域经济发展的主引擎。豫皖毗邻地区作为传统农业生产核心区和大别山革命老区，农业人口占比较高，较低的城镇化率是区域经济高质量发展的短板。要把加快豫皖

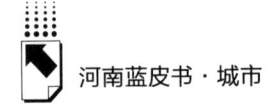

毗邻地区城镇化建设、提升区域公共服务水平、增进民生福祉作为加快区域协同发展的重要一环。

一是"一县一策"推进以县城为重要载体的区域城镇化建设，提升县城对产业及人口的集聚能力。面对农业人口基数较大、尚处在工业化进程中、产业发展不充分、县城承载能力较弱的现实，要加快区域县城基础设施建设，补齐交通、供水、供电等短板，健全基本公共服务制度，加大普惠性人力资本投入力度，完善养老和医疗保障体系、兜底救助体系等，促进社会公共服务资源向基层延伸、向农村覆盖、向边远地区和生活困难群众倾斜，缩小豫皖毗邻地区城乡、人群间的基本公共服务差距。二是提升潜力地区的产业承载能力。以城镇化潜力较大的集中片区为重点，商丘、周口、阜阳、信阳、六安等区域中心城市重点推动产业梯度布局、人口就近就业，培育区域特色优势产业集群，促进产业园区提级扩能，强化产业发展人才支撑，增强城市综合承载能力。三是推动豫皖毗邻地区公共服务一体化。建立和完善区域 9 市社会公共服务协同合作机制，加强政策协调和规划对接，推动改革创新，破除省际、市际行政壁垒，推动豫皖毗邻地区社会公共服务"跨省通办"。推动区域交通、教育、医疗等公共服务的一体化，增强人民群众对区域协同发展的获得感、幸福感。

（四）强化产业分工协作，构建区域产业融合生态

构建豫皖毗邻地区合理、高效、有序的产业分工体系，形成错位发展、互补互促的区域产业格局是加快豫皖毗邻地区协同发展的主攻方向。要着力发掘和利用不同城市的优势资源，紧扣一体化和高质量发展要求，从各城市自身的要素禀赋出发，加快整合区域内土地、资金、人才等资源，打造基于比较优势的差异化产业分工体系。要着力打破地方保护和行政壁垒，构建基于利益共享的整体分工协作体系和产业有效衔接、有序协调的组织体系。要着力避免低效、有害的"内卷式"竞争，以良性竞争推动区域产业合作，形成错位发展、互补互促的区域产业生态。

一是以优化产业链分工为轴线推动区域产业链深度融合。围绕区域产业链重点企业，聚焦龙头企业配套需求，组织区域内产业链上下游企业开展对接合作，推动补链强链协同发展。商丘、永城、亳州、淮北围绕传统产业升级、新兴产业发展加强协作，携手建设绿色转型发展示范城市。周口、驻马店、阜阳围绕推动传统农业向现代农业的转型升级推动融合发展，协同打造区域品牌化运营的高效农业生态圈。信阳、六安发挥大别山革命老区的特色优势，聚焦绿色产业、文旅、交通、生态等重点领域，强化产业分工协作。二是以共建产业融合发展园区为载体培育区域产业集群。对于整体上在某些行业具有优势的区域，通过共建区域产业融合发展园区、统一开发管理等形式共建功能协作区和产业集群，共同做大做强区域优势产业，共享发展成果。加快建设叶集—固始"一河两岸"生态优先绿色发展产业合作区，为高质量推动豫皖毗邻地区产业协同发展提供经验和样本。三是以产业联合招商推动区域产业联动发展。豫皖毗邻地区相关城市在战略性新兴产业规划上存在同质化问题，这在一定程度上造成区域内部招商引资方面的竞争，因此在对外开放、承接产业转移、引进企业和重大项目等方面，要通过完善的联席会议、数据信息交换、联合调研、联合推介等机制，有效的利益共享机制以及区域互补互促的整体产业发展政策和规划，开展区域联合招商，避免同质化竞争，形成联动协同的区域产业招商引进格局。

（五）坚持绿色发展观，做强做优区域生态经济

习近平总书记强调，"牢固树立和践行绿水青山就是金山银山的理念，坚定不移走生态优先、绿色发展之路"[1]。豫皖毗邻地区作为粮食主产区、能源基地和大别山革命老区，必须坚定不移走生态优先、绿色低碳的区域协同发展道路。要加大对豫皖毗邻地区优美生态环境的保护力度，合力筑牢豫皖毗邻地区的国土空间开发保护底线和淮河、大别山生态安全屏障，共同谱

---

[1] 《牢固树立和践行绿水青山就是金山银山的理念 坚定不移走生态优先、绿色发展之路》，"人民网"百家号，2024 年 4 月 24 日，https：//baijiahao.baidu.com/s? id = 1797174303333320998&wfr = spider&for = pc。

写豫皖毗邻地区"绿水青山"向"金山银山"转化的新篇章。

一是以区域产业结构调整为突破点,发展区域绿色低碳循环产业。在推动区域经济高质量发展的同时,协调绿色转型规划、标准、路径。推动区域传统产业优化升级,实施绿色制造工程,扎实推动传统工业企业的绿色改造升级,在产业优化升级中实现全面降碳。二是合作打造豫皖毗邻地区农产品、原生态产品价值实现新机制。完善豫皖毗邻地区生态产品调查监测机制和价值评价机制,健全区域生态产品经营开发机制、保护补偿机制和保障机制,共同推动区域农产品、原生态产品的品牌化,实现产品价值的最大化。三是推动区域文旅产业融合并进。深化大别山区域旅游与经济协作,大力弘扬大别山革命老区的革命精神,保护好利用好大别山革命老区红色"基因库",共同推动大别山红色旅游创新发展。信阳、六安与周边中心城市共同建设革命传统教育基地、红色研学基地。高标准打造提升一批以红色文化为主要特色和载体的旅游景区,联合推出一批跨区域红色旅游主题线路,将大别山优美的"绿花园"转变成造福豫皖两省人民的"金花园"。

参考文献

范克龙:《"黄金水道"支撑开放发展》,《安徽日报》2024年4月15日。
黄征学:《新阶段推进区域协调发展的新思路》,《区域经济评论》2019年第6期。
《豫皖携手共谋交通"一盘棋"》,《河南日报》2024年3月24日。

B.6 加快建设豫东南高新技术产业开发区的探索与实践

王建国*

摘 要： 加快建设豫东南高新技术产业开发区是贯彻习近平总书记"两个更好"嘱托的具体行动、加快培育和发展新质生产力的重大举措、打造豫南高效生态经济示范区的重要抓手，也是实施开发区改革创新的有益探索、实现革命老区振兴发展的强力支撑。近年来，河南省委、省政府以前瞻性眼光想问题、做决策、抓发展，推动豫东南高新技术产业开发区建设取得一系列成效，项目建设迈出实质性步伐，产业体系加速构建，城市功能初步完善，带动效应逐步显现。展望未来，豫东南高新技术产业开发区将聚焦"四大定位"，不断追求卓越，力促各项事业实现跨越式发展。

关键词： 豫东南高新技术产业开发区 "两个更好"嘱托 区域建设

2022年3月31日，豫东南高新技术产业开发区（以下简称"豫东南高新区"）正式揭牌成立。豫东南高新区位于信阳市中东部，覆盖潢川县、光山县和新县（飞地经济模式）部分地区。成立2年多来，河南省委、省政府高度重视，信阳市委、市政府真抓实干，豫东南高新区建设取得了显著成效。

---

* 王建国，河南省社会科学院城市与生态文明研究所研究员，主要研究方向为区域经济。

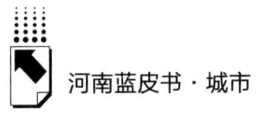

一 豫东南高新区的建设背景及重大意义

(一)建设背景

2019年9月16~18日,习近平总书记到河南考察,在信阳深入鄂豫皖苏区首府烈士陵园、新县田铺乡田铺大塆、光山县槐店乡司马光油茶园、光山县文殊乡东岳村等地调研,强调吃水不忘掘井人,明确提出要把革命老区建设得更好,让老区人民过上更好生活("两个更好")[①]。

为了深入贯彻习近平总书记视察河南的重要讲话精神,认真落实好习近平总书记"两个更好"的殷殷嘱托,2020年6月5日,河南省委、省政府在信阳新县召开加快河南大别山革命老区振兴发展工作会议,随后印发《关于贯彻落实习近平总书记视察河南重要讲话精神支持河南大别山革命老区加快振兴发展的若干意见》(豫发〔2020〕10号),提出了27条支持举措。2021年9月10日,省政府发布《关于新时代支持革命老区振兴发展的实施意见》(豫政〔2021〕27号),从23个方面明确了新时代支持革命老区振兴发展的主要目标和任务措施。2021年10月1日,《河南省革命老区振兴发展促进条例》正式施行。

2022年2月15~17日,河南省委书记楼阳生在信阳市新县、光山县、淮滨县和市区调研时指出,要扛稳扛牢实现"两个更好"的政治责任和历史担当,提出在光山、潢川两县之间建设鄂豫皖苏区首府高新技术开发区(豫东南高新区);3月8日,信阳市成立由市委书记、市长任"双组长"的豫东南高新区建设领导小组,筹建指挥部,启动各项前期工作;3月14日,规划编制工作正式启动;3月29日,省政府正式批复同意设立豫东南高新区,豫东南高新区党工委、管委会成立;3月30日,豫东南高新投资

---

① 《让大别山精神放射出新的时代光芒——回访鄂豫皖苏区首府烈士陵园》,"信阳网信"百家号,2020年5月18日,https://baijiahao.baidu.com/s?id=1667011213890238067&wfr=spider&for=pc。

集团有限公司成立。2022年3月31日，河南省委书记楼阳生为豫东南高新区揭牌，并强调要把标准标尺立高，把视野格局放大，探索生态良好地区创新发展、绿色发展、集约发展的新路，打造引领信阳高质量发展的增长极、河南省开发区改革的试验田、对接长三角和大湾区的"桥头堡"，努力成为具有较强竞争力、创新引领力、辐射带动力的高能级高新区，为在革命老区振兴发展中走在最前列增添新动能、厚植新优势。2022年9月18日，省委、省政府出台《关于支持豫东南高新技术产业开发区高质量建设发展的若干意见》（豫发〔2022〕35号），从创新、产业等7个方面给予21项重大支持，提出要以打造一流创新创业生态为核心，以培育发展具有竞争力的产业集群为基础，以深化体制机制改革为动力，以构建优美生态环境为底色，优化生产力空间布局，瞄准四个战略定位，努力建设在全国有较强竞争力、创新引领力、辐射带动力的高能级高新区，为信阳在革命老区振兴发展中走在全国前列提供支撑。

（二）重大意义

1. 贯彻习近平总书记"两个更好"嘱托的具体行动

老区是中国共产党在土地革命战争时期和抗日战争时期创建的革命根据地，是中国人民选择和拥护中国共产党的历史见证，为新中国成立做出了巨大贡献，具有特殊的历史地位。将豫东南高新区定位为河南省委、省政府派出机构进行高起点谋划、高标准建设，有利于发挥我国社会主义制度能够集中力量办大事的优势，以赓续红色血脉筑牢信仰之基，以用好红色资源凝聚奋进力量，以创新为引领培育老区发展新引擎，以绿色集约为导向探索老区发展新路径，以人民为中心增进老区民生福祉，从而有效推动习近平总书记"两个更好"嘱托落地落实，确保老区在现代化进程中不掉队、红色江山不变色。

2. 加快培育和发展新质生产力的重大举措

当前，世界百年未有之大变局加速演进，新一轮科技革命和产业变革深入发展，科技创新越来越成为推动经济社会发展的主要力量。我国经济正处在高质量发展爬坡过坎的重大关口，新质生产力已经在实践中形成并展示出对高质量发展的强劲推动力、支撑力。高新区是科技、产业和人才的集聚地，发展新质生产力具有良好的基础和优势，是培育和发展新质生产力的主战场和主阵地。豫东南高新区坚持把创新摆在发展的逻辑起点，以打造高能级科技创新平台集聚高端要素，以科技创新推动产业创新，围绕高端引领、创新赋能、绿色筑基、跨越发展构建高端高质高新产业体系，同时着力推进发展方式创新和体制机制创新，进而推动实现技术革命性突破、生产要素创新性配置、产业深度转型升级，大幅提升全要素生产率，有利于形成培育和发展新质生产力的澎湃动力，激发高质量发展的强劲动能。

3. 打造豫南高效生态经济示范区的重要抓手

信阳所在的豫南地区是河南省重要的农业生产基地和生态保护功能区，拥有丰富的绿色农产品和生态旅游资源。但是，受地理位置和历史传承等诸多因素的影响和制约，豫南地区经济社会发展相对滞后，发展任务较重。在现代化建设新征程中，如何实现经济高质量发展和生态环境保护的协同推进，是豫南地区面临的重大挑战和难题。高效生态经济是具有典型生态系统特征的节约集约经济发展模式，能通过推进产业结构生态化、经济形态高级化，促进经济体系高效运转和高度开放，实现开发与保护、资源与环境、经济与生态的有机统一。以豫东南高新区为重要场域，探索创新发展、绿色发展、集约发展的新路径，将有利于充分发挥信阳"红、绿"等特色资源优势和连接东部、南部的地理区位优势，加快形成豫南地区高质量发展的增长极，推动信阳与南阳、驻马店更好地协作互动，联动打造豫南高效生态经济示范区，同时推动豫南地区与豫东地区、革命老区协同发展，助力全省加快形成区域协同发展格局。

4. 实施开发区改革创新的有益探索

作为我国改革开放的成功实践，开发区应改革而生，伴随改革而发展壮大。经过多年发展，目前河南共有各类开发区184个，基本实现"一县一省级开发区"布局。开发区已经成为全省创新资源最丰富、创新主体最多、战略性新兴产业最集中、发展内在驱动力最强的地区。开发区强，则河南综合实力强；开发区优，则河南发展质量优。同时应清醒认识到，与发达地区的开发区相比，虽然河南开发区数量位居全国前列，但是河南众多开发区社会事务包袱重、体制不畅、活力不足等问题依然存在，深化开发区改革创新，事关全省大局、河南未来。

豫东南高新区自成立之日起就肩负着作为河南开发区改革"试验田"的重任。通过赋予豫东南高新区在开发区改革创新方面先行先试的权限，推动高端要素对接、营商环境优化、招商模式创新、要素市场化配置等重点领域和关键环节深化改革，有利于形成一批高水平、可复制、可推广的制度创新成果，从而为全省开发区改革创新探径寻路。

5. 实现革命老区振兴发展的强力支撑

革命老区大部分位于多省交界地区，受自然、历史等因素影响，发展的基础较为薄弱，发展的短板较为明显，这些问题不同程度地制约着老区人民对美好生活的追求。通过构建高能级创新体系、高端高质高新产业体系、绿色创新友好型金融体系、更具竞争力的人才体系、高水平制度型开放体系、集约节约绿色生态的资源环境体系、高效安全韧性的基础设施体系、多场景高品质的公共服务体系，加快将豫东南高新区打造为高能级增长引擎，在革命老区振兴发展中走在最前列，将强有力地支撑、引领、带动革命老区实现跨越式发展，从根本上改变革命老区的发展格局。

二　豫东南高新区建设的主要做法

为深入贯彻习近平总书记"两个更好"嘱托，河南省委、省政府以前瞻性眼光想问题、做决策、抓发展，信阳市委、市政府以"起步即冲刺、开局即决战"的奋进姿态，锚定战略目标，破解开局难题，把准主攻方向，拉高发展标杆，蹄疾步稳全面掀起建设热潮，推动豫东南高新区建设不断取得新发展。

（一）以"两个更好"为高新区建设和发展引领航向

习近平总书记"两个更好"嘱托为豫东南高新区高起点规划、高标准建设、高水平运营提供了科学指引和强大动力。一是坚持以"两个更好"

引领传承红色基因，汇聚精神力量。习近平总书记深刻指出，"鄂豫皖苏区根据地是我们党的重要建党基地，焦裕禄精神、红旗渠精神、大别山精神等都是我们党的宝贵精神财富"①。豫东南高新区在规划建设之初，就坚持从革命老区红色历史中汲取精神动力，在新的历史时期不断赋予大别山精神新的时代价值，推动广大干部群众形成建设豫东南高新区的思想自觉。通过赓续弘扬大别山精神，不断汇聚干事创业的磅礴精神力量，指引和鼓舞广大干部在守初心、担使命中高举红色旗帜，积极投身豫东南高新区建设这一全省重大战略，奋力逐梦前行，把决策变成实践、把蓝图变为现实，团结带领老区人民创造更加美好的生活。二是坚持以"两个更好"引领推动革命事业，提高政治站位。习近平总书记深刻指出，"我们绝不能忘记革命先烈，绝不能忘记老区人民，要把革命老区建设得更好，让老区人民过上更好生活"②，豫东南高新区干部群众始终以高度的政治自觉和饱满的政治热情，更加坚定地担起这一政治责任，更加务实地推进各项工作，致力于建好"高新区"、打造"增长极"、确保"高质量"，齐心协力把豫东南高新区建设好、发展好，把革命先烈打下的红色江山守护好、建设好、传承好，把革命先烈为之奋斗、为之牺牲的伟大事业奋力推向前进。三是坚持以"两个更好"引领强化顶层设计，激发干事创业热情。围绕如何贯彻落实习近平总书记提出的"两个更好"嘱托，河南多次召开省委常委会会议和专题会，为豫东南高新区建设把舵定向、解决问题。信阳全市上下以高度的政治自觉和行动自觉抓好贯彻落实，建立了由市委书记和市长任"双组长"的领导小组，高规格配置豫东南高新区管委会领导班子。豫东南高新区广大干部群众主动作为，充分利用政策机遇窗口期，一项一项精准对接、一件一件狠抓落实，让政策措施在高新区早落地、早见效、早受益，切实把党中央、省委对豫东南高新区的支持政策转化为发展的实际成效。

---

① 李浩：《传承红色基因 弘扬大别山精神》，《河南日报》2020年9月18日。
② 《让大别山精神放射出新的时代光芒——回访鄂豫皖苏区首府烈士陵园》，"信阳网信"百家号，2020年5月18日，https：//baijiahao.baidu.com/s？id=1667011213890238067&wfr=spider&for=pc。

（二）以"三个破解"为高新区开局起步保驾护航

坚持前瞻思考、系统谋划、创新推进，着力破解建设发展过程中的主要问题，为高新区开好局、起好步保驾护航。一是着力破解实施模式路径难题。豫东南高新区坚持把准战略定位、立高标准标尺、放大视野格局，着力构建高标准的规划体系，力求科学擘画高质量发展的美好图景，确保"一张蓝图绘到底"。二是着力破解要素支撑保障难题。豫东南高新区充分发挥政府、市场、社会等多元主体的功能作用，着力打好基金、资源、市场"三张牌"，盘活存量、做优增量，不断提高关键要素资源的供给水平和配置效率，为建设工作提供有力的要素支撑和保障。三是着力破解体制机制掣肘难题。豫东南高新区紧紧围绕发展战略目标，把体制机制创新作为高质量发展的"金钥匙"，着力深化管委会管理体制机制改革，创新管理模式，完善管理职能，提升服务效能，搭建区域开放共建共享机制，为园区发展提供坚实的体制机制保障。

（三）以"四个服务"为高新区招商引智蓄势赋能

牢固树立服务理念，着力解决好招商引智过程中招什么、怎么引、如何保障的问题，不断提升招商引智竞争力，努力营造亲商、爱商、敬商、护商的良好氛围，推动实现招商引智质效"双提升"，为高新区快速发展注入强劲动力。一是以精准服务释放"磁场效应"。豫东南高新区围绕产业链布局，锁定目标区域和目标企业开展精准招商，确保引育的产业符合战略定位和可持续发展需要，努力实现龙头项目、配套项目、关联项目和填补空白项目质的突破，形成招大引强的"磁场效应"。二是以专业服务塑造"招商品牌"。豫东南高新区树立品牌意识，多层次、多领域、多途径加强招商队伍建设，提升招商团队凝聚力，练就招商引资"真功夫"，着力打造一支"懂招商、会招商、能招商、招好商"的专业队伍，以最专业的团队服务企业和项目落地。三是以品质服务打造"投资洼地"。豫东南高新区在加大招商引资力度、引进好企业好项目的同时，聚焦创新平台、基础设施、生产要素等领域，加快完善支持企业发展的各种配套功能,以高品质的环境留住企业,助力企业尽快扎根、快速发展,推动高新区成为远近闻名的"投资洼地"。四是以暖心服务实现"双向奔赴"。项目落地只是招商引资的第一步,"服务好""留得住""发展好"才是最终目的。豫东南高新区坚持"把难点留给政府,把方便留给企业"的理念,瞄准企业发展痛点、难点、堵点主动靠前服务,推动服务企业增温度提速度,及时帮助企业解决资金支持、政策咨询、商务搭桥等诉求,以最暖心的服务感动企业,实现园区与企业、企业家和人才之间的"双向奔赴"。

(四)以"五个导向"为高新区能级提升树标立范

对于豫东南高新区而言,"高"是向高质量发展看齐,"新"是向新质生产力聚焦,高起点、高标准、高水平推进产业引入、要素集聚、辐射起势,是高新区实现能级提升的必然要求。一是坚持高端高质高新导向,推进产业引育。豫东南高新区以高端装备制造、大健康、信息技术、未来产业等产业为重点,聚焦特定方向、特定领域,统筹推进移植性产业高端嫁接和根植性产业链条延伸,打造高能级产业生态,着力构建以技术密集型和知识密集型为核心的高端高质高新现代产业体系。二是坚持绿色低碳导向,推进高质量发展。豫东南高新区坚定不移走生态优先、绿色发展之路,在生态资源优势转化、生态产品价值实现中先行先试,构筑绿色金融、科技金融"双高地",健全绿色能源、绿色交通"两体系",打造一站式绿色金融服务"一平台",用实际行动唱响绿色低碳发展的"高新之歌"。三是坚持"六最"导向,优化营商环境。面对改革新形势和发展新任务,豫东南高新区主动服务、努力创新,加快营造审批最少、流程最优、体制最顺、机制最活、效率最高、服务最好的"六最"营商环境,切实当好"无事不扰、有呼必应、应必有果、果必满意"的"店小二"。四是坚持"项目为王"导向,实施项目全生命周期闭环管理。坚持发展是硬道理、项目是硬支撑,牢固树立"项目为王"的鲜明导向,以更多、更大、更优的项目为支撑,实现项目建设的新成就、有效投资的新突破,为革命老区振兴发展提供强劲动力。五是坚持"域外即外"导向,开展开放合作。作为对接长三角和大湾区的"桥头堡",豫东南高新区在建设实践中坚持"域外即外"导向，以更开放的姿态、更主动的作为"开门建区"，通过引进新变量、培植新优势，不断增强高质量发展、现代化建设的外源动力，推动产业流入、要素集聚、辐射起势。

三 豫东南高新区的建设成效及发展展望

按照"一年成基、三年成形、五年成城、十年成势"的战略安排，豫东南高新区从开局起步到成形起势，取得了初步成效，展现了美好的发展未来。

（一）豫东南高新区建设取得的初步成效

1. 项目建设迈出实质性步伐

60.78平方公里起步区全面开工建设，谋划2022~2025年滚动实施的4类67个重点项目，总投资863.57亿元。其中，基础设施类建设项目39个，总投资319.09亿元；新兴产业类项目13个，总投资263.31亿元；绿色低碳类项目2个，总投资150.30亿元；民生和社会事业改善类项目13个，总投资130.87亿元。

2. 产业体系加速构建

苏信合作产业园、明阳绿色能源装备制造产业园、大数据产业园、大健康产业园、新县飞地产业园、华信产业园等6个产业园已全面开工建设，产业空间载体初现雏形。千亿元级电氢氨醇装备制造产业集群加速谋划建设，大健康、新一代信息技术产业从"零"起步，正处于全面建设和积蓄动能阶段。博云通、云知声、宽腾医疗、中储国能、广东科创等项目均已落地，将于两年内竣工投产，待项目建成达产后产业产值将迎来爆发式增长。2023年，豫东南高新区税费收入共计49502.17万元；2024年1~3月，豫东南高新区税收入共计1148.74万元。

3. 城市功能初步完善

交通基础设施建设加快推进，龙门西路、开元街已建成通车，总长38.5公里的"四横十纵"骨干路网道路2024年陆续实现通车。系统推进市政基础设施建设，第一供水厂项目、第一污水处理厂项目年内分别计划完成投资额2亿元、2亿元，光储充检智能超充站将于2024年底全面竣工。公共服务配套设施建设同步推进，规划建设2382套人才公寓，人才公寓邻里中心完工，人才公寓（一期）178套已完成交付，达到拎包入住条件，计划到2024年底实现813套整体完工、725套主体结构完工；幼儿园、中小学、商业综合体等项目已完成初步方案设计，即将启动建设。截至2024年4月，累计完成土地征收18388亩；林地报批方面，林地组卷上报9个批次5724亩，均已获批；土地组卷上报12个批次6847亩，已批3005亩，保障了豫东南高新区项目建设用地需求。

4. 带动效应逐步显现

高新区的大规模建设为周边地区配套产业发展提供有效市场，带动周边地区的就业，增加周边地区居民收入。与鼎信集团、华信集团合作共建园区的相关项目已经落地建设。"一区两县"融合发展取得初步成效，《新县产业园开发建设实施意见（试行）》出台，豫东南新县产业园已经成为区域合作样板，"园中园"建设全面展开。

（二）豫东南高新区发展展望

当前，豫东南高新区建设正如火如荼，高质量发展迈出"稳""进"步伐。展望未来，豫东南高新区将聚焦"四大定位"，坚持"一张蓝图绘到底"，不断追求卓越，力促各项事业实现跨越式发展，加快建设科创领先、产业发达、环境优美、和谐幸福的绿色智慧城市，奋力谱写加快老区振兴发展、实现"两个更好"的新篇章。

1. 创新策源引领力有效提升

全面强化创新核心地位，加大高质量创新源头供给力度，高效集聚创新要素，走出一条创新资源汇集、科技成果转移转化顺畅的发展之路。未来，豫东南高新区将建设为创新之城，创新创业环境全省领先，创新策源地功能充分发挥，创新能力大幅提升，具有区域影响力的新兴科技创新中心基本建成。

2. 经济增长带动力显著提高

加强龙头企业引育和功能性项目布局，培育产业发展新动能，持续提升对经济社会发展的辐射力、带动力、引领力和贡献度。未来，豫东南高新区将建设为引领信阳高质量发展新的"增长极"，人均生产总值跨入全省高新区第一方阵，经济实力实现新跨越，引领辐射周边发展达到新水平。

3. 改革开放驱动力明显提升

把制度集成创新摆在突出位置，深度开展与苏州的对口合作，构建区域联动发展新格局。未来，豫东南高新区将建设为全省开发区改革的"试验田"和对接长三角和粤港澳大湾区的"桥头堡"，营商环境进一步优化，开放平台功能日益完善，改革开放驱动力显著增强。

4. 高端要素聚合力不断强化

畅通高端要素循环，增强高质量要素供给能力，推动人才、资金、技术、数据等要素资源加快集聚，协同配置效率不断提高。未来，豫东南高新区将建设为全省乃至内陆地区生产要素流入"洼地"，成本优势更加凸显，要素集聚能力更强、利用效率更高。

5. 生态宜居吸引力持续增强

把建设绿色零碳园区作为战略着力点，在生态资源优势转化、生态产品价值实现中先行先试，推进生产空间集约高效、生活空间宜居适度、生态空间山清水秀。未来，豫东南高新区将建设为绿色智慧城市，绿色产业体系、绿色能源体系、绿色建造体系加速构建，绿色生产生活方式加快形成，"水网纵横、蓝绿交织、景城辉映"的美丽宜居新城全面建成。

参考文献

《弘扬老区精神，把伟大事业不断推向前进——论中国共产党人的精神谱系之三十四》，《人民日报》2021年11月9日。

卢松：《老区信阳拼搏赶超向"更好"》，《河南日报》2024年9月25日。

毛哲成：《"两个更好"是中国共产党的庄严承诺和历史使命》，《光明日报》2022

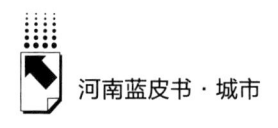

年6月24日。

邵革军：《奋力走好新时代革命老区振兴发展路》，《红旗文稿》2022年第9期。

《习近平心中那座山》，"央广网"百家号，2019年9月17日，https：//baijiahao. baidu. com/s？id＝1644918612022046111&wfr＝spider&for＝pc。

《习近平在河南考察时强调　坚定信心埋头苦干奋勇争先　谱写新时代中原更加出彩的绚丽篇章》，"中国日报网"百家号，2019年9月19日，https：//baijiahao. baidu. com/s？id＝1645019240545458515&wfr＝spider&for＝pc。

中心城市篇

B.7 郑州加快转变特大城市发展方式研究

左 雯*

摘 要： 超大特大城市在经济社会发展中发挥着动力源和增长极的作用，推动超大特大城市加快转变发展方式是全面建设社会主义现代化国家的必然要求。郑州积极推进发展方式由规模扩张向内涵提升转变，取得显著成效。在郑州迈入特大城市这一新发展起点上，要积极探索现代化城市发展的路径和规律，以产业转型、要素集聚、优化布局、加强引领为依托提升郑州城市能级和核心竞争力，以智慧、绿色、人文、韧性城市建设为重点提升郑州城市品质和综合承载力，以精细化管理、基层社会治理、服务质效提升为抓手推进城市治理体系和治理能力现代化。

关键词： 特大城市 城市治理 郑州

---

* 左雯，河南省社会科学院城市与生态文明研究所副研究员，主要研究方向为城市经济。

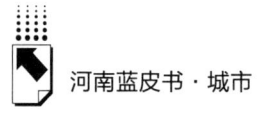

党的二十大报告提出，提高城市规划、建设、治理水平，加快转变超大特大城市发展方式。郑州肩负国家中心城市建设的使命，近年来聚焦城市高起点规划、高水平建设、高效能治理，积极推进发展方式由规模扩张向内涵提升转变，城市综合实力不断跃升，城市发展日新月异。在郑州迈入特大城市这一新发展起点上，要积极探索现代化城市发展的路径和规律，推动城市高质量发展，加快宜居、韧性、智慧城市建设，加快走出一条顺应时代趋势、遵循发展规律、彰显郑州独特魅力、服务国家整体战略布局的特大城市转型发展之路。

一 郑州推动特大城市发展方式加快转变的主要做法和成效

城市能级稳步增强。依托黄河流域生态保护和高质量发展及中部地区加快崛起等国家战略的叠加效应，加上国家对于建设国家中心城市和郑州都市圈的支持，郑州已经从一个区域性中心转变为与周边城市协同发展的国家重要节点。近年来，郑州经济增长稳健而迅速，成为全国第16个GDP突破万亿元的城市，2023年郑州GDP达到1.36万亿元。作为全国十大人口净流入城市之一，2023年郑州的人口规模达到1300.8万人，常住人口城镇化率为80%，新增经营主体42.47万户，市场主体总量突破200万户，彰显出强劲的增长活力和发展潜力。

产业发展蝶变跃升。郑州围绕先进制造业聚链成群，锚定万亿元级电子信息、新能源及汽车，5000亿元级装备制造，3000亿元级算力等产业，聚焦20条重点产业链，积极补链延链强链，随着比亚迪建成投产、超聚变落地、富士康回归，郑州经历了深刻的产业变革，正加速实现换道领跑。2024年，郑州加速推进以紫光超级智能工厂、智能传感谷等为重点的电子信息"1号产业"建设，深度绑定富士康、比亚迪等核心产业链优势企业，加快郑庆哈城市算力网、郑新高科数智港等数字经济项目建设。2021~2023年，郑州规模以上工业增加值平均增速达到9.1%，2024年上半年规模以上工业增加值平均增速达到12.0%，在9个国家中心城市中位列第一。

空间布局持续优化。郑州都市圈于2023年成功晋级国家级都市圈，2024年河南省委、省政府正式发布了《郑州都市圈发展规划》，进一步明确了都市圈发展方向和重点任务。作为都市圈核心城市，郑州发挥自身的比较优势和引领作用，辐射带动效应逐步显现，都市圈设施共建、服务共享、产业协同水平不断提高。郑州建成区面积近1400平方公里，中心城区发展形成"双核、双轴、多廊"复合空间架构，中心城区非核心功能正在向周边合理疏解，郑州南站枢纽产业新城、金岱科创城等重点片区加快建设，一批产城融合、职住平衡、生态宜居、交通便利的郊区新城加快打造。

人居环境显著改善。《郑州市国家森林城市高质量发展规划（2021—2035年）》于2024年7月正式公布，郑州将着力打造中原森林城市群"绿芯"，构建"一河一山、两区两城、多廊多点"的国家森林城市高质量发展格局。郑州积极推进生态廊道建设，完善公园体系，促进街区与园区的和谐融合，不断提升城市的品质和内涵，深化城市生态园林建设。截至2023年底，郑州建成区绿地总面积达到2.6亿平方米，拥有286个公园广场和1407个游园，绿道总长3728公里，绿化覆盖率高达41.82%，公园形态与城市空间有机结合。空气质量逐年提升，2023年全市大气环境质量实现历史性突破，取得自国家开展168个重点城市空气质量排名以来最好位次。

公共服务日益完善。郑州坚持以人为本，着力改善民生，人居环境品质日益提升。公共服务更加普惠，2023年，郑州老旧小区改造项目完成28388户；市区新建、扩建中小学校16所，新增学位2.3万个；养老床位达到6万张，郑州入选全国居家社区养老服务改革试点；国家创伤区域医疗中心落地，郑州大学第一附属医院西院区、河南省妇幼保健院（郑州大学第三附属医院）东院区、河南中医药大学第一附属医院东院区在2024年开诊，郑州入选国家紧密型城市医疗集团建设试点城市。

韧性短板加快补齐。郑州统筹流域防洪治理，积极构建"31382"防洪防涝体系。2024年2月，河南省政府正式批复《郑州市城市防洪规划（2021—2035年）》，提出构建"西蓄、东疏、南截、北御、中调"的防洪总体格局,不断探索防洪防涝和安全韧性建设的"郑州模式",金水河综合整治工程主体完工,常庄水库扩容加固提升、金水河调洪及分洪工程基本建成,防洪"五预"系统建成投用,贾鲁河综合治理工程通过完工验收。市政设施改造有序实施,郑州推进燃气、供水、供暖和排水"四管同改",截至2024年6月,4类管道累计改造878公里,燃气用户安全装置加装基本实现全覆盖。应急能力不断提升,全市已初步形成纵向到底、横向到边的防汛预案体系,已组建、整合三大类抗洪抢险应急救援队伍,积极开展应急演练,截至2024年6月,郑州市人防办已建成社区人防工程服务民生便利点20余个,在建30余个,预计完成200个。

城市治理更加高效。郑州大力推进智慧城市建设,"郑州市党建引领网格化治理"智慧城市建设案例在2024年"世界智慧城市大奖·中国"评选中荣获城市类别奖项——治理大奖。郑州围绕总接收、总分派、总监督、总考核"四个总"定位,以全面深化改革推动形成特大城市"大综合一体化"智慧高效治理新体系,推动多入口合一,将十大类社情民意反映渠道统一汇聚到网格化平台,实现"一口受理";推动多体系合一,将涉及城市运行和网格治理的所有事件通过网格化平台"一网派单";推动多平台合一,打造城市运行和治理智能中枢;推动多中心合一,在全国率先成立市委智慧办和新型智慧城市运行中心,2024年6~9月,郑州市新型智慧城市运行中心工单办理平均时长由5.27天缩短至4.12天。

二 特大城市发展的基本趋势

一是经济和人口持续向中心城市、都市圈和城市群集聚。人口迁移的基本原则是"人随产业走"。放眼全球,随着城市化进程进入中后期,人口越来越倾向于向都市圈和城市群集中。就我国而言,虽然整体的人口流动速度有所放缓,但向大城市和大都市圈集中的趋势更加显著,北京、上海、广州、深圳、重庆和成都等超大城市的发展势头愈加强劲,而杭州、武汉、南京、西安和郑州等特大城市也展现出良好的发展态势,共同构成了推动高质量发展的区域增长极。大规模的人口和产业向都市圈和城市群集中，有助于促进创新活动、提高资源分配效率，从而成为经济发展的新引擎。

二是城市空间布局向多中心、组团式、网络化转变。过去，我国城市往往采取"摊大饼"式的发展模式，即无序地向外扩展。而现在，在国土空间总体规划中，超大城市和人口快速增长的特大城市已经设定了常住人口规模的上限，并且明确了城镇开发边界。此外，建设用地规模、开发强度等控制性指标也得到了进一步的明确。这意味着城市发展将更加注重规划和控制，避免无序扩张。对于超大特大城市出现的资源承载力过高、人口密度过大、交通拥堵严重、房价处于高位等问题，在规模扩张受限的情况下，需要转变发展方式，推动超大特大城市"瘦身健体"、提升质量，形成多中心、组团式、网络化的功能体系，合理控制人口密度，有序疏解中心城区一般性制造业、密集型微利产业等，优化提升中心城区功能，做优做强郊区新城基本功能。

三是资本、技术、人才信息等高端要素向超大特大城市集聚。超大特大城市在经济活力、创新能力和市场机会方面具有显著优势，凭借完善的基础设施、优质的公共服务、丰富的教育资源和广阔的职业发展空间，吸引了大量高素质人才；同时，超大特大城市强大的产业集聚效应和良好的营商环境也吸引了国内外资本和技术的涌入。在这样的趋势下，超大特大城市不仅能提供更多的职业发展机会和创业平台，还能促进科技创新与产业升级，形成良性循环。

四是城市建设朝人文、绿色、智慧、韧性等方向迈进。随着城镇化进入中后期的品质提升和高质量发展阶段，新型城市成为未来城市建设的主要方向，城市生产、生活、生态空间品质将持续提高。人文城市建设将更加重视城市总体设计、文脉延续等，注重对城市历史文化、建筑街区的传承保护，塑造具有文化肌理和特色的城市空间、景观和环境，进一步提升城市的文化品位和品牌形象。绿色城市建设将进一步加快，除了传统的城市绿地和生态防护圈建设外，还将积极倡导绿色交通出行、零碳城市建设及绿色城市管理运营方式。智慧城市建设将助力城市高效治理，投资贸易和政务服务更加自

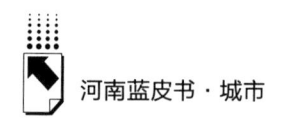

由便利。韧性城市建设将进一步增强城市的防灾减灾抗灾能力，城市的韧性和安全水平显著提升。

三 推动郑州加快转变特大城市发展方式的建议

（一）全面提升郑州城市能级和核心竞争力

一个城市的核心竞争力和影响力在很大程度上取决于其核心功能的强弱。因此，强化这些核心功能是超大特大城市实现高质量发展的关键所在。

加快强链入群，推动产业转型提质。更加关注实体经济发展，增强在高端产业中的引领作用，力求掌握产业链的关键环节，占据价值链的高端位置，形成以现代服务业为主导、先进制造业为支撑的产业结构。郑州要聚焦20条产业链，突出打造电子信息"1号产业"、"新能源汽车之城"、装备制造产业集群、超硬材料产业新高地，持续做大规模、做优布局、做高能级，提升产业辨识度和竞争力。聚焦元宇宙、人工智能、量子信息等领域，加大未来产业应用场景建设力度，支持创新主体建设未来产业概念验证中心，争创国家未来产业先导区。加快建立由链主企业、公共服务平台、专业中介机构、产业投资基金以及行业领军人物等构成的产业生态系统。

加快科技创新，吸引高端要素集聚。不断增强对全球资源的配置能力，吸引国际国内顶尖人才和全球资本等高端要素，加强金融、中介、法律等领域的高端服务。依托国家区域科创中心建设，聚焦科技前沿和河南发展需要，重点围绕现代农业、电子信息等优势领域，超常规大力度谋划，争取国家重点实验室、产业创新中心等重大高端创新平台落地郑州。大力引进和培养科技领军人才、优秀青年人才以及高水平的创新创业团队，形成创新人才高地。

加强科学规划，优化城市空间布局。满足经济、生活、生态和安全等方面的需求，加快转变城市开发模式，避免无序扩张，是治理"大城市病"的关键措施之一。首先,要合理疏解郑州中心城区非核心功能,科学规划城市的规模与开发强度,合理控制人口密度,有序地将一般性制造业、区域性物流基地以及专业市场等功能设施迁移出去。其次,要加快航空港区、郑东新区等新城建设,夯实产业基础,加强对外快速交通连接,引入高质量的公共服务资源,使新城功能齐全,促进郑州"双中心"和"组团式"发展。

加强引领作用,提升辐射带动能力。强化"当好国家队、提升国际化、引领现代化河南建设"的责任担当,加快国家中心城市转型发展步伐。推动郑州都市圈的一体化进程,加强都市圈各城市的协同发展,包括共同制定规划、衔接交通网络、共建产业体系、促进文化交流以及共享公共服务等方面。加快兰考融入郑开同城化发展步伐,实现郑州与开封之间的资源共享、城市功能互补、产业差异化布局和服务设施共建共享。加速推进港许、郑新、郑焦等产业带的发展,构建更加紧密的协同发展格局。

(二)全面提升郑州城市品质和综合承载力

加快智慧城市建设。推动城市管理更加智能、高效和精准,加快以5G网络、数据中心等为代表的数字信息基础设施建设,同时推进城市建筑、道路桥梁、电力燃气等公共设施的数字化和智能化改造,增强城市物理空间的安全管理能力和安全风险感知能力,在城市规划、建设、管理和运维等环节实现数据互联互通。

加快绿色城市建设。将保护城市生态环境放在更为重要的位置,建设人与自然和谐共生的现代化城市。坚持生态优先和绿色发展的原则,以实现碳达峰和碳中和为目标,推动能源的清洁、低碳、安全和高效利用,并促进工业、建筑、交通等领域的清洁低碳转型。鼓励市民采取绿色生活方式,推进生活垃圾分类。加快修复城市生态空间,建设绿色廊道、口袋公园、街心绿地、湿地和郊野公园等,恢复城市的绿水青山,为居民提供更加宜居的生态环境。

加快人文城市建设。深入挖掘和传承郑州丰富的历史文化资源,如商都文化、黄河文化等，弘扬城市的精神特质。广泛开展公民道德教育和社会文明创建活动，提高市民的文明素质和社会责任感，营造和谐友好的社会氛围。加强对历史街区、古建筑和工业遗产的保护工作，探索历史文化遗产的创新利用方式，如将其改造为文化创意空间或旅游景点，实现文化遗产的活化利用。推动文化事业和文化创意产业的发展，培育新兴文化形态，更好地满足市民的精神文化需求，打造一个文化底蕴深厚且富有创新活力的城市环境。

加快韧性城市建设。在超大特大城市中，各类要素高度集中，因此防范各种风险隐患的压力也更大。要做到早发现、早研判、早预警、早处置，争取用最短时间、以相对较低的成本解决最关键的问题，达到最佳的综合效益，从而确保城市的安全有序运行和人民的生命健康及财产安全。增强防灾减灾能力，在抗震、防洪、排涝、消防、安全生产以及城市"生命线"等领域，加强风险隐患排查，提高预测预报预警能力，完善应急指挥系统，提升救援队伍的专业水平和响应速度。

（三）全面推进城市治理体系和治理能力现代化

推进城市精细化管理。按照"精明发展"的理念，划定城市边界，统筹老城区与新城区、生产与生活生态、地上与地下空间的开发利用，促进土地的节约集约利用。加强城市总体设计，避免出现"千城一面、万楼一貌"的现象。将"绣花针"的"针尖"对准城市管理的"疑难杂症"，不断提升城市管理水平。着力解决难点、疏通堵点、治理乱点、打造亮点，推动城市管理从粗放型向精细化转变、从表面化向内涵化转变，为市民提供一个整洁、安全、文明、有序的城市环境。

推进基层社会治理。推动城市治理的重心和资源配置向基层倾斜，加强城市管理网格与基层治理网格的融合，进一步完善数字城管与基层治理融合机制、城管领域网格化平台案件流转办理机制以及城管系统专业队伍人员下沉网格机制，完善居民和社会组织参与城市治理的组织形式和制度化渠道。

推进服务质效提升。实施"大综合一体化"的城市治理模式，加强民生诉求统一管理、反馈，加强新型智慧城市运行中心多场景化应用和特色应用，通过多方参与，形成各部门之间权责清晰、高效协同的新型城市治理体系。扩大一站式服务范围，覆盖更多常见公共服务项目，通过精简流程和优化服务，提高"一网通办"的效率，确保事项不仅"能办"，而且"好办"。

参考文献

刘展旭：《以转变城市发展方式推进新型城市建设研究》，《经济纵横》2021年第12期。

陆小成：《超大城市发展方式转变的价值意蕴与韧性治理》，《城市问题》2024年第5期。

王国平：《以城市发展方式转变推动经济发展方式转变》，《红旗文稿》2014年第12期。

B.8
郑州提升城市文化具象化水平研究

赵 执*

摘 要： 提升城市文化具象化水平，是郑州深入挖掘城市文化底蕴，加快培育文旅新质生产力，深入推进城市文化传承、弘扬与传播，提升城市文化品位、整体形象和发展质量的重要手段。郑州重视推进城市文化具象化发展，同时也面临一些挑战，可从深化城市文化资源保护利用、推进城市更新提升文化品质、提升城市文化具象化阐释力等方面着手提升城市文化具象化水平。

关键词： 城市文化 具象化 郑州

2024年郑州市《政府工作报告》提出，提升城市文化具象化水平。城市文化是城市社会成员在城市建设发展过程中创造的物质财富和精神财富的总和，是城市高质量发展的支点。不能简单地将城市文化理解为悬在空中的抽象概念，而是可以运用具象思维，将人类视觉系统可触及、可感知的具象符号作为传播媒介，以多元化实景体验、网络传播等更加具体准确、鲜活直观、通俗易懂、贴近生活的方式承载和表达出来，生动形象地回应广大人民群众对高品质文化生活、城市精神品格、城市形象传播的关切和诉求。郑州推动城市文化具象化，是深入挖掘城市文化底蕴，加快培育文旅新质生产力，深入推进城市文化传承、弘扬与传播，提升城市文化品位、整体形象和发展质量的重要手段，对加快国家中心

---

* 赵执，河南省社会科学院城市与生态文明研究所副研究员，主要研究方向为城市土地利用与管理、国土空间优化利用。

城市转型发展步伐、带动郑州都市圈发展、引领现代化河南建设具有重大意义。

一 郑州推进城市文化具象化的举措与成效

郑州深度挖掘城市文化资源，为文化具象化表达夯实内容基础，支持多层次主体综合运用数字技术，从多个维度以实体体验型、沉浸演艺型、网络传播型等多元化的方式具象化表达阐释、弘扬传播城市文化，取得了较为显著的成效。

（一）深挖文化旅游资源，丰富具象表达素材

郑州是位居"天地之中"的中国八大古都之一，拥有深厚的文化底蕴，尤其是在历史长河中孕育的黄河文化、商都文化、少林文化等享誉国内外，为郑州城市文化的发展提供了坚实的资源支撑。郑州高度重视城市文化要素的挖掘和发展，作为文化遗产大市，郑州深度参与了中华文明探源工程，裴李岗、双槐树、王城岗等遗址都为中华文明探源工程做出了郑州的贡献。郑州持续深入推进多学科联合考古发掘研究，截至2024年10月分别拥有世界文化遗产和全国重点文物保护单位2项和83处[1]。系统深入地挖掘城市文化资源，能够为文化具象化表达提供丰富的素材，这些素材是郑州提升城市文化具象化水平的重要基础。

（二）推进文旅文创融合，擦亮城市文化名片

郑州深入实施文旅文创融合战略，着力构筑古今辉映的"两带一心"文旅发展新格局。通过组建市文旅体集团，培育壮大文旅产业市场主体，构

---

[1] 《郑州，一个来了都说"中"的城市!》，"河南卫视"微信公众号，2024年10月5日，https://mp.weixin.qq.com/s?__biz=MjM5MDQ4ODg1NQ==&mid=2654406286&idx=1&sn=681ff7353c7cefb803433d645450b923&chksm=bc1b85f8f38f299f4a1e53180260841b9364fd4b7ed7ad854bc828e14d4385ff9d8b303bd8dd&scene=27。

建国际化、高端化、特色化产业体系，持续优化文旅产品供给，丰富新场景新业态，推动文旅文创高质量发展。2023年，郑州文旅市场经营主体达到17839户，文旅产业实现销售收入167.68亿元。文旅产业的高质量发展，有力促进了城市文化的发展。郑州在挖掘历史文化资源、提炼城市文化内涵的基础上，明确提出打造"天地之中、黄帝故里、功夫郑州"的城市品牌，进一步明晰了城市的文化定位和品牌形象，也为各类主体以多元化的方式具象化表达城市文化提供了指引。

（三）多层多元多维参与，具象化表达城市文化

郑州推进城市文化具象化呈现主体多层次、形式多元化等特征。在主体多层次方面，无论是政府（如发布城市宣传视频）、文旅市场主体（如打造实景演出项目），还是普通市民、旅客（如用视频记录城市文化和传统习俗），都可能成为城市文化具象化表达主体。在形式多元化方面，一是实体类的项目建设。如郑州已经建成112家博物馆和54处开放的遗址生态文化公园，正在着力构建"博物馆群+大遗址公园"全景式中华文明展示体系；又如城市更新中焕发新活力的阜民里历史文化街区、郑州1948沉浸式主题街区、郑州二砂文化创意园、郑州记忆·油化厂创意园等，都以更易触及、更加系统、更加直观、更加鲜活的方式展现郑州城市文化。二是演艺类的融合体验。如"只有河南·戏剧幻城"剧场演出、大型实景演出《禅宗少林·音乐大典》、豫剧《黄河儿女》和舞蹈《唐宫夜宴》等将科技与剧场深度融合，将自然景观、特色历史文化与文艺表演深度融合，以更具辨识度、生动形象、通俗易懂、群众喜闻乐见的视听方式阐释城市文化，赢得了市民和游客的青睐。郑州的城市文化在一幕幕场景、一个个故事、一次次互动中具体了起来、鲜活了起来。三是多元化的网络表达。如由郑州市发布的城市宣传片《郑好有你 共赴未来》和文旅宣传片《0371点亮未来》《行走河南·读懂中国》，河南首个文娱直播节目《天地之中·百姓舞台》，以及市民、游客聚焦郑州城市文化自发拍摄、传播的短视频等，借助数字技术，以更加凝练、更加生动、更具时

效、更易传播的方式呈现郑州的城市文化。具象化的城市文化深受市民和游客的喜爱，如2024年国庆期间，"只有河南·戏剧幻城"日均观剧人次达到了12万人，且省外游客占比较高。河南博物院共接待了93688人，文创单日销售额突破40万元。

二 郑州推进城市文化具象化面临的主要问题

（一）文化内涵提炼不足，具象化表达不够系统

城市文化内涵挖掘、提炼得不充分，会直接影响文化具象化的内容输出与创新。郑州目前对本土特色文化资源的开发和转化利用仍有提升空间，需进一步建立完善城市文化理论体系，多方位提炼城市文化具象化符号，推动城市文化的表达更全面、系统和深入。如郑州在城市文化遗产资源挖掘、整合和利用方面仍有空间，一些宝贵的文化资源尚未充分转化为群众听得懂、可理解、易接受的内容。已有的一些文化品牌存在结构分散、实力不强等问题，与城市建设的融合度不高，城市文化具象化表达的系统性不足。

（二）文化要素集聚不足，具象化阐释不够充分

城市文化具象化离不开现实中人的参与，目前，个别自媒体等参与主体对城市文化的认知存在单一化、碎片化、定位模糊等问题，没有建立城市文化具象化表达的系统思维、辩证思维，可能会降低城市文化具象化表达、传播的精准度。此外，推进城市文化具象化所需的文化创意人才、数字技术专业人才、产业领军人才等高端人才不足且流动性较强，城市文化建设和具象化发展的资源集聚能力和创新能力仍需进一步提升。

（三）多层次主体互动不足，传播合力不足

城市文化具象化的多层次主体之间互动不足，没有很好地形成提升城

市文化具象化水平的强大合力。如主流媒体等往往聚焦文化资源、文化空间、文化政策等，可能对市民的多元文化需求和文化体验考虑不充分，表达不够市井化，与普通群众的生活存在差距。影响群众对城市文化的感知、理解和认同，影响城市文化的渗透力和影响力。市民、游客等更倾向于通过视频、直播等方式具象化呈现城市标志性建筑、特色美食、人文风俗和沉浸式文旅体验等，媒体框架与受众框架之间存在互动性和联动性不足，尚未形成推进郑州城市文化具象化的合力。

（四）文化"出海"程度不深，国际影响力有待提升

近年来，郑州从高标准规划建设国际文旅休闲街区，积极打造"国际范"旅游产品，加快建设"国际会、展、赛、节名城"以及加强国际宣传推广等方面着手，加快文旅强市建设步伐，努力向世界讲好"郑州故事"、展示郑州城市文化。但在把握全球文化传播规律，聚焦国际受众需求，优化完善国际视野下城市文化"出海"战略，在国际上更加精准、更加生动、更加有效展示城市文化方面仍有提升空间。

三 郑州提升城市文化具象化水平的对策建议

（一）深化城市文化资源保护利用

深入挖掘、保护、利用、传承郑州城市文化资源，为更好地具象化表达、阐释、传播城市文化提供更加系统、丰富、优质的素材。一是持续加强对本土文化资源的挖掘。深入实施中华文明探源、考古中国、夏文化研究、中原地区文明化进程研究等重大工程，做好重大研究成果的宣传、推广、转化工作，加强少林功夫、嫘祖的传说等非物质文化遗产的保护传承，全面提升考古发掘、文物保护、研究阐释、展示利用水平，加快完善"博物馆群+大遗址公园"全景式中华文明展示体系，充分提炼挖掘郑州文物和文化遗

产的多重价值。二是加快培育文旅新质生产力。持续推进文旅文创融合战略，坚持以"科技+文旅"推动文旅新质生产力的发展，探索完善文旅人才引育机制，培育壮大示范性、带动性强的文旅龙头企业，促进文旅产业链条延伸，充分利用5G、VR、AR、人工智能等数字技术，培育更多文旅新业态、消费新模式，打造更具竞争力的新型文旅品牌，促进郑州文旅产业迭代升级。三是建立具象化资源数据库。深入系统地梳理郑州城市文化资源，构建具有郑州特色的城市文化理论体系，积极从郑州特色文化资源中挖掘、整合、提炼更多优质的具象化元素和资源，逐步建立起郑州城市文化具象化资源数据库，为更好地展示郑州城市文化、讲好"郑州故事"提供内容基础。

（二）推动城市更新　提升人文品质

文化根脉是城市的发展内核，深入推进城市更新行动，做好历史文化街区保护等工作，有助于解决城市文化特色不显著、历史文化遗存活化利用不足、城市缺乏有影响力的文化品牌和标志场所等问题，可以为城市文化提供更多具象化的符号元素和场景空间。加强城市总体设计与国土空间规划的有机衔接，强化对城市更新重点片区精细化管控的指导。深入推进历史文化街区和风貌区保护与有机更新，加强城市历史文化的传承，历史建筑和历史文化街区的保护，最大限度地挖掘老旧街区的文化价值、延续城市文脉、留住城市文化基因。将从城市文化中提取的具象化符号融入交通等基础设施建设，推动历史文化、文化创意和社区生活相融合，在城市中打上郑州"文化印记"，加深城市文化视觉符号印象，提升城市文化品质，擦亮城市文化传承"金名片"。

（三）提高城市文化具象化阐释力

从城市文化具象化的主体、路径和形式等方面入手，大力提升郑州城市文化具象化阐释力。一是壮大多元化主体队伍。通过举办线上线下培训等形式，提升各类主体的理论素养。谋划举办城市文化具象化系列讲座、论坛和实践活动等，提升各类主体的具象化表达、阐释、传播能力。打破不同类型主体间获取及传播相关信息的壁垒，推动政府、市场主体、社会公众等不同类型主体之间的交流互动和渗透融合，推动形成多方协同、多维合作、多层递进的具象化传播矩阵。二是推动具象化内容创新。支持各类主体充分利用郑州城市文化具象化资源数据库等资源，基于城市文化保护传承传播的需要和群众的实际需求，运用大数据、AI、VR等现代信息技术，以及"两微一抖一快"等社交媒体平台，打造更多高质量的实体体验型、沉浸演艺型和网络传播型等具象化传播内容，打通实体空间和虚拟空间之间的边界，构建更加系统、立体、直观、鲜活的城市文化形象。三是优化文化传播方式。优化传播手段，推动传播途径去身份化、去年龄化、去地域化，提高具象化内容的接受度和认同度。在遵循全球文化传播规律的基础上，研究掌握国际受众群体的认知习惯和喜好，创造适用于国际推广的城市文化具象化内容和形式，利用好国际论坛、赛事，"Zhengzhou International"等网站及海外媒体平台，延伸对外宣传触角，进一步扩大郑州文化的国际影响力。

（四）增强文化具象化发展保障力

建立城市文化具象化政策支持体系，强化对城市文化具象化健康优质发展的保障。加强市委、市政府领导，组织有关部门对城市文化具象化进行统筹规划。研究出台支持政策，促进城市文化具象化所需的人才、要素、资源、载体高效集聚。建立健全相关法律法规，强化自媒体等主体的法律意识和规则意识。针对具象化传播渗透力强、吸引力大、监管难度大等特点，加快构建城市文化具象化监管机制，确保各类主体积极创作健康向上的内容。坚持"人民城市人民建，人民城市为人民"，健全覆盖各环节的城市文化具象化发展公众参与机制，提高城市文化具象化的群众理解度、接受度和认同度。

参考文献

陈骥、刘伟:《短视频对构建城市形象的效用与启示》,《中国行政管理》2021 年第 7 期。

李保丽、任中义:《郑州城市文化形象塑造与对外传播研究》,《新闻爱好者》2023 年第 10 期。

张磊、王建新:《新时代主流意识形态具象化传播的表征、困境及优化》,《思想教育研究》2021 年第 11 期。

B.9
洛阳高质量建设青年友好型城市研究[*]

耿亚州[**]

摘　要： 青年因城市而聚，城市因青年而兴。洛阳高质量建设青年友好型城市将为洛阳"建强副中心、形成增长极"汇聚青春力量，为河南城乡融合发展格局基本形成提供坚实支撑，为以人民为中心推进中国式现代化做出积极实践。当前，洛阳高质量建设青年友好型城市具备经济发展稳中向好、友好政策支持明确、就业市场前景广阔、历史文化底蕴深厚、地理区位优势显著等优势条件，但在促进青年人口集聚、推动青年就业创业等方面还存在现实短板。对此，要有效借鉴其他城市建设经验，着力打好"洛阳对青年更友好、青年在洛阳更有为"两套组合拳，一方面要不断优化城市环境，更好地吸引青年、留住青年、成就青年；另一方面要积极引领青年建功立业，更好地建设洛阳、发展洛阳、重振洛阳。

关键词： 青年友好型城市　青年　洛阳

青年作为最具活力和创新力的群体，是城市建设发展的主力军和先锋力量。对一座城市而言，拥有更多的青年，就掌握了先机和未来。近年来，洛阳市委、市政府认真贯彻落实习近平总书记关于青年工作的重要思想，高质量建设青年友好型城市，推动青年与洛阳"双向奔赴"，千年古都正不断焕发新的生机与活力。

---

[*] 本报告系郑州市2024年度社会科学调研课题"党建引领城市基层社区治理研究"（ZSLX 20241290）的阶段性成果。

[**] 耿亚州，河南省社会科学院马克思主义研究所研究实习员，主要研究方向为青年发展、社区治理。

一 洛阳高质量建设青年友好型城市的重大意义

青年人才是城市发展的"源头活水"。洛阳高质量建设青年友好型城市，吸引更多的有为青年参与城市建设发展，对助力洛阳建强副中心城市、推动河南城乡融合发展、推进以人民为中心的中国式现代化具有重要意义。

（一）为洛阳"建强副中心、形成增长极"汇聚青春力量

"建强副中心、形成增长极"是当前洛阳在河南现代化建设中的主要目标和使命担当。河南省第十一次党代会提出，洛阳作为中原城市群副中心城市，要尽快形成全省高质量发展新的增长极。洛阳市第十二次党代会再次明确，要把"建强副中心、形成增长极"作为今后一个时期的奋斗目标。洛阳高质量建设青年友好型城市，坚持青年发展需求导向，在环境、就业、维权、帮扶等方面创新举措，努力满足青年多元化、多层次需要，不断增强青年的获得感、幸福感、安全感，将会吸引更多的青年才俊到洛阳发展。大量的青年涌入洛阳创新创业、开展志愿服务、参与社会治理，必将为洛阳"建强副中心、形成增长极"汇聚强大青春力量。

（二）为河南城乡融合发展格局基本形成提供坚实支撑

城乡融合发展是中国式现代化的必然要求。河南省第十一次党代会明确提出，城乡融合发展格局基本形成是今后5年要努力实现的目标之一。河南省委十一届七次全会也明确指出，要完善区域协调城乡融合发展体制机制，加快形成以城带乡、以工促农、城乡融合、区域协同的发展格局。青年人才是实现城乡融合发展不可或缺的重要资源。洛阳高质量建设青年友好型城市，营造青年发展良好环境，构建青年成长服务体系，打造青年创业广阔舞台，"人才飞地"效应将会无限放大。通过打造青年择城向往地、青年入乡优选地，洛阳必将在中原大地领跑出彩、重振辉煌，为河南城乡融合发展格局基本形成提供坚实支撑。

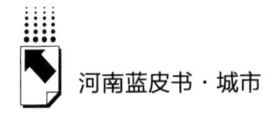

（三）为以人民为中心推进中国式现代化做出积极实践

进一步全面深化改革，推进中国式现代化，归根到底是为了让人民过上更好的日子。洛阳高质量建设青年友好型城市，积极贯彻以人民为中心的发展思想，坚持青年优先发展理念，加强前瞻研究规划，丰富青年友好政策，搭建青春建功平台，将逐步构建起青年"宜居""宜业""宜创""宜商""宜学""宜养""宜乐"的良好城市生态。同时注重激发青年的积极性、主动性、创造性，充分发挥"青年排头兵""青年先锋队"作用，引导广大青年为重振洛阳辉煌不懈奋斗。青年让洛阳更年轻，洛阳让青年更出彩，两者有机融合、良性互动，为以人民为中心推进中国式现代化做出积极实践。

二 洛阳高质量建设青年友好型城市的优势条件

洛阳市政府公开资料显示，洛阳总面积为1.52万平方公里，2023年常住人口为707.9万人，全市生产总值达到5481.6亿元，高新技术产业增加值占规模以上工业的比重达到46.8%，国家级创新平台达到108个，洛阳成功入选全国制造业高质量发展50强城市。由此可见，当前洛阳在城市建设、科技创新、产业发展等方面成效显著，高质量建设青年友好型城市具备雄厚基础和强大能力。

（一）经济发展稳中向好

近年来，洛阳抢抓战略机遇，加快转型发展，经济发展稳中提质、稳中向好。例如，在工业发展方面，2023年全市工业增加值为1751.6亿元，比上年增长1.3%，其中装备制造业增加值比上年增长8.5%，高新技术产业增加值比上年增长1.5%，工业战略性新兴产业增加值比上年增长10.2%。在国内贸易发展方面，2023年全市社会消费品零售总额为2454.3亿元，比上年增长7.0%，其中批发和零售业零售额为2112.7亿元，比上年增长7.0%，住宿和餐饮业零售额为341.6亿元，比上年增长6.7%。在对外经济发展方面，2023年全市进出口总值为240.0亿元，比上年增长14.7%，其中出口总值为194.1亿元，比上年增长10.7%，进口总值为45.9亿元，比上年增长35.2%。在文旅文创发展方面，2023年全市共接待游客1.35亿人次，旅游总收入为1041.7亿元，创历史新高。

（二）友好政策支持明确

为凝聚重振洛阳辉煌的青春力量，2021年洛阳市第十二次党代会报告明确提出"建设青年友好型城市，吸引更多青年人与洛阳一起成长、共赢未来"。随后，洛阳市委、市政府印发《洛阳市建设青年友好型城市行动方案》，通过大力实施产业平台聚才、青年就业创业、青年安居保障、城市活力提升、社交消费赋能五大工程，提升洛阳城市功能品质与青年的契合度，吸引广大青年"会中州、战洛阳"。2024年7月，《洛阳市人民代表大会常务委员会关于加快推进青年发展型城市建设的决定》出台，从法律层面进一步助力城市对青年更友好、青年在城市更有为。

（三）就业市场前景广阔

洛阳作为老牌工业城市，制造业、服务业和金融业等行业发展迅速。相关数据显示，洛阳市境内上市企业共有16家，全省制造业"头雁"企业共有13家[1]。一拖股份、中信重工、浮法玻璃、栾川钼业、中航锂电（洛阳）、普莱柯生物、通达电缆以及众多民营企业的蓬勃发展，能够为青年求职者提供较多的就业机会。此外，洛阳近年来抢抓新文旅产业风口，顺势而为释放全市创业就业活力。例如，2023年至2024年7月，在集文化、旅游、商业、休闲于一体的洛邑古城周边，经营汉服生意的门店达900余家，包含汉服设计、制造、租售、妆造、跟拍等服务的产业链创造了大量就业机会，直接带动3万余人就业创业。

---

[1] 《洛阳上市公司增至16家 市值规模居全省第一》，《河南日报》2024年7月16日；《洛阳13家企业获评全省制造业"头雁"》，中国政府网，2024年9月9日，https://www.henan.gov.cn/2024/09-09/3060967.html。

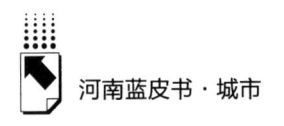

（四）历史文化底蕴深厚

深厚的历史文化底蕴是洛阳闪亮的城市名片。截至2024年6月，洛阳拥有3项6处世界文化遗产、51处全国文保单位、9000余处不可移动文物，102座博物馆、纪念馆星罗棋布，"五都荟洛"举世罕见①。近年来，洛阳深入挖掘历史文化资源，打造非遗体验、沉浸互动、古风演艺等文旅消费新场景，融入厚重历史文化的沉浸式体验让众多年轻人"心向往之"。例如，洛阳首部融合人偶互动与高科技的沉浸式话剧《明堂幻像》，让观众一睹盛唐风貌与丝路繁华；游客还可以去九洲池体验"风起洛阳"虚拟现实全感剧场，穿越到1300多年前的"神都"，开启一场惊心动魄的奇幻冒险之旅。

（五）地理区位优势显著

洛阳自古为"九州腹地、十省通衢"，具有承东启西、连南接北的区位优势。陇海、焦柳、郑西等铁路干线穿境而过，连霍、二广、宁洛、盐洛等国家干线高速公路在此交会，"三纵三横三环"的高速路网加快形成。洛阳机场是国内净空条件最好的民用机场之一，通航城市已达30个。此外，洛阳特殊的区位优势和产业发展基础，也是其成为中国（河南）自由贸易试验区三大片区之一和郑洛新国家自主创新示范区主要组成部分的重要因素。国家战略规划、战略平台的叠加效应，助力洛阳提升产业转型升级能力，打造以高端装备制造为特色的产业基地、国际智能制造合作示范区。

三 洛阳高质量建设青年友好型城市的现实短板

自2021年洛阳市委、市政府明确提出打造青年友好型城市以来，市、县两级深刻把握新时代青年代际特点，更多关注青年需求和体验，推动青年

---

① 《洛阳：赓续历史文脉 绽放时代光彩》，河南省人民政府网站，2024年6月21日，https://www.henan.gov.cn/2024/06-21/3011662.html。

友好型城市建设取得显著成效。但同时，洛阳高质量建设青年友好型城市还存在现实短板，尤其是在促进青年人口有效集聚、推动青年高质量就业、塑造青年城市风貌等方面还要进一步优化服务、做实工作。

（一）促进青年人口集聚面临困难

青年人口的流入与增长是城市"青春常驻"的重要保证。当前，洛阳在促进青年人口集聚方面还有不足之处。例如，在引才方面，现有政策对少数高端人才倾斜力度比较大，主要集中在重点产业急缺人才或者高学历、有"人才"头衔的高层次人才，对广大普通青年关注有限，尤其是在人才补贴等方面不仅与郑州、武汉、西安等发达省会城市有较大差距，且对比安阳、南阳等周边省辖市吸引力也并不突出。又如，在留才方面，一些行业开展人才评价一直沿用"老办法"，对来自生产和创新一线的人才重视不够，导致洛阳大量国企、民企的青年技术骨干"出走"。

（二）推动青年就业创业尚有不足

就业是社会稳定的"压舱石"，创业是经济发展的"发动机"。推动高校毕业生等青年群体就业创业事关经济社会发展大局。当前，洛阳在推动青年高质量就业创业方面还有差距。在就业方面，热门岗位相对较少的现状严重影响了大学生就业需求。以计算机专业为例，洛阳的软件行业发展较为一般，就业网站上的岗位信息非常少。作为对比，郑州计算机岗位信息数量约是洛阳的七八倍，一线城市甚至达到几十、近百倍。在创业方面，尽管当前洛阳为推动青年创业出台了诸多利好政策，但是能够孵化青年创业成果的平台建设层次还相对较低，需要进一步对标跟进。

（三）青年服务保障水平有待提升

做好青年在教育、住房、养育等方面的服务保障工作是一座城市对青年真诚友好度的体现。当前，洛阳在有效满足青年服务保障需求方面的工作还不到位。例如，在教育方面，洛阳本科上线率虽然超出全省平均水平，但由

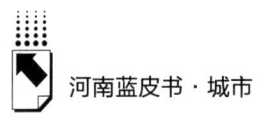

于培养方式单一、创新人才培养水平低等因素影响，在尖子生培养方面与人民群众期望还有一定的差距，在一定程度上加重了青年学生家长对教育现状的担忧。在住房方面，政策覆盖面较窄，降低了青年人才继续留下来奋斗的意愿，如《住房公积金助力青年友好型城市建设工作措施》自2021年11月1日正式实施，对2021年11月后来洛阳买房租房的青年人才非常友好，而对于已经到洛阳工作的青年群体却欠缺考虑。

（四）塑造青年城市风貌还有差距

塑造契合青年发展需求的城市风貌是践行青年优先发展理念的题中应有之义，也是更好推动青年多样化发展的现实需要。当前，洛阳在塑造青年城市风貌方面还有差距。例如，在城市融入青春元素方面，洛阳作为千年古城，具有青年标识的社区、建筑不多，同时很少有国际、国内顶尖的青年产业发布会、圆桌论坛在洛阳举办。又如，在促进青年消费融合方面，当前洛阳还处于推进数字消费基础设施改造、生活性服务业数字化升级阶段，在线医疗、在线文娱、线上旅游、即时零售等消费新业态新模式有机融合、良性互动的水平与东部发达城市相比还有一定差距。

四 当前国内青年友好型城市建设的实践探索

2022年4月，中央宣传部、国家发展改革委、人力资源和社会保障部等17部门联合印发了《关于开展青年发展型城市建设试点的意见》，试点城市名单公布以来，各试点城市依托自身的资源禀赋和发展特点，百花齐放、各显其能，为全国打造青年发展型城市（青年友好型城市）工作全面铺开积累了经验、探索了路径。

（一）杭州：打造青年发展之城向往之地

杭州作为全国首批青年发展型城市建设试点，坚持青年发展与城市建设融合赋能，着力打造青年发展之城向往之地。一是将青年优先发展理念融入城市发展战略，完善青年发展规划体系，提升城市文化对青年的吸引力，推动青年喜闻乐见的多元化新业态新场景成为"杭州印记"。二是强化创新创业政策支持，为青年创新创业提供一站式、全方位服务，丰富"就业创业一张图"应用场景，建设"青荷驿站"，为青年施展才华提供更多机会和服务。三是落实"青年安居"工程，高水平建设"美好教育"，优化青年婚恋、育儿、养老服务等，提升青年生活品质。

（二）成都：打造充满青春活力的公园城市示范区

成都通过聚焦青年成长发展的重点领域和关键环节，高标准建设青年发展型城市生态。一是做好"硬保障+软服务"。创建"蓉耀青"大学生新思想宣讲团，唱响思想引领青春"主旋律"，实施"蓉漂"7天免费入住青年驿站政策，加快筹建保障性租赁住房，发放公租房租赁补贴，合理规划建设人才公寓，保障青年基本住房需求。二是引领青年"自身成长+社会参与"。注重发挥"青年突击队""青年岗位能手"的模范作用，引导广大青年围绕重点产业发展贡献青春力量，引领青年投身志愿服务、有序参与社会治理。

（三）赣州：打造革命老区青年发展型城市示范区

赣州推动青年优先发展理念融入全市发展大局，营造了百舸争流、千帆竞发的青年发展氛围。一是打造青年人才"集聚地"，承办客家青年发展大会，提升赣州在国内外青年人才中的知名度和吸引力。二是打造青年乐享生活"打卡地"，以青年化视角打造郁孤台历史文化街区等青年友好街区和全民健身中心等青年友好场馆。三是打造青年红色研学"目的地"，用好赣州红色资源，打造"近悦远来"的青年红色研学 IP。四是打造青年建功立业"首选地"，注重发挥各行业青年人才作用，激励青年在赣州高质量发展中挺膺担当。

（四）宜昌：打造活力宜昌青春之城

宜昌坚持为青年人筑城，着力打造活力宜昌青春之城。一是聚焦引进

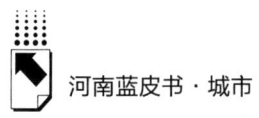

来、服务好,深入实施"人口集聚"行动,迭代升级"三峡英才计划",全方位、立体化、多层次构建青年发展政策体系,打造青年集聚之地。二是聚焦留下来、保障好,全方位营造满足青年多样化、多层次发展需求的社会环境,让广大青年有用武之地、无后顾之忧,打造青年向往之地。三是聚焦育出来、发展好,抢抓宜昌长江大保护典范城市建设的历史机遇,依托功能优势和产业基础,千方百计为青年人才"建平台、搭舞台、立讲台、摆擂台",打造青年圆梦之地。

五 洛阳高质量建设青年友好型城市的对策建议

洛阳高质量建设青年友好型城市,要吸引更多的青年关注洛阳、走进洛阳、留在洛阳,使洛阳真正成为广大青年的追梦之地、筑梦之城、圆梦之都。为此,要着力打好"洛阳对青年更友好、青年在洛阳更有为"两套组合拳。

(一)优化洛阳城市环境,更好地吸引青年、留住青年、成就青年

洛阳高质量建设青年友好型城市要认真践行"洛阳对青年更友好"理念,通过不断优化城市环境,提升城市功能品质,更好地满足青年发展需求。

1. 打造"青年优先"的规划环境

洛阳高质量建设青年友好型城市要着力打造"青年优先"的规划环境,把适宜青年、服务青年的理念融入城市功能布局、基础设施等方面。一要营造优美宜居的城市环境,优化城区发展布局,在规划中充分体现青年元素、展现青年特色。二要推进城市一刻钟便民生活圈建设,以小区为中心,在15分钟步行可达范围内配备生活所需基本服务,满足青年消费购物、休闲娱乐、便捷出行等需求。三要进一步加强城市青年公共场馆建设,提质升级图书馆、体育场等,持续完善青年发展公共文化设施。

2. 打造"有力有效"的就业环境

洛阳高质量建设青年友好型城市要着力打造"有力有效"的就业环境,

健全青年就业公共服务体系，保障青年充分就业。一要大力扶持现代服务业、战略性新兴产业、中小微企业发展，持续推动就业帮扶基地、返乡入乡创业园等平台建设，落实减负稳岗扩就业政策，更多吸纳高校毕业生等重点群体就业。二要以项目为抓手，加强青年就业技能实训基地建设，强化对高校毕业生、农村青年、残疾人青年、失业青年等青年群体的就业指导和技能培训，引导广大青年积极投身洛阳现代化建设。

3. 打造"优育善养"的生活环境

洛阳高质量建设青年友好型城市要着力打造"优育善养"的生活环境，切实减轻青年在婚恋生育、子女教育、赡养老人等方面的压力。一要为适龄青年搭建安全、可靠、便捷的婚恋交友平台，规范已有的青年交友信息渠道，为青年婚恋交友提供必要的基础保障和便利条件。二要大力完善普惠托育服务体系，支持多形式的普惠托育服务，优化学前教育资源配置，有效解决青年子女教育难题。三要提高养老服务水平，建立以居家为基础、社区为依托、机构为补充、医养相结合的养老服务体系，着力减轻青年赡养老人的压力。

4. 打造"积极向上"的健康环境

洛阳高质量建设青年友好型城市要着力打造"积极向上"的健康环境，深入实施全民健身战略，开展丰富多彩的青年文体活动，加强青年心理健康教育，引导青年树立健康生活理念。一要推动公共体育场、户外健身场所等便民利民的全民健身设施建设，倡导文明健康的生活习惯，推动青年形成健康的生活方式，练就强健体魄。二要完善青年心理健康教育服务，设置符合实际的心理健康课程，普遍开展心理健康辅导，持续开展心理健康主题活动，提升青年心理健康水平。

5. 打造"优质完善"的教育环境

洛阳高质量建设青年友好型城市要着力打造"优质完善"的教育环境，夯实教育基础，严格落实"双减"政策，推动全市教育均衡发展。一要进一步推进义务教育优质均衡发展，加强城市义务教育学校建设，有序增加城市学位供给，保障进城务工青年随迁子女顺利入学。二要探索多元化的教育

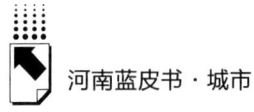

支持方式,深入实施公益助学等项目,为更多需要帮助的孩子送去温暖与希望。三要完善职业教育体系,加强"双师型"教师队伍建设,加强职业院校基础设施建设,优化职业院校专业布局。

6. 打造"和谐稳定"的安全环境

洛阳高质量建设青年友好型城市要着力打造"和谐稳定"的安全环境,有效保护青年免受意外伤害和非法侵害。一要创新法治宣传教育方式,以多种形式开展法治宣传进校园、进社区、进企业等普法教育活动,引导青年树立法律意识。二要依法打击侵害青年合法权益的行为,积极预防和制止家庭暴力与校园欺凌,全方位构建青年保护体系。三要专项整治网络环境,依法打击网络平台违法犯罪活动,全力净化网络空间,着力营造有利于青年健康成长的网络环境。

(二)引领青年建功立业,更好地建设洛阳、发展洛阳、重振洛阳

洛阳高质量建设青年友好型城市要积极践行"青年在洛阳更有为"理念,通过不断激发广大青年建功立业的热情,更好地推进现代化洛阳建设。

1. 引导青年争做社会文明风尚引领者

青年是引风气之先的社会力量,洛阳高质量建设青年友好型城市要积极引导青年争做社会文明风尚引领者。一要深入实施青年马克思主义者培养工程,坚持不懈用党的创新理论武装青年,将爱国主义教育贯穿青年教育和精神文明建设全过程。二要积极组织广大青年开展志愿服务活动,弘扬奉献、友爱、互助、进步的志愿精神,持续营造浓厚的志愿服务氛围。三要正确引导广大青年在网上发声,使其自觉成为清朗网络空间的守护者、治理网络空间乱象的参与者、维护网络空间安全的实践者。

2. 激励青年投身大众创业、万众创新

新时代中国青年具备丰富的想象力和创造力,是社会创新创业的主体力量。洛阳高质量建设青年友好型城市要进一步激励青年投身大众创业、万众创新。一要优化青年创新创业环境,大力普及创业教育,注重科研培训,涵

养青年实现梦想的土壤，积极倡导敬业、专注、宽容失败的创新创业文化，为青年追梦卸下"包袱"。二要强化青年创新创业金融支持，创设青年创新创业金融服务站，鼓励银行机构推出"青扶贷""创业担保贷"等信贷产品，积极为广大青年致富带头人、青年创客、返乡青年提供金融服务。

3. 动员青年参与市域社会现代化治理

参与社会治理是青年展现风采、实现人生价值的重要途径。洛阳高质量建设青年友好型城市要积极动员青年参与市域社会现代化治理。一要扎实推进社区青春行动，引领广大青年主动参与环境治理、邻里互助、公共安全等社区服务项目，增强青年的社区共同体意识。二要深入开展青年与人大代表、政协委员面对面相关活动，鼓励青年积极参与人大、政协、司法机关等社会有关方面的各类协商，引领青年有序参与政治生活和社会公共事务。

参考文献

《2023年洛阳市国民经济和社会发展统计公报》，洛阳市统计局网站，2024年4月30日，http://lytjj.ly.gov.cn/sitesources/lystjj/page_pc/tjsj/tjgb/qsgb/article4589fdca824b45a882cbdf71b39572f1.html。

《2024年洛阳市政府工作报告》，洛阳市人民政府网站，2024年2月18日，https://www.ly.gov.cn/2024/02-18/77766.html。

《乘风起势 奋进洛阳｜青年友好篇：俊彩星驰尽少年》，河南省人民政府网站，2024年1月15日，https://www.henan.gov.cn/2024/01-15/2885945.html。

《关于开展青年发展型城市建设试点的意见》，《中国青年报》2022年4月6日。

《洛阳市建设青年友好型城市行动方案》，《洛阳日报》2021年12月6日。

《让城市对青年更友好 让青年在城市更有为 让洛阳因青年而更加出彩》，洛阳市人民政府网站，2024年5月22日，https://www.ly.gov.cn/2024/05-22/155234.html。

《中长期青年发展规划（2016—2025年）》，中国政府网，2017年4月13日，https://www.gov.cn/zhengce/2017-04/13/content_5185555.htm#1。

B.10
提升南阳副中心城市建设能级研究

寇明哲*

摘　要： 南阳位于河南省西南部，是国家历史文化名城，拥有丰富的自然资源和深厚的文化底蕴。立足新发展阶段，全面贯彻新发展理念，深入贯彻习近平总书记视察南阳重要讲话和重要指示，在国家区域协调发展战略和河南省加快构建"一主两副"区域发展新格局的背景下，南阳被赋予建设河南省域副中心城市的重要使命。本报告深入探讨南阳如何通过提升城市建设能级构建区域发展新高地、实现高质量发展、建强副中心城市。通过分析南阳的区域优势和发展基础，结合新阶段、新任务和新要求，提出推动区域协调发展、构建创新载体平台、加快产业强链聚群、推进多式联运发展、实施城市更新行动、推动绿色低碳转型等一系列策略，为南阳建强副中心城市提供理论指导和实践方案。

关键词： 副中心城市　科技创新　绿色发展　能级提升　南阳

一　南阳建设副中心城市的战略意义

南阳地处中原腹地的南襄盆地，伏牛山、桐柏山三面环绕，宁西铁路、焦枝铁路、蒙华铁路和郑渝高铁穿境而过，沪陕高速、二广高速、南兰高速和商南高速纵横交织。南阳是连接南北、贯通东西的重要节点城市，拥有独特的区位优势和丰富的资源禀赋。近年来，随着国家区域协调发展战略的深

---

* 寇明哲，河南省社会科学院城市与生态文明所高级工程师，主要研究方向为城市与区域发展。

入实施，河南省第十一次党代会明确提出支持南阳建设副中心城市，南阳被赋予了新定位和新任务。加快推进现代化副中心城市建设，全面提升城市能级，不仅是南阳推动经济社会发展、产业优化升级、文化传承创新的迫切需求，也是豫鄂陕省际毗邻地区乃至中部地区优化区域协调发展格局、实现高质量发展的战略选择。

（一）加强区域协调发展的必然要求

区域协调发展是中国式现代化的重要支撑，有利于优化区域资源配置，缩小地区间发展差距，增强区域整体竞争力。一是从河南省域版图上看，南阳地处豫西南，在河南省18个省辖市中面积最大、人口最多，经济总量靠前，但人均经济水平偏低，亟须融入区域发展大格局，提升总体发展水平。从河南省域城镇空间格局演进看，以省会郑州为中心，由"十"字空间到"米"字格局，再向"网络化"空间格局演进，南阳发展不断入"圈"晋级。二是《河南省国土空间规划（2021—2035年）》指出，全省构建"一主两副、一圈四区多节点"的网络化、开放式、集约型城镇空间格局，以南阳副中心城市为引领，与信阳、驻马店协作互动，建设豫南高效生态经济示范区。这为南阳发展迎来了历史性机遇，有利于加快促进区域协调发展。三是从省际区位的角度看，南阳的战略位置十分重要，南阳与豫鄂陕三省省会城市的距离均较远，处于中原城市群、武汉都市圈和关中城市群辐射边缘地域，基于中心地理论，亟须以南阳副中心城市建设为抓手，打造豫鄂陕省际区域新的经济增长点，加强三省毗邻地区合作，打造省际跨区域开放协作的桥头堡。

（二）加快区域产业提质增效的有效途径

南阳产业发展洼地现象相对明显，但具有后发优势，亟须改造提升传统产业，培育战略性新兴产业。一是南阳产业结构单一。南阳是河南省重要的农业生产基地，农业在经济结构中占比较高，传统制造业如纺织、食品加工等占主导地位，高新技术产业、现代服务业发展不足，高附加值产业的比重

相对较低。二是产业链条不完整。部分产业链条短，缺乏关键环节和配套企业，导致产业整体竞争力不强。产业集聚度不高，缺乏具有核心竞争力的产业集群，难以形成规模经济和品牌效应。三是南阳与毗邻省份在产业布局上存在互补性。加强产业合作，可以促进区域产业链的完善和延伸，推动区域经济的协同和一体化发展。因此，建强副中心城市，优化产业结构和空间布局，完善产业链条，增强产业空间协作能力，是推动区域产业提质增效的有效途径。

（三）推进城市高质量发展的内在要求

南阳副中心城市建设是城市高质量发展的具体体现，是统筹新型城镇化和乡村全面振兴的重要抓手，是实现南阳千万人民美好生活向往的有效路径。通过提升城市综合服务功能，南阳在建设现代化河南道路上蹄疾步稳、昂扬前行。一是促进产业结构优化升级。通过技术创新和模式更新，改造提升传统优势产业，加快新旧动能转换，使传统产业焕发生机，以新质生产力为导向，注重发展高新技术和现代服务业等战略性新兴产业，推动产业结构朝高端、智能、绿色方向转型。二是提升城市综合功能与品质。副中心城市建设将优化城市空间布局，加强基础设施建设与互联互通，增补排水、燃气、环卫和安全等市政基础设施，完善教育、医疗、文化等公共服务设施，实施城市更新行动，提升城市综合服务功能，增强城市吸引力。三是强化科技创新与人才支撑。向"新"而行，以"质"致远，按照新质生产力发展方向，实施人才强市战略，引育高端人才和专业技能人才，建设科技创新平台，吸引科研机构、企业研发中心入驻，加强产学研用合作，促进科技成果转化。

（四）推进生态绿色低碳发展的内在诉求

南阳作为南水北调中线工程渠首所在地，肩负着保障"一渠清水永续北上"的重大使命，亟须推进生态绿色低碳发展，全力保障水源安全。一是强化南水北调安全保障。加大对水源地的保护力度，划定丹江口水库一级、二级水源保护区，严格控制区内的人类活动，实施最严格的水资源管理制度，加大绿色产业扶持力度，实施生态修复工程，确保南水北调中线工程水质安全。二是有力推动豫南生态经济示范区建设。南阳在建设豫南生态经济示范区中承担主体责任，推进农业结构优化升级，发展生态农业、观光农业和有机农业，打造生态旅游样板区；大力发展风电和光伏发电项目，建设清洁能源基地，探索生物质发电和生物质燃料技术；积极搭建产学研合作平台，建立生态技术研发中心，重点攻关生态修复、污染治理和资源综合利用等领域；与信阳、驻马店等周边城市建立紧密合作关系，共同制定生态保护和绿色发展战略，携手共建豫南生态经济示范区。三是推动绿色低碳发展转型。推广绿色发展理念，倡导绿色生产生活方式和节能减排，加强绿色建筑设计，推广绿色建筑标准，减少建筑能耗，大力发展公共交通系统，提倡低碳出行方式，实施强制垃圾分类政策，促进固体废物资源回收和再利用。

二 南阳建设副中心城市的基础条件

南阳认真践行习近平总书记视察南阳殷殷嘱托，全面贯彻落实河南省第十一次党代会提出的支持南阳建设副中心城市的战略部署，全力打造"三区一中心一高地"，抢抓机遇、加压奋进，全力跑出经济社会发展"加速度"，全力以赴稳经济保增长，转变发展方式，调整优化产业结构，加快传统产业改造升级，培育新质生产力，促进文旅融合，缩小城乡差距，加快城乡融合发展，为建强副中心城市奠定了坚实的基础。

（一）经济发展稳进向好

南阳副中心城市围绕高质量发展目标，深入推进供给侧结构性改革，全力实现经济稳增长。近年来，南阳经济发展呈现稳中向好的态势，多项指标显示出强劲的增长潜力和活力。2023年，南阳GDP增长4.8%，高于全省0.7个百分点；规模以上工业增加值增长6.0%，高于全省1.0个百分点；固定资产投资增长5.8%，高于全省3.7个百分点；社会消费品零售总额增长7.1%，高于全省0.6个百分点；一般公共预算收入增长12.7%，高于全省6.5个百分点。南阳主要经济指标增速总体处于全省第一方阵。从2014~2023年河南省和南阳市GDP增长率来看（见图1），2014~2019年南阳市GDP增长率在河南省平均水平上下徘徊，2020年以来，南阳市经济增长表现出较强的韧性，2020~2023年南阳市GDP增长率均高于河南省平均水平，并逐步迈向更高层次，为全省乃至中部地区经济发展做出更大贡献。

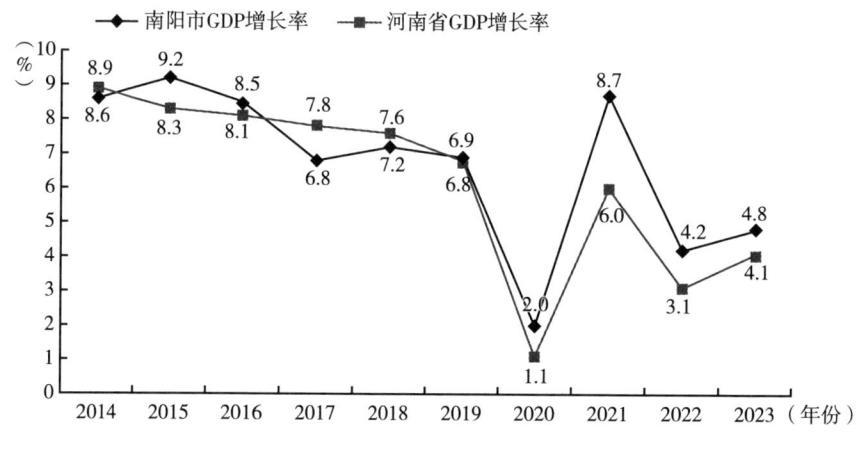

图1　2014~2023年河南省和南阳市GDP增长率对比

资料来源：2014~2023年河南省和南阳市国民经济和社会发展统计公报、政府工作报告和统计年鉴。

（二）区位优势不断彰显

南阳处于豫鄂陕三省交界处，是中国南北、东西交通的重要交会点，也是连接长江流域和黄河流域的战略要冲，具有承接中原城市群、武汉都市圈和关中城市群三大城市群辐射的独特区位叠加优势。同时，随着交通基础设施的不断完善和优化，南阳的交通区位优势将进一步彰显，在2022年中央确定的全国现代综合交通枢纽体系中，南阳被认定为豫鄂陕交界地区区域性中心城市、全国性交通枢纽。南阳是中国铁路网的核心区域之一，焦柳铁路、宁西铁路、蒙华铁路等普通铁路线在此交会，郑渝高铁开通运营，大大缩短了南阳与全国各大城市之间的时空距离，加强了南阳与外界的经济联系，保证了大宗货物和人员的高效流通，南阳铁路枢纽功能日益凸显。以南阳为中心向外辐射的公路网，构成河南省南部重要的公路交通枢纽，包括沪陕高速（G40）、二广高速（G55）、许广高速、兰南高速、商南高速等多条国家级和省级高速公路，国道和省道纵横交错，构成四通八达的公路网络。拥有河南三大机场之一的南阳姜营机场，已开通至北上广深等多个主要城市的航班，满足商务和旅游需求，为南阳融入全国乃至全球航空网络奠定了基础。唐白河内河水运正在筹划建设当中，规划发展水上旅游和货运业务。南阳已初步形成公铁水空综合交通立体网络，交通区位优势不断彰显，为建设副中心城市奠定了坚实的基础。

（三）产业优化升级加快

产业结构决定经济增长方式，优化产业结构是南阳促进经济社会转型发展的重要抓手。南阳加快优化产业结构，促进产业发展由要素驱动向创新驱动转型，加快高能级创新载体平台建设，加快构建全链条科研转化体系。一是不断夯实农业发展基础，推进农业现代化转型。积极推动农业产业结构调整，发展特色农业和优质农产品，如中药材、食用菌、花卉等，加强农业科技创新，发展数字农业、智慧农业，提升农业现代化水平。二是持续提升链群发展能级，推进工业提质增效。加大对食品、装备制造、纺织服装等传统优势行业的技术改造力度，淘汰落后产能，提升产品质量和技术含量。推动新型电力装备、数字光电、超硬材料等战略性新兴产业加快延链补链强链，攻关核心技术，增强工业创新能力和市场竞争力。优化产业园区布局，集聚相关企业和研发机构，形成产业集群，降低企业运营成本，促进产业链上下游协作。三是促进服务业创新发展，推动产业绿色低碳和智慧化转型发展。大力发展金融服务、现代物流、信息服务、科技服务等生产性服务业，提升服务业的专业化和国际化水平，依托南阳丰富的历史文化和自然景观资源，开发精品文旅项目，打造特色旅游品牌，推动文化产业和旅游经济融合发展。2014~2023年，南阳三次产业结构由17.5∶46.5∶36.0调整为16.1∶

28.8∶55.1，第一产业和第二产业比重下降，第三产业比重不断上升，产业结构不断向高水平迈进，尤其是自2018年起，南阳产业结构由"二三一"结构演变为"三二一"结构，产业结构日趋完善，产业发展更加稳定（见图2）。2023年河南省三次产业结构为9.1∶37.5∶53.4，与河南相比，南阳第三产业发展潜力和优势较为明显。

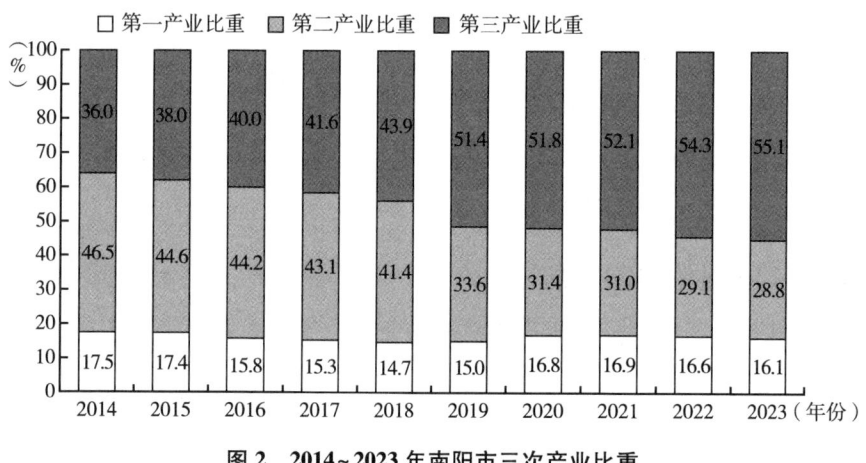

图2　2014~2023年南阳市三次产业比重

资料来源：2014~2023年南阳市国民经济和社会发展统计公报、政府工作报告和统计年鉴。

（四）城乡融合更进一步

南阳高度重视城乡融合发展，致力于提升城乡居民的生活质量和幸福感。一是注重城乡产业协同。推动城市优势产业向农村延伸，形成"城市带动乡村、乡村服务城市"的良性循环。不断加快农产品进城步伐，深化农旅结合，农民收入持续较快增长。2014~2023年，农村居民收入翻一番，由9741元增长至20435元，城镇居民收入与农村居民收入比逐年下降，由2014年的2.43下降到2023年的1.95（见图3），城乡收入差距不断缩小，城乡融合更进一步。二是城乡基础设施和公共服务设施建设加快。南阳不断加大资金要素投入力度，推进城乡基础设施一体化建设，重点解决农村

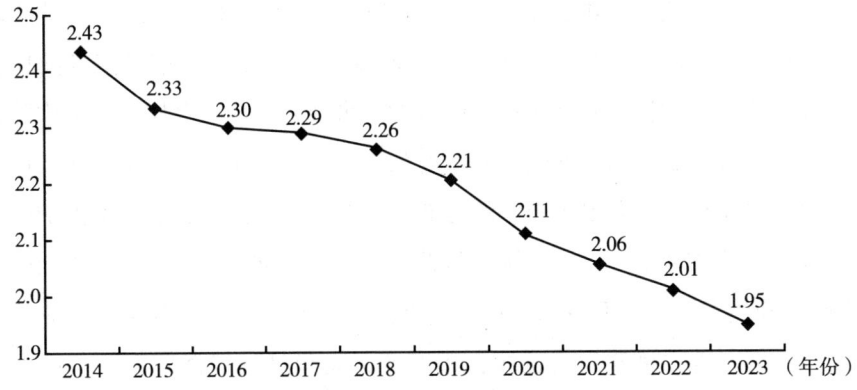

图3 2014~2023年南阳市城镇居民收入与农村居民收入比

资料来源：2014~2023年南阳市国民经济和社会发展统计公报、政府工作报告和统计年鉴。

道路、供水、供电、通信等基础设施短板问题。推动城乡教育资源均衡配置，优化学校布局，加强师资培训，提升农村教育教学质量，建立分级诊疗制度，开展远程医疗服务，让农村居民也能享受到优质的医疗资源，城乡低保、养老保险等覆盖面扩大，确保基本民生保障"无死角"。三是深入实施乡村全面振兴战略。按照产业兴旺要求，加快农业现代化步伐，发展壮大中药材、食用菌、茶叶、水果等特色产业，打造了一批具有地域特色的农业品牌，加快镇平、邓州第二批国家农村产业融合示范园建设，推动农产品深加工和冷链物流体系建设，休闲农业、乡村旅游、电子商务等新业态取得较大发展。持续开展人居环境整治提升行动，加大农村环境整治力度，实施农村厕所革命、生活垃圾处理、污水治理等工程，推进美丽乡村建设。加强农村基层党组织建设，完善村民自治机制，推动乡村治理效能不断提升。

（五）文旅融合深度发展

南阳是国家历史文化名城，拥有厚重的历史文化底蕴和丰富的文化遗产资源，是中原文化与荆楚文化的交融区，是北方文化与南方文化的交汇区，

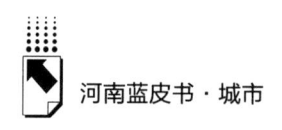

是历史文化与现代文明的交流区。一是彰显历史文化地位。作为"楚汉名都、三国名城、四圣故里"的南阳，不断彰显楚国重镇、东汉南都的历史文化地位，深入挖掘中原地区控扼四方的军事要塞、南北商贸往来的水陆通衢等历史文化价值。二是促进文旅深度融合。依托三国文化、玉文化、医圣文化等历史文化资源和得天独厚的自然景观资源，加强文化遗产的保护与传承、展示与活化利用，以文促旅，打造"三国文化游""玉雕艺术展销会""中医药养生游"等一系列特色鲜明的文旅产品与品牌，提升文旅产业时尚度和吸引力，着力培育千亿元级文旅产业，逐步打响"南阳，一个值得三顾的地方"城市文旅品牌。三是增强城市文化软实力。2023年全市旅游人数累计为8681万人次，旅游综合收入累计为517.7亿元，与2022年相比分别增长12.30%、34.53%。文旅融合发展激活了城市的文化基因，有效提升了城市形象，增强了城市发展软实力，提升了文旅产业的核心竞争力，增加了城乡旅游收入，增进了民生福祉。

三 新时期南阳副中心城市建设面临的问题和挑战

党的十八大以来，南阳进入贯彻新发展理念、构建新发展格局的关键期，尤其是自南阳被确定为河南省域副中心城市以来，全市上下锚定"两个确保""十大战略"，全力打造"三区一中心一高地"，经济社会发展取得了长足进展，副中心城市建设正处于快速发展期。然而，在高质量发展的新时代背景下，南阳面临经济结构转型和产业结构升级等压力，由要素驱动向创新驱动转变，肩负维护南水北调中线工程生态和供水安全等历史重任，亟须正确处理高质量发展与高水平保护之间的关系，把握好发展新机遇，以更加昂扬的姿态迎接新挑战。

（一）经济体量和质量有待提升

近年来，南阳深入践行习近平总书记视察南阳殷殷嘱托，集中围绕建强副中心城市的目标，加快经济结构转型，促进经济发展取得显著进展。从南阳自身发展来看，经济体量和年均增速都取得了较大的提升，但对比豫鄂陕三省同级别副中心城市来看，南阳存在经济体量、质量偏低的问题。2023年，南阳市拥有全省面积的15.9%、全省耕地面积的13.2%、全省常住人口的9.7%，但南阳GDP占全省GDP的比例仅为7.73%，经济体量与资源规模不匹配。此外，2023年，南阳人均GDP在5个副中心城市中最低，仅为47846元，不足毗邻城市襄阳的一半，与关中平原城市群副中心城市宝鸡尚存在较大差距。南阳城镇居民可支配收入不足4万元，也是5个副中心城市中最低的，经济发展质量总体偏低（见表1）。

表1 2023年豫鄂陕三省副中心城市经济指标对比

城市	GDP（亿元）	所在省GDP（亿元）	占全省GDP比例（%）	人均GDP（元）	城镇居民可支配收入（元）	农村居民可支配收入（元）
南阳	4572.17	59132.00	7.73	47846	39814	20435
洛阳	5481.60	59132.00	9.27	77434	45727	19734
宝鸡	2743.10	32772.68	8.37	83801	40388	16785
襄阳	5842.91	55803.63	10.47	111000	46110	24174
宜昌	5756.35	55803.63	10.32	146771	40388	16785

注：宝鸡为2022年经济统计数据。
资料来源：2023年南阳、洛阳、襄阳和宜昌国民经济和社会发展统计公报、2022年宝鸡国民经济和社会发展统计公报、2023年豫鄂陕三省国民经济和社会发展统计公报及统计年鉴。

（二）产业结构优化和链群培育迫在眉睫

南阳被确立为副中心城市以来，加快调整产业结构，加速产业改造升级，积极培育战略性新兴产业。2023年，工业投资增长18.2%，高于南阳固定资产投资增速12.4个百分点，高新技术产业和战略性新兴产业增加值分别增长13.0%、12.8%，但按照产业高质量发展要求，南阳仍面临产业结构调整、产业优化升级、产业链群培育等方面的挑战。一是产业结构不合理。纺织、食品加工等传统产业比重过高，技术含量低、附加值不高。高新技术产业和现代服务业发展相对滞后，如信息技术、生物医药、新能源、高端装备制造等在南阳的比重仍然较低，尚未形成具有较强竞争力的产业集群。二是产业链不完整。产业上下游链条不够完善，农业深加工不足，初级产品多，高附加值产品少；制造业缺乏核心零部件生产能力，过度依赖外部供应链；缺乏龙头企业引领，尤其是战略性新兴产业缺乏具有强大市场影响力和资源整合能力的企业，难以形成产业协同效应和集群效应。2023年，仅绿色食品产业链主营业务收入超过千亿元，数字光电、装备制造、新材料产业等新兴产业主营业务收入有待提升。三是地方特色产业需进一步做强。南阳拥有丰富的文化、旅游资源和特色农产品，但文旅产业和中医药等产业的发展尚未达到预期水平，品牌建设和市场运营能力不足，资源优势未能有效转化为地方经济的增长点。

（三）科技创新能力提升任重道远

科技是第一生产力，人才是第一资源，创新是第一动力，科技创新是城市发展的核心动力。南阳在科技创新投入、创新资源集聚、创新平台建设、科技成果转化等方面存在不足，缺乏高水平的研发机构和领军型企业，制约了南阳提升整体创新发展水平和核心竞争力。一是技术创新投入不足。与国内科技创新能力强的城市相比，南阳科技研发投入比例较低，技术合同成交额偏低。2023年，南阳全社会研发投入强度不足2%，签订技术合同2500份，技术合同成交金额为130.9亿元，低于省内洛阳和郑州同期水平，远低于国内广州、上海和北京等先进城市（见图4）。同时，南阳在科研设施更新、技术研发、人才培养等方面的资金支持不足，制约了科技创新活动的开展和成果产出。二是高端创新人才短缺。科技创新的核心在于人才，南阳在吸引和留住顶尖科学家、工程师和技术型企业家方面面临挑战，高水平科研团队和领军人才的数量和质量亟待提升。三是创新平台和载体建设有待进一步加强。一流的科研平台和创新载体能够提供先进的实验设备、良好的科研氛围和高效的协作网络，是推动科技进步的重要基石。2023年，南阳拥有院士工作站6家，牧原实验室纳入省实验室体系，省级工程技术研究中心达90家，但与先进城市相比仍存在较大的差距，制约了南阳科技创新能力的提升。

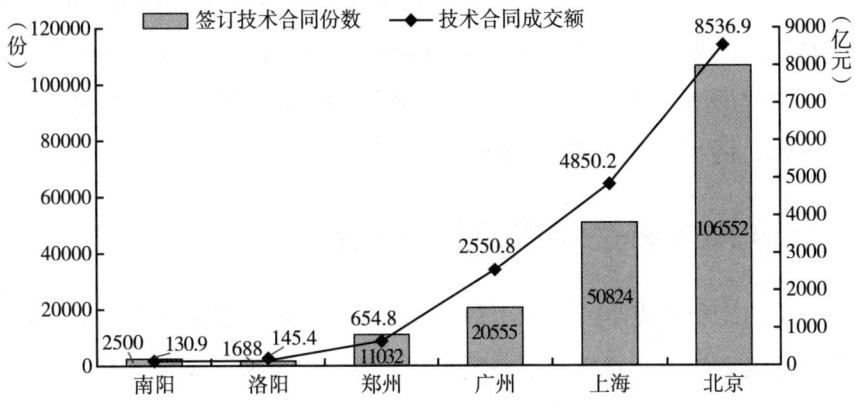

图4　2023年南阳市与其他技术创新先进城市签订技术合同份数和技术合同成交额对比

资料来源：2023年各市国民经济和社会发展统计公报。

（四）高质量发展与粮食安全、生态安全、文化传承难以统筹兼顾

新时期城市高质量发展路径不仅要着眼于经济快速增长，更要注重与粮食安全、生态安全和文化传承的统筹，要做到高质量发展与高水平保护统筹兼顾，实现全面协调可持续发展，这是南阳面临的重大挑战。一是统筹粮食安全与现代农业发展。南阳素有"粮仓"之称，是河南乃至全国的重要粮食生产基地，建强副中心城市，既要装满"钱袋子"，又要守好"粮袋子"和"菜篮子"。南阳亟须进一步稳定提升粮食产能，加强农业科技的创新与应用，推广现代农业技术，提升农业生产效率，发展绿色有机农业，保护耕地质量，保障粮食安全。二是统筹生态安全与绿色发展。南阳肩负着维护丹江口水库生态安全的重大责任，亟须进一步实施严格的水资源管理和保护制度，加强湿地修复、森林植被恢复等工作，按照主体功能区划要求，宜林则林、宜农则农，实现差异化保

护性发展，促进经济社会发展与生态环境保护。三是统筹文化传承与文旅融合发展。在高质量发展过程中，南阳亟须进一步重视文化遗产保护、传承与活化利用，挖掘和弘扬地方特色文化，让收藏在博物馆里的文物、陈列在广阔大地上的遗产、书写在古籍里的文字都活起来，充分挖掘历史文化资源潜力，开展文化旅游线路策划，推动文旅产业与相关行业的深度融合，讲好具有楚风汉韵的南阳故事。

（五）城市功能完善和品质提升刻不容缓

城市功能和品质是一座城市的核心竞争力，南阳建强副中心城市迫切需要提升城市能级。对标副中心城市高质量发展要求，南阳仍存在一系列问题。一是城市交通枢纽功能有待提升。南阳交通区位优势明显，但互联互通不足，如高铁、机场与公路交通接驳换乘效率低，交通优势尚未转化为经济发展优势，交通与物流业的衔接有待进一步加强，多式联运协调度不足。二是市政基础设施有待优化。尤其是中心城区老旧小区、老旧商业街区和老旧厂区，普遍存在供水管网老化现象，年久失修、漏损率高，水质安全保障面临挑战。随着副中心城市建设的深入，城市人口规模快速增长，现有污水处理设施容量接近饱和，加上污水管网老旧和缺失问题突出，城市污水处理任务异常繁重。垃圾分类执行力度不足，固体废弃物处理能力有限，生活垃圾产量逐年上升，焚烧处理设施不足，污水和环卫问题给城市环境安全带来了挑战。电网稳定性和燃气热力能源安全性需进一步提升，局部区域电力设备老化，电力设施负荷不足，供电不稳定，城市燃气管网老化，热力管网覆盖度低。三是公共服务设施有待升级。基本公共服务均等化水平不高，尤其是教育、医疗等城乡公共服务设施共建共享水平有待提高。南阳在教育、医疗、文化、养老等方面的公共服务供给与人民群众日益增长的需求之间存在一定的缺口，尤其是缺少与副中心城市相匹配的大型公共服务设施，如区域文化设施、高等级综合医疗设施、大型商业会展设施等。

四 南阳副中心城市建设能级提升策略

(一)推动区域协调发展,提升区域协调能级

南阳应发挥三省交界区位优势,积极融入区域发展大局,为建强副中心城市奠定坚实基础。一是推动南阳与襄阳协调发展。加强交通基础设施互联互通,共同推进呼南高铁规划建设,适时加密郑渝高铁南阳东站与襄阳东站停靠班次,加快推进南(阳)邓(州)高速建设,推进南(阳)襄(阳)高速前期研究和规划建设,联合推进唐白河通航,构建沿唐白河经济产业集聚区,携手打造"通江达海"的水运大通道,联合申报国家物流枢纽节点城市,建设区域性物流集散中心。促进产业链融合,推动南阳中医药、光电信息产业与襄阳汽车、高端装备产业融合,共建产业链,推动上下游企业集聚,形成集群效应。围绕汉江流域生态保护,共同打造生态屏障,促进绿色发展,促进文旅融合发展,挖掘三国文化、道教文化等历史文化资源,联合开发精品旅游线路,提升区域旅游品牌知名度。二是推动南阳与十堰协调发展。紧紧围绕南水北调中线工程水源地丹江口水库生态安全,共同保护好水源地生态环境,加快实施石漠化治理、生态修复、湿地保护等重点项目,确保"一泓清水永续北上"。联合推进环丹江口水库生态经济带建设,探索以EOD模式①创新生态产品价值实现机制,实现经济发展与生态保护的双赢。提升交通互联互通能力,加快推进淅(川)十(堰)高速公路建设,协同推进宛十高铁前期规划和建设。加强省际产业协作,依托十堰汽车城产业发展成果,以及南阳较为成熟的汽车零部件制造业基础,加强汽车零部件配套、新能源整车生产和技术研发等方面的深度合作,共同提升汽车产业的国际竞争力。三是推动南阳与信阳、驻马店协调发展。以建设豫南高效生态经济示范区为契机,发挥自然生态优势,强化生态农产品生产、生态文化旅游

---

① EOD模式即生态环境导向的开发模式。

和综合交通枢纽等方面的功能，协同推进南信合高铁和南驻阜高铁前期规划和建设，加快推进淮滨内乡高速（信阳—邓州段）和沿大别山高速建设，促进区域交通互联互通。加快以绿色资源为基础联动发展沿淮和沿桐柏山大别山生态旅游，做强南阳花卉、信阳茶叶、驻马店粮油等生态农业，努力构建绿色产业体系，共同探索建立区域性的碳汇交易平台，促进绿色低碳发展，共绘区域协同生态高质量发展美好画卷。

（二）构建创新载体平台，提升创新驱动能级

在高质量发展的时代背景下，科技创新成为驱动经济增长、引领社会发展和产业转型升级的关键力量。南阳肩负着引领豫南高效生态经济示范区建设、推动产业转型升级的历史重任，亟须培育创新载体平台，提升创新驱动能级，激发城市创新活力。一是加强产学研一体化科技创新平台建设。围绕中医药、光电信息、装备制造等南阳产业特色领域开展科技创新，加快推进牧原实验室郑州研发基地、南阳中试及产业化基地、省市级重点实验室等的建设，积极对接国内外知名高校和科研机构，在南阳设立分支机构或联合实验室，鼓励南阳本地高校与企业共建研发中心和实验室，规划建设一批专业化综合性科技园区，设立南阳智慧岛等创新创业孵化基地，建立"实验室+科研院所+高等院校+中试基地+产业园区"全链条产学研一体化科技创新体系，提升科技创新策源能力。二是完善创新支持政策体系。加大财政与税收扶持力度，倡导设立科技创新专项资金，对符合条件的企业给予研发经费补助、贷款贴息、税收减免等优惠，降低创新成本。提升金融创新服务水平，鼓励银行金融机构推出科技信贷、知识产权质押贷款等创新金融服务，支持科技型企业的资本运作和市场开拓。加强知识产权保护，建立健全知识产权管理体系，营造公平竞争的市场环境，保护创新者的合法权益。三是建立健全人才引育机制。建立健全精准引才政策，深入推进实施"诸葛英才计划"，持续开展重点产业链招才引智行动，尤其是针对战略性新兴产业领域的高层次人才制定人才"绿卡"制度，吸引国内外顶尖科学家、工程师和管理团队来到南阳。加大本地人才培育力度，打造本土精英队伍，推行产教

融合培养模式,深化与高等院校、科研院所的合作,建立产学研用紧密结合的人才培养基地,制定青年英才培育计划,加速本土人才成长步伐。建立人才激励机制,激发人才创新潜能,加快绩效薪酬制度改革,加大科研成果转化激励力度,将个人贡献与收益挂钩,充分调动科技创新人才的积极性和创造性。

(三)加快产业强链聚群,提升链群发展能级

面对深刻变化的外部环境和经济转型升级的内在要求,南阳亟须优化产业结构,加快产业链延伸、产业集群化发展和数字化转型,提升产业链群整体竞争力,实现经济社会高质量发展。一是加快产业链延伸,构建完整的产业链条。促进产业上游资源整合,提升对中药材、生态农产品等特色产业原材料供应链的掌控力,确保供应稳定性,并提高原材料附加值。加快中游制造业优化升级,加快食品、装备、纺织服装等传统优势产业改造升级,大力发展新型电力装备、数字光电、超硬材料等战略性新兴产业,加快延链补链强链,"抢滩"布局合成生物、新能源装备、航空再制造及低空经济等未来产业,着力培育新的增长极。推进产业下游市场开拓,注重终端产品的创新与营销,拓展国内外市场,特别是借助跨境电商平台,提升南阳产品和品牌的全球影响力,形成产业链闭环,增强产业链的韧性和自主可控性。二是促进产业集群化发展,打造特色产业集群。促进地方特色产业发展,大力发展特色农业、文化旅游、中医药、新能源汽车等产业,打造知名品牌,培育特色产业集群。着力发展中医药、光电信息、装备制造、新能源等具备"专精特新"特征的优势产业,打造特色产业集群高地,引育一批行业领军企业,发挥示范效应和供应链整合能力。三是加快数字化转型,促进数实融合,赋能产业智能化升级。加快数字化转型,重塑产业价值链,实施生产线智能化改造,促进供应链协同优化,基于区块链技术,构建透明高效的供应链管理体系,实现供应商、制造商和消费者的无缝连接。推进平台经济建设,促进数字技术和实体经济跨界融合,发展电子商务、智慧交通、智慧物流等新业态,拓展产业边界和价值空间。加快制定南阳"数据要素×"行动

实施方案，发挥数据要素乘数效应，赋能经济社会高质量发展。统筹推进数字基础设施建设，加快南阳联通新型数据中心建设，积极承接国家"东数西算"工程南阳算力节点等新基建项目，为产业链数字化转型提供坚实的硬件支撑。

（四）推进多式联运发展，提升枢纽经济能级

南阳作为全国重要的交通枢纽，应充分发挥优势，构建现代综合交通运输体系，强化区域经济联系，统筹谋划发展枢纽经济，促进区域协调发展。一是优化多式联运基础设施。高标准推进物流枢纽建设，持续投资高速公路、高速铁路、民用航空、内河航运等基础设施建设，构建高效衔接的综合交通枢纽，实现多种运输方式的无缝对接。完善物流园区功能，加快豫资海元城市综合体、万德隆物流配送中心等项目进度，建设集仓储、分拣、配送等功能于一体的综合性物流园区。优化交通枢纽布局，合理规划物流园区、客运场站的位置，加强与周边城市的交通对接，形成高效便捷的客货集散体系，降低物流成本，提高流通效率。提升航道通航能力，整治白河航道，提高船舶通行能力和安全性，开展大宗物资长距离运输。二是促进多式联运信息平台互联互通。整合各类运输信息资源，提供集订单匹配、路线规划、货物追踪等于一体的一站式服务，提高运输链条的可视化水平。推广电子货运单证，简化报关手续，缩短通关时间，提升多式联运效率。加强数据标准化建设，制定统一的数据交换标准和接口规范，促进不同运输方式之间信息的顺畅流转。三是培育壮大枢纽经济。聚焦构建现代综合交通物流网络，提升枢纽能级，完善集疏运体系，加快把交通区位优势转变为枢纽优势、竞争优势和经济优势，再造枢纽经济新优势。加快建设南阳综合物流分拨中心，积极创建省级骨干冷链物流基地，打造以公铁联运、铁水联运为主形态，陆空联运、国际联运协调发展的"通道+枢纽+网络"综合货运服务体系。积极申请设立自由贸易试验区、综合保税区等高水平开放平台，吸引跨国公司入驻，促进国际贸易和投资自由化便利化。促进装备制造业、新能源、新材料、生物医药等重点产业链

群集聚发展，培育壮大枢纽经济，构筑新时代省域副中心更强有力的经济引擎。

（五）实施城市更新行动，提升城市服务能级

南阳亟须加快城市转型和提质发展，城市更新是提升城市品质、促进城市高质量发展的重要抓手，南阳应持续推进城市更新行动，打造宜居、韧性、智慧城市。一是突出规划引领，发挥统筹作用。按照"一年一体检，五年一评估"的总体要求，统筹推进城市体检和规划评估，以城市体检推动城市更新，推进城市更新专项规划编制，发挥引领作用。结合城市近期发展重点，对城市更新项目进行统筹谋划和具体安排，建立项目库。结合城市发展需求，划定城市更新单元，更新策划方案，落实整体策划、盘活资产、投资融资、系统建设及运营管理等方面的工作，保障城市更新项目落地见效。二是突出"补短板、强弱项"，加快提升城市综合承载能力。加快推进城镇老旧小区改造，按照完整社区建设的基本要求补齐基础设施短板、增加公共服务设施和公共活动空间；促进老旧厂区产业聚能增效，加快产业转型升级，完善产业配套功能，导入新型产业空间，激发产业发展活力；积极推进全龄友好社区、青年友好型城市建设，提升公共服务品质，严格制定公共服务设施配建标准，提出教育、医疗、文化等各类设施布局优化方案，明确公共服务设施改善需求，加大与副中心城市相匹配的区域性公共服务设施配套力度；加强市政基础设施建设，深入排查老旧管网，提出管网更新和扩容增效要求，增加城市排水、燃气、环卫等市政基础设施，提升电网稳定性和能源安全性。三是建立健全城市更新配套政策。建立城市更新规划管理制度，确立城市更新规划法定地位，建立城市更新项目审批制度。加快出台土地供应政策，推进存量用地再开发利用，鼓励存量土地混合使用和存量建筑空间功能转换，提高土地使用效率。健全土地收益分配机制，明确城市更新项目中的土地增值收益分配办法，兼顾公共利益和个人利益。加快建立资金筹措机制，引入社会资本，推行多元化投融资模式，拓宽资金来源，完善税收优惠与补贴政策，设立城市更新基金。

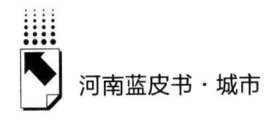

（六）推动绿色低碳转型，提升绿色发展能级

以建设豫南高效生态经济示范区为契机，勇于探索绿色低碳发展模式，加快绿色发展方式转型，实现生态环境改善和高质量发展目标。一是优化能源结构，构建清洁低碳能源体系。大力发展可再生能源，加快风力发电、光伏发电等清洁能源项目建设，推广天然气等清洁能源应用，实现分布式能源的高效利用和调度，提升能源系统的整体能效。二是优化产业结构，构建循环经济体系。加快产业结构调整，通过技术改造、节能减排，促使机械制造、建材等传统行业朝智能制造、绿色制造方向发展；积极发展战略性新兴产业，推动新能源汽车、节能环保、生物制药等高附加值、低耗能产业加快发展。鼓励企业采用环保技术和设备，推行清洁生产，实施绿色工厂创建行动，发展循环经济产业链，推动废旧物资回收利用，构建从原料、生产到消费的循环链。三是促进绿色低碳转型，建设生态宜居城市。强化城市绿色空间体系建设，提升城市"绿肺"功能，实施"蓝绿交融"战略，保护和恢复城市水系，构建城市绿色生态走廊。推广绿色建筑标准，鼓励使用节能环保材料，提高建筑能效，减少能源消耗和二氧化碳排放。倡导绿色消费和低碳生活理念，鼓励发展公共交通系统，提高公交分担率，减少尾气排放。推行固体废物分类收集利用处置，促进工业固废循环利用，建设"无废城市"。推进受损山体、水体岸线、城市废弃地及污染土地等生态修复，优化生态空间布局，打造绿地通风廊道，改善城市人居环境，提升居民生活幸福感，推动城市绿色低碳转型。四是加快创新绿色科技，提升产业绿色化水平。支持科研机构和企业在绿色低碳技术研发上加大投入力度，特别是在碳捕获与封存、零碳建筑、智能电网等领域。建立绿色技术创新体系，攻关绿色低碳核心技术，建立健全绿色产品和服务标准体系，推广应用绿色标准和认证，加强绿色经济、环保技术等相关领域的人才引育，助力绿色科技创新，为绿色低碳产业发展储备高素质人才。

参考文献

白云伟：《副中心城市建设背景下南阳文旅融合研究》，《南都学坛》2022 年第 3 期。

侯隽：《南阳：全力打造河南新兴区域经济中心》，《中国经济周刊》2024 年第 8 期。

黄奇帆：《南阳建设省域副中心城市的现实条件与重要举措》，《经济研究参考》2022 年第 5 期。

《南阳市国土空间总体规划（2021—2035 年）》，南阳市人民政府，2024 年 7 月 26 日。

肖遥、王延资：《南阳市副中心城市暨区域中心城市发展对策研究》，《南阳理工学院学报》2022 年第 4 期。

张亚培：《加快副中心城市建设推动南阳高质量发展》，《国际公关》2024 年第 5 期。

张亚培：《加快建设南阳副中心城市的策略研究》，《工程技术研究》2022 年第 10 期。

张占仓、卢志文：《南阳市建设河南省副中心城市的战略机遇与推进举措》，《南都学坛》2022 年第 3 期。

《2024 年南阳市政府工作报告》，南阳市人民政府，2024 年 3 月 20 日。

规划建设篇

B.11 健全河南城市规划体系研究

刘 申*

摘 要： 健全城市规划体系是实施区域协调发展战略的重要依据，是完善城乡融合发展体制机制的重要载体，也是深化"多规合一"改革的重要路径。新中国成立以来，河南城市规划体系构建经历了服务国家重点项目的城市建设规划阶段、服务快速城镇化的城市总体规划阶段、服务城乡发展的城乡规划体系阶段、服务规划改革的国土规划体系阶段，初见成效，但仍存在传导体系不够健全、数字化治理体系仍不完善、政策体系不够完备、公众参与不够充分等问题。为解决以上问题，河南要进一步协调好"三种关系"，确保规划高效落实；加快转型升级，夯实数字化治理基础；强化政策研究，确保政策体系符合实际；健全公众参与机制，畅通公众参与渠道。

关键词： 城市规划体系 国土空间规划 多规合一

---

* 刘申，河南省社会科学院城市与生态文明研究所高级工程师，主要研究方向为城乡与区域规划。

2000多年前，东汉文学家许慎在《说文解字》中说"城，所以盛民也"，足见民乃城之本也。古希腊哲学家亚里士多德曾经说过："人们住在城市是为了更好的生活。"不论中西，城市自古都是人们生活的美好家园。习近平总书记多次强调："城市规划建设做得好不好，最终要用人民群众满意度来衡量。"① 城市规划在城市发展中起着引领作用，"规划科学是最大的效益，规划失误是最大的浪费，规划折腾是最大的忌讳"②。

长期以来，在不同发展诉求的影响下，城市规划一直面临"多规"不统一、部门不协调、规划实施难等问题，城市规划难以有效发挥引领作用。为适应新时代的发展要求，深化"多规合一"改革，城市规划工作历经多次探索。2018年，党中央、国务院做出改革部署，将分属不同部门的城市规划职责统一整合到自然资源部，建立起统一的国土空间规划体系。由此，城市规划体系的概念内涵延伸到了统筹全域全要素的国土空间规划体系。党的二十届三中全会更是明确提出："健全城市规划体系，引导大中小城市和小城镇协调发展、集约紧凑布局。"因此，城市规划体系本质上等同于国土空间规划体系，开展健全城市规划体系研究，对于完善城乡融合发展体制机制、构建新发展格局和提高城乡规划融合水平具有重要意义。

一 健全城市规划体系的重要意义

（一）健全城市规划体系是实施区域协调发展战略的重要依据

党的二十大报告提出："优化重大生产力布局，构建优势互补、高质量发展的区域经济布局和国土空间体系。"伴随我国经济由高速增长阶段进入高质量发展阶段，区域协调发展不再是简单要求各地区在经济发展上达到同

---

① 《建好人民满意的城市》，宣讲家网，2019年11月4日，http：//www.71.cn/2019/1104/1065214.shtml。
② 《建设一座城镇，创造一种生活（声音）》，"人民网"百家号，2019年10月14日，https：//baijiahao.baidu.com/s？id=16473158786529971398wfr=spider&for=pc。

一水平，而是要根据各地区的条件，走出一条分工合理、优化发展的路子。特别是京津冀、长三角、珠三角三大地区，以及一些重要城市群，要形成几个能够带动全国高质量发展的新动力源。构建以空间规划为基础，专项规划、区域规划为支撑，由国家、省、市、县各级规划共同组成，定位准确、边界清晰、功能互补、统一衔接的城市规划体系，完善主体功能区政策工具，以农产品主产区、重点生态功能区、城市化地区三类主体功能区为基础，因地制宜叠加边境地区、能源资源富集区、历史文化资源富集区、海洋空间重点优化区等特殊功能区，按照不同区域的主体功能来配置各类国土空间资源，同时加强区域重大战略融合，有利于推动构建主体功能明显、优势互补、高质量发展的国土空间开发保护新格局，引导塑造区域发展新动能和新优势。同时，充分发挥城市规划体系的协调性，编制跨区域的专项规划，有利于解决区域发展不协调、不平衡、不充分的问题，完善区域一体化发展机制，探索构建跨行政区合作发展新机制。

（二）健全城市规划体系是完善城乡融合发展体制机制的重要载体

城乡融合发展是中国式现代化的必然要求，党的二十届三中全会对完善城乡融合发展体制机制做出重要战略部署。我国不同地区的城乡发展情况千差万别，在实施城乡融合发展战略的过程中，健全城市规划体系，在不同尺度上因地制宜推进城市空间布局形态多元化，引导大中小城市和小城镇协调发展、集约紧凑布局，推动和美乡村建设意义重大。在城市群和都市圈层面，通过编制实施城市群、都市圈一体化规划，探索建立区域建设用地指标统筹配置机制，创新资源利用和空间组织方式，探索城乡建设用地增减挂钩指标在都市圈内调剂使用。在县城和小城镇层面，通过编制县域城乡融合发展类规划，推动县城和小城镇集约布局。立足城乡等值理念，研究城乡发展规律，加强县域统筹，优化村镇体系布局，支撑以县城为载体的城镇化建设，合理保障县城和小城镇空间需求，提高吸纳新增城镇人口、服务周边农村地区人口的能力。对于人口流出区域，通过编制实施存量或者减量规划，严格控制用地规模扩张，促进人口和公共服务资源向中心城区适度集中，根据实际满足人口需求，重点保障基本公共服务功能用地，鼓励存量建设用地混合利用和空间复合。同时，制定差异化用地政策，加强人口流出区域城镇建设用地省域内统筹、跨地区流转，保障创造就业岗位的空间需求。健全城市规划体系，引导产业升级、人口集聚、城乡发展良性互动，统筹新型工业化、新型城镇化和乡村全面振兴，全面提高城乡规划、建设、治理融合水平，促进城乡要素平等交换、双向流动，缩小城乡差距，实现城乡共同繁荣。

（三）健全城市规划体系是深化"多规合一"改革的重要路径

2015年，《中共中央、国务院关于加快推进生态文明建设的意见》明确提出：推动经济社会发展、城乡、土地利用、生态环境保护等规划"多规合一"，形成一个市县一本规划、一张蓝图。健全城市规划体系，可以强化政府对于全域全要素国土空间的管控能力，解决规划自成体系、内容冲突、缺乏衔接等突出问题，对土地规划、城乡规划、主体功能区规划等规划进行整合，形成统一、协调的规划体系，实现国土空间集约、高效、可持续利用。健全城市规划体系，通过整合多个规划，减少重复工作，提升规划编制和实施的效率；通过统一配置城乡和区域资源，发挥各类资源和要素的最大效益；通过明晰统一的规划实施路径，提高规划实施效果；通过提供更加全面的规划方案，帮助城市管理者做出最优的规划决策，提高决策效率和水平；通过推动"多审合一""多证合一"，提高各类建设项目审批效能和监管服务水平。

二 新中国成立以来河南城市规划体系构建历程

（一）服务国家重点项目的城市建设规划阶段（1949~1977年）

该阶段城市规划工作以20世纪50年代为主，本质上是国民经济计划的延续和具体化，为国家工业化战略实施和经济发展服务，为社会主义建设提

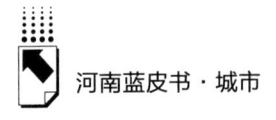

供配套服务和有力支撑，主要围绕重点城市和重点项目进行规划建设。规划期限一般为10年，主要内容包括城市功能分区、重点项目选址、土地用途规划。该阶段的规划理念、组织方式、技术方法等均以学习苏联经验为主，有着深深的计划经济烙印。根据国家"一五"计划安排，结合苏联援建的156个工程项目分布情况，有10个项目分布在河南省：洛阳6个，郑州1个，平顶山1个，三门峡1个，焦作1个。同时计划打造18个民用工业重点建设城市，郑州和洛阳位列其中。为了推进这些重点项目，郑州和洛阳编制实施了新中国成立后第一版城市总体规划。其中，郑州在《郑埠设计图》（1927年）、《郑州市新中心城区建设计划草案》（1928~1929年）和《郑州市复兴规划指导委员会初步建设计划纲要》（1947年）的基础上，为了适应新中国成立后城市快速建设和经济社会快速发展的需要，在1954年又组织编制了新中国成立后第一版严格意义上的城市总体规划，当时规划西部为工业区、东部为行政区和文化区，确立了整个郑州的基本发展框架，奠定了发展基础。洛阳于1955年编制了第一版城市总体规划，规划期限为1956~1976年，规划城市性质为"新兴的社会主义工业城市"，城市总人口控制在50万人以下，规划建成区面积为41平方公里，规划确定的"跳出老城建新区，然后再逐渐连片发展"的城市布局模式被国内专家、学者誉为"洛阳模式"。随着三门峡水利枢纽、平顶山煤矿、鹤壁煤矿、焦作煤矿等项目的逐步推进，其他城市也陆续开展了规划编制工作。20世纪60~70年代，受外部环境等多重因素影响，城市规划工作一度陷入停滞。

（二）服务快速城镇化的城市总体规划阶段（1978~2000年）

1978年3月，国务院召开了第三次全国城市工作会议，制定了关于加强城市建设工作的意见，提出要抓紧城市规划的修编工作。1979年4月，河南省城建局在郑州召开了全省城市规划座谈会，提出了3年完成16个市104个县城及一些工矿区规划修编工作的目标。由此，河南省各个城市开始了第二轮城市总体规划。到1985年，基本上所有城市完成了总体规划编制和审批任务。1992年，河南出现了一股"开发区热"，经过中央和省批准的开发区有19个，随后开始了一轮开发区规划。1993年，国家着手编制"九五"计划和2010年中期规划，同时以2000年为期限的总体规划也已提前完成，各城市陆续开始进行2000~2010年的跨世纪城市规划修编工作。到1998年底，河南省所有城市的规划修编均已完成，并且多数获批实施。伴随我国改革开放政策的实施，城市在国家社会经济发展中的地位日益提升，河南省逐步进入快速城镇化阶段，城市规划的作用逐渐凸显。这一阶段的城市规划内容越来越完善，规划期限也由原来的10年扩展到20年，同时结合发展实际采用修编的方式，增强规划的弹性和可操作性。规划类型也由单一城市建设规划扩展到城镇体系规划、城市总体规划、分区规划、控制性详细规划和修建性详细规划等，初步建立起以城市为中心的规划体系，这也标志着城市规划工作全面进入制度化和规范化的新阶段。

（三）服务城乡发展的城乡规划体系阶段（2001~2017年）

2006年4月，《中共中央 国务院关于促进中部地区崛起的若干意见》印发实施，中原城市群被正式提出，河南省率先组织编制了《中原城市群总体发展规划纲要（2006—2020年）》，随后又编制了《河南省城镇体系规划（2006—2020年）》，并于2012年完成了修编。2008年，《中华人民共和国城乡规划法》颁布实施，城乡规划的职能和作用得到拓展，城乡空间管控能力得以增强，明确了城乡规划编制的新要求。2009年3月，河南省全面启动县（市）域村镇体系规划编制工作；同时，2000~2010年版规划即将到期，各市县陆续开展了第三轮大规模规划修编工作，规划名称也由城市总体规划变为城乡总体规划。2011年8月，河南省出台《中共河南省委、河南省人民政府关于促进中心城市组团式发展的指导意见》，各省辖市陆续开展了中心城市组团式发展规划工作；同年，河南省大力推进"两区"（产业集聚区、特色商业区/商务中心区）建设，编制了一批"两区"发展规划、空间规划和控制性详细规划。2016年开始，全省推进"百城提质"工程，各地编制了一批专项规划，补齐了城乡规划体系的短板。该阶段城市

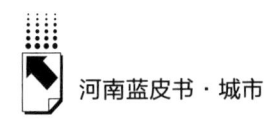

规划工作快速推进，规划内容更加全面，规划类型更加丰富，更加重视区域规划和专项规划，城乡规划体系更加完善。

（四）服务规划改革的国土规划体系阶段（2018年至今）

2018年，按照国家机构改革要求，住建、发改、林业等部门的规划职能全部调整到省自然资源厅，按照《中共河南省委、河南省人民政府关于建立国土空间规划体系并监督实施的实施意见》要求，到2025年，健全国土空间规划编制审批体系、实施监督体系、法规政策体系和技术标准体系。2019年以来，河南省陆续编制了《河南省国土空间规划（2021—2035年）》《河南省黄河流域国土空间规划（2021—2035年）》《郑开同城化示范区国土空间规划（2021—2035年）》等区域性规划；同时，各市县还编制了市县国土空间总体规划、乡镇国土空间规划和实用性村庄规划、中心城区控制性详细规划以及城市更新专项规划等，已基本建立覆盖省、市、县、乡镇4级，包含总体规划、详细规划、相关专项规划3个类型和规划编制审批、实施监督、法规政策、技术标准4个体系的国土空间规划体系。该阶段的城市规划体系是国家系统性、整体性、重构性改革的重要组成部分，更能体现战略性、科学性、权威性、协调性和操作性，让河南省国土空间开发保护更高质量、更有效率、更加公平、更可持续。

三　当前河南城市规划体系存在的问题

2024年2月28日，国务院正式批复同意《河南省国土空间规划（2021—2035年）》，河南省人民政府于2024年6月4日正式印发实施该规划。除"国批城市"外，其他市县国土空间总体规划均已获批。按照河南省自然资源厅要求，乡镇国土空间规划要于2024年12月底前完成编制，同时各地应根据发展需要，有序推进实用性村庄规划工作。河南省自然资源厅还专门印发了专项规划清单，各市县可根据实际需要适时组织开展专项规划编制工作；同时要求各地尽快开展详细规划编制工作，2024年底前完成中心城区控规单元划定工作。同步要求各地开展的有城市更新专项规划、城市设计和城市体检工作。虽然河南省城市规划体系构建初见成效，但依然存在一些问题。

（一）传导体系不够健全

当前城市规划仍处于改革期，虽然规划体系初步建立，但顶层设计仍不完善，技术标准不够统一，传导体系仍不健全，"上下"规划不衔接、"左右"规划不协调的问题依然存在。规划传导内容、深度和要素不够统一，规划实施保障和监督形式不够清晰，如上位总规—下位总规、总规—专规、总规—详规、专规—详规在传导过程中，弹性与刚性比例失衡，难以有效指导下位规划的编制和实施，从而出现"刚性不刚、弹性不弹"的问题甚至强制性内容难以落实的窘境。另外，专项规划类型繁多，在空间上往往相互关联，各部门之间受到"条块管理"约束，部门事权范围和边界模糊，难以避免空间重叠、编制内容冲突等问题，规划实施时又缺乏相应机制或政策支撑，难以相互协调。

（二）数字化治理体系仍不完善

国土空间治理体系加速形成，但存在一些亟待解决的深层次问题和矛盾。一是数字化治理的标准体系尚未形成。各类空间数据繁多，空间数据采集加工及其标准化工作量大且标准不统一，直接影响了国土空间数字化治理的问题诊断、规划评估、动态监测等能力。二是国土基础信息平台和规划"一张图"信息系统建设滞后。河南省国土空间规划工作信息化开发、利用水平低，搭建国土基础信息平台和规划"一张图"信息系统的机制尚未明确，直接影响整个国土空间治理水平。三是数字化治理的基础能力还很薄弱。对国土空间开发、利用、保护、修复等情况还缺乏全面、系统、客观、准确、及时、可靠的调查、监测、评价和分析，这些方面的基础能力还很薄弱。

（三）政策体系不够完备

随着城镇化进入后半场，存量规划已成为当前主流，但已有的政策体系已不适应当前城市发展需求，需要强化政策研究，重构政策体系。一是规划与土地政策仍不融合。规划仍然以功能分区和空间布局为主，很少关注用地权属和用途管制等土地政策因素，导致规划缺乏土地政策支撑，无法落地。二是部分规划缺乏灵活性和适应性。当前的规划很难解决城市更新中涉及的城市内涵发展、品质提升及产业重塑等问题，需要出台新政策，有效支撑和推进城市更新工作。三是部分规划与政策不协调。不同的规划、政策之间可能存在冲突或不一致，使执行时难以协调，影响整体效果。

（四）公众参与不够充分

"城市的核心是人，关键是十二个字：衣食住行、生老病死、安居乐业"[1]，而城市规划本质上是一个利益协调平台。当前，在健全城市规划体系过程中，公众参与机制尚未形成，主要存在以下问题：一是规划宣传不到位，规划往往自上而下进行编制，规划成果公示手段单一且覆盖面小，导致大多数市民不能很好地了解规划内容；二是公众参与规划的意识不强，规划知识相对薄弱，不能很好地提出意见和建议；三是缺乏有效的组织机制，目前规划征求意见基本上以政府为主导，公众在规划实施时主要是被动参与，缺乏合理的引导和有效的参与渠道，导致大部分市民无法参与城市规划。

四 健全河南城市规划体系的建议

（一）协调好"三种关系"，确保规划高效落实

根据《中共中央 国务院关于建立国土空间规划体系并监督实施的若干意见》要求，构建适应国土空间规划框架的传导体系，确保规划能用、管用、好用。一是协调好"上与下"的关系。正确认识总体规划的综合属

---

[1] 《学习语｜深入践行人民城市理念》，"党建网"百家号，2024年11月6日，https://baijiahao.baidu.com/s? id=1814976732230759482&wfr=spider&for=pc。

性，以城市总体规划指导其他规划，按照"事权对应、分层管控"的要求，探索分层传导和规划—建设—管理一体化传导体系，纵向上明确传导层级、传导内容、传导要素和传导规则，实现定性、定量、定形、定界、定策等全方位管控，探索空间传导、边界传导、指标传导、名录传导、政策传导五大传导方式，为下位规划编制指明方向。二是协调好"左与右"的关系。在横向传导层面，立足各部门核心职能，根据总体规划要求制定专项规划编制清单，明确专项规划的内容和权责界限，统一到国土空间规划"一张图"上，并以自然资源部门为主导建立专项规划协调衔接机制，推动专项规划协调实施。三是协调好"刚性与弹性"的关系。"太柔则靡，太刚则折"，在守住底线的基础上，进一步简化、强化刚性内容，同时留有适度弹性空间，因地制宜根据不同情况实施差异化规划管理，确保"宗旨"而非"形式"在下位规划中得以落实。

（二）加快转型升级，夯实数字化治理基础

党的二十届三中全会明确提出：建立健全覆盖全域全类型、统一衔接的国土空间用途管制和规划许可制度。以数字化完善规划管理体系是健全城市规划体系的核心内容。一是加快国土空间数字化治理转型。以国土空间规划实施监测网络为引领性工程，打造"可感知、能学习、善治理、自适应"的智慧规划，助力绿色智慧的数字生态文明建设。二是指导建成河南省国土空间规划"一张图"实施监督信息系统。利用自然资源全链条管理的制度优势，完善"一张图"系统功能，将各类自然资源管理数据纳入"一张图"系统，推进各级各类规划全过程在线管理及智能化、信息化管理。三是形成覆盖"四级三类"规划的统一数据规范体系。夯实专项规划在国土空间规划"一张图"上协调衔接的基础，实施详细规划全程在线数字化管理，专项规划提出的完善、优化、深化详细规划的建议在依法批准后必须通过法定程序纳入详细规划，作为用途管制和规划许可依据。

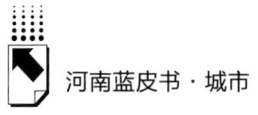

（三）强化政策研究，确保政策体系符合实际

结合当前城镇化进程，强化政策研究，进一步完善政策体系。一是加强规划与土地政策融合研究。以规划为导向，优化土地管理制度，优先保障主导产业、重大项目合理用地，加快发展建设用地二级市场，盘活存量土地和低效用地，制定工商业用地使用权延期和到期后续期政策，鼓励既有城市土地混合使用和存量建筑空间功能转换，支持老旧小区改造更新等城市更新项目稳步实施，促进规划与土地政策深度融合，优化空间资源资产配置。二是重视规划涉及的财政政策研究。比如，在城中村改造过程中，研究资产整备、配置、运营策略，按需编制改造资金使用方案，促进改造资金综合平衡、动态平衡。三是强化政策体系化研究。以《中共河南省委、河南省人民政府关于建立国土空间规划体系并监督实施的实施意见》为基础，构建符合河南省发展实际的政策体系，为健全河南城市规划体系做好政策保障。

（四）健全公众参与机制，畅通公众参与渠道

构建城市规划体系，要坚持"开门编规划"，使规划编制的过程成为广纳民意、集中民智、凝聚民心的过程。一是强化规划成果宣传，提高公众参与度和积极性。依托国土空间规划"一张图"实施监督信息系统，建设公众参与信息化平台，一方面将复杂的规划转换为可视化、大众通俗易懂的版本，让老百姓看得明、听得懂；另一方面实现数据共享、信息交互和意见反馈，对老百姓关切的问题及时进行反馈，同时对规划成果进行动态维护和更新。二是逐步完善公众参与制度，强化法律保障。从立法层面对公众参与规划进行规范与保障，建议在省级规划管理条例中明确提出公众参与规则和要求，规范公众参与的程序性内容，用法律保障公众全过程参与城市规划体系构建的权利。三是进一步畅通公众参与渠道。除了传统的调查问卷、座谈沟通、电子邮件等方式外，还应利用移动客户端、新媒体、网络平台等媒介，积极拓展公众参与渠道，构建多元化、宜参与的新平台，完善公众参与网络

体系，最大限度地保障渠道安全畅通，营造公众参与的浓厚氛围，真正实现最广泛的社会公众参与。

参考文献

《全国国土空间规划年会：深化多规合一改革，健全城市规划体系》，"澎湃新闻"百家号，2024年9月28日，https：//baijiahao.baidu.com/s？id＝1811447576201673988&wfr＝spider&for＝pc。

许槟：《完善城市规划体系建构，推进城市治理水平提升》，《人民政协报》2024年5月14日。

《中共河南省委、河南省人民政府关于建立国土空间规划体系并监督实施的实施意见》，河南省自然资源厅网站，2020年4月20日，https：//dnr.henan.gov.cn/2020/04-20/1855209.html。

《中共中央关于进一步全面深化改革、推进中国式现代化的决定》，中国政府网，2024年7月21日，https：//www.gov.cn/zhengce/202407/content_6963770.htm？sid_for_share＝80113_2。

中国城市和小城镇改革发展中心专题研究组：《新发展阶段优化重大生产力布局的内涵特征、重点任务和对策举措》，《区域经济评论》2023年第2期。

B.12 驻马店以智慧城市建设驱动产—城—人融合发展研究

张新勤 张文静*

摘　要： 近年来，驻马店积极贯彻落实党的二十大报告中"打造宜居、韧性、智慧城市"的要求，通过智慧城市建设构建产业升级、人才集聚、城市建设良性互动、融合发展的创新机制，形成了产—城—人融合发展的良性循环，有力推动了区域经济社会高质量发展。但与此同时，驻马店以智慧城市建设驱动产—城—人融合发展仍存在智慧产业发展力度有待进一步加大、城市治理精细化水平有待进一步提升、数字化专业人才尚未满足智慧城市建设需求等问题，需要在推动产业数智化转型发展、提升城市精细化治理水平、培养和引进数字化专业人才等方面进一步发力。

关键词： 智慧城市建设　产—城—人融合发展　驻马店

一　智慧城市建设与产—城—人融合发展的基本内涵与逻辑关系

（一）基本内涵

1. 智慧城市建设

党的二十大报告提出"打造宜居、韧性、智慧城市"的要求[①]，为以智

---

* 张新勤，黄淮学院产业创新发展研究院企业营商环境研究所所长、副教授，主要研究方向为公共管理；张文静，黄淮学院产业创新发展研究院副院长、教授，主要研究方向为城市发展与社会治理。
① 《习近平：高举中国特色社会主义伟大旗帜　为全面建设社会主义现代化国家（转下页注）

慧城市建设驱动产—城—人融合发展指明了方向。"智慧城市"是随着时代发展而产生的新兴概念，在探索和建设智慧城市的过程中，国内外对智慧城市的定义尚未有统一的认识。笔者综合相关学者观点，对智慧城市的基本内涵做出界定，即运用物联网、大数据、云计算等现代信息技术，通过建设智慧化的应用平台，优化城市资源配置，促进产业转型升级，提升城市治理水平，提高居民生活质量，使城市空间布局更合理、城市功能更完善、城市竞争力更强大，为居民创造一个方便、舒适的生活空间，提升居民幸福感和获得感。

2. 产—城—人融合发展

产—城—人融合发展是"产城融合"理念的升级版，是对"产城融合"的深化和细化。产—城—人融合发展是指以城市为基础，以产业为保障，以人才为支撑，实现以产兴城、以城促产、以产聚人、以人旺城，构建资源共享、空间互补、产业集聚的城市发展新格局。其中，产业是产—城—人融合发展的基础，是联系人才与城市的纽带，产业发展必然带来人才集聚；城市是人才集聚和产业发展的承载空间，为产业发展和人才成长提供优良的外部环境；人才集聚也必然会促进产业兴旺和城市繁荣。

（二）逻辑关系

1. 产—城—人关系

产—城—人是一个复合系统，人才、产业和城市是促进发展的3个基本元素，三者相互促进、互为条件。

（1）产—人关系

产业为人才提供就业平台和发展空间，产业的发展壮大能够吸引更多的就业人口；人才事关产业兴衰，人才集聚带动产业健康高速发展，产业做大做强需要人才的智力支撑。

（接上页注①）而团结奋斗——在中国共产党第二十次全国代表大会上的报告》，中国政府网，2022年10月25日，https://www.gov.cn/xinwen/2022-10/25/content_5721685.htm。

(2) 产—城关系

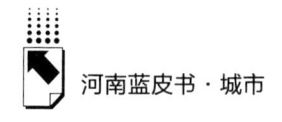

产业是城市发展的先导性因素,而城市是产业发展的载体。随着产业融合发展、产业边界模糊、新兴产业涌现等趋势显现,城市中心将成为集生产、生活、生态等多种功能于一体的新型经济空间载体,职住平衡也是其中的重要内容之一。

(3) 城—人关系

人是城市建设和发展的核心要素,为城市提供发展的动力;人的年龄结构、性别结构、数量变化以及常住人口和流动人口的比例对城市的基础设施建设和公共服务配置提出了动态的需求,城市需适时地扩展其规模并优化功能布局;城市为人提供居住、交通、购物等多种配套服务,是人口集聚空间,为人才成长提供优良的外部环境。

2. 智慧城市建设与产—城—人融合发展的关系

智慧城市整合物联网、大数据以及地理信息系统等现代技术,强调城市与人、产业与人相匹配,倡导"以产聚人、以人兴城、产城融合"的发展道路,是一种有效强化城市治理、更好促进城市发展的新模式。智慧城市建设让产、城、人共同迈入智能时代,从而实现更好互动、更快链接、更深融合。

智慧城市建设为城市产业发展注入了新的活力。通过信息技术的广泛应用,传统产业得以转型升级,新兴产业则获得了蓬勃发展的机会。一是传统产业智能化升级。在智慧城市框架下,智能制造、智能物流、智能服务等新业态持续兴起,提高了生产效率和服务质量。二是新兴产业的发展。智慧城市为大数据、云计算、人工智能等新兴产业提供了广阔的发展空间,带动了数据分析、数据挖掘等服务业态的兴起,为经济发展提供了新的增长点。三是创新生态的构建。智慧城市注重创新生态的构建,通过政府、企业、高校和研究机构的紧密合作,形成产、学、研、用一体化创新体系。

智慧城市建设使城市更加绿色、可持续。一是绿色发展模式的推广。智慧城市通过智能技术实现资源的高效利用和环境的精细化管理。例如,智能电网可以实现电力的精准调度和分配,减少能源浪费;智能交通系统可以优化交通流，减少拥堵和排放。二是可持续城市规划的实施。通过大数据分析和模拟预测，城市规划者能够更加科学地制定城市发展战略、明确空间布局，确保城市发展的前瞻性和可持续性。比如，利用大数据分析城市人口流动和交通状况，可以合理规划城市基础设施和公共服务设施。

3. 智慧城市建设提升了人民的生活质量和幸福感

一是营造更加舒适的人居环境。智慧城市通过智能技术改善城市环境、提升公共服务水平、增强社区凝聚力，营造宜居的城市环境。二是提供高效便捷的公共服务。通过电子政务平台、移动应用等手段，政府可以提供更加便捷、高效的公共服务，满足居民多样化的需求。三是社会治理更加精细化。智慧城市通过智能技术实现社区管理、公共安全、环境保护等领域的精细化治理，提高社会治理的效率和水平。总之，智慧城市承载产业发展空间，为人才提供宜居环境；产业是驱动智慧城市完善服务配套的保障；人才是促进城市运转和产业集聚的支撑。只有产业、城市、人才三者有机融合，才能推动智慧城市可持续发展。

二 驻马店以智慧城市建设驱动产—城—人融合发展的做法与成效

近年来，驻马店积极探索以智慧城市建设驱动产—城—人融合发展的"驻马店模式"，即以智慧城市建设为基础，运用物联网、大数据、云计算等现代信息技术，提升城市治理水平，优化资源配置，促进产业转型升级，提高居民生活质量，使产业发展、城市发展、人的发展形成相互顺应、相互促进的良性关系，助推产—城—人融合与高质量发展。

（一）出台政策支持，为产—城—人融合发展赋能

1. 新型智慧城市建设政策支持

为深入贯彻落实党中央和河南省关于建设智慧城市的战略要求与总体部署，驻马店先后制定《驻马店市新型智慧城市建设总体规划（2020—

2023年）》（驻政〔2020〕2号）、《驻马店市新型智慧城市建设实施方案（2019—2023年）》（驻政〔2020〕3号）和《加快推进新型智慧城市建设的通知》（驻政办〔2020〕46号）等文件，明确智慧城市建设的整体目标、重点任务和保障措施，为驻马店智慧城市建设提供了有力的政策支持和规划引领。

2. 新型基础设施建设政策支持

在新型基础设施建设方面，驻马店出台《驻马店市支持新型基础设施建设若干政策》（驻政办〔2023〕38号），强调加快构建高水平新型基础设施体系，有力支撑了全市经济社会高质量发展；出台《驻马店市重大新型基础设施建设提速行动方案（2023—2025年）》（驻政〔2023〕26号），计划到2025年，新型基础设施建设水平力争进入全省第一方阵，通信网络、智慧交通、智慧能源等领域快速发展，算力基础设施、重大科技基础设施等领域加快突破，争创传统基础设施升级样板[①]。

3. 产业数智化转型政策支持

为加快传统制造业朝数字化和新型工业化方向转型，驻马店出台《驻马店市智能制造和工业互联网发展三年行动计划（2020—2023年）》和《驻马店市加快数字化转型推动制造业高端化智能化绿色化发展行动计划（2023—2025年）》（驻政〔2023〕23号），着力培育打造九大集群和15个重点产业链，以新一代信息技术与制造业融合为主线，坚持企业、行业、区域分类推进制造业数字化转型，大力发展高端制造、智能制造、绿色制造，实现产业数字化和数字产业化协同发展，助力建设制造强市、数字强市；出台《驻马店市支持驻马店智慧岛建设若干政策（暂行）》（驻政办〔2024〕19号），制定38条政策支持智慧岛建设；出台《驻马店市大数据产业发展行动计划（2023—2025年）》（驻政办〔2023〕2号），加快构建驻马店现代化大数据产业体系，为建设智慧城

[①] 《驻马店市重大新型基础设施建设提速行动方案（2023—2025年）》，驻马店市人民政府网站，2024年1月12日，https://www.zhumadian.gov.cn/html/site_gov/articles/202401/187909.html。

市提供坚实保障①。

4.招才引智政策支持

为吸引人才、留住人才、成就人才，提升驻马店城市功能品质和人才的契合度，力争实现更多的人才就业创业，驻马店出台《关于印发驻马店市深化"院士经济"发展 推进产业转型升级工作方案的通知》（驻政办〔2022〕39号）、《关于加强和改进新时代驻马店市人才工作的实施意见》（驻人才〔2023〕1号）、《驻马店市市直单位引进人才操作办法（试行）》（驻人才〔2023〕2号）、《驻马店市人才引领·智汇天中行动计划（2024—2026年）》及《驻马店市促进青年人才就业创业实施意见》（驻政办〔2024〕10号）等文件，大力实施人才强市战略，进一步发展"院士经济"，集聚高层次人才及产业链有关企业、资本，协同创新，努力推进产业转型升级，实现区域创新能力和竞争力的大幅提升。例如，相关文件规定，对新来驻马店就业并购房的全日制博士生、全日制硕士生、普通高等院校本科生、大中专生（含技工院校）分别给予5万元、3万元、2万元、1万元购房补贴②；驻马店市工业发展领导小组印发《驻马店市选聘博士总工实施方案》，鼓励市内高等院校、科研机构的博士根据工业企业需求开展有针对性的服务，为驻马店经济发展提供智力支持③。

（二）夯实数字底座，为产—城—人融合发展奠定基础

1.加强数字基础设施建设

近年来，驻马店扎实推进"三化"改造，5G网络建设工作成效显著，万兆光网规模以上工业企业光纤入户率达100%，驻马店被评为"全国千兆城市"；建设5G基站9621个，5G终端用户达361万户，为产业数字化发展

---

① 《驻马店市大数据产业发展行动计划（2023—2025年）》，驻马店市人民政府网站，2023年2月6日，https：//www.zhumadian.gov.cn/html/site_gov/articles/202302/171443.html。
② 《驻马店市促进青年人才就业创业实施意见》，驻马店市人民政府网站，2024年5月17日，http：//nyncj.zhumadian.gov.cn/shows/11/2067.html。
③ 《驻马店开展选聘"博士总工"活动 博士入企"才"富变财富》，"大河网"百家号，2024年7月15日，https：//baijiahao.baidu.com/s? id=1804602355540466594&wfr=spider&for=pc。

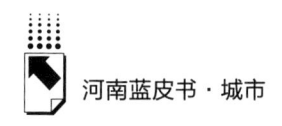

提供了坚实基础①。2023年1~11月，驻马店工业技改投资增速达63.4%，高于全省平均增速46.1个百分点；全市累计建成云计算数据中心3个，标准机架数量超过1000架②。同时，加快推进网络基础设施建设，2023年，中国移动驻马店分公司宽带客户突破了150万户，其中千兆宽带客户近40万户，千兆小区数量已达1万余个③。

2. 持续推进数据资源汇聚

一方面，驻马店市大数据中心平台与市城管局达成GIS数据共享协议，与政务服务平台等实现数据互联互通、实时共享，推动水、电、气、暖等民生数据与市大数据中心平台对接；累计对接21个业务部门，汇聚了20个数据库、346张表、23个服务接口，累计归集15.81亿条数据，整合各类视频6万多路，实现全市主要视频监控的接入④。另一方面，驻马店智慧岛项目建设成效显著，"1核+4区+多组团"的发展格局正在形成，空间、载体、机构、企业、生态"五位一体"有序推进，数据资源加快汇聚，带来巨大的数据经济价值⑤。

3. 优化政务服务移动端

驻马店重点优化"咱的驻马店"App和12345热线平台等政务服务移动端。其中，"咱的驻马店"App围绕群众的衣、食、住、行等多样化需求，通过持续建设运营，不断优化、迭代新型数字城市服务体系，构建"政务+便民+利企"的城市综合服务生态圈⑥，打造了交管导航、人才就

---

① 《驻马店制造：加"数"转型 聚"智"奔跑》，河南省人民政府网站，2024年5月6日，https：//www.henan.gov.cn/2024/05-06/2987000.html。
② 《以"工"笔提振经济加快培育更多新质生产力》，驻马店市工业和信息化局网站，2024年1月19日，https：//gxj.zhumadian.gov.cn/web/front/news/detail.php？newsid=35646。
③ 《驻马店移动 加快"双千兆"网络深度覆盖 实施千兆城市建设》，"河南日报农村版"百家号，2023年8月19日，https：//baijiahao.baidu.com/s？id=1774625698728507493&wfr=spider&for=pc。
④ 数据来源：笔者对驻马店智慧城市建设情况的调研资料。
⑤ 《驻马店制造：加"数"转型 聚"智"奔跑》，河南省人民政府网站，2024年5月6日，https：//www.henan.gov.cn/2024/05-06/2987000.html。
⑥ 《"咱的驻马店"App荣获"智慧城市数字化典范案例"》，网易，2023年12月13日，https：//www.163.com/dy/article/ILRCHQB90514AJ91.html。

业、企业专区、文旅专区、生活圈等一系列服务场景，改变了大多数用户认为政务服务App只涉及政务事项办理、信息查询等功能的传统观念[①]，并获评2023年度"智慧城市数字化典范案例"[②]；驻马店把12345热线平台与政务服务网、市民中心及城管、人社、住房、交通、市场监管、医保等系统平台联通，建设了全省第一个"5G+12345热线"智慧平台。该平台开发了5G视频受理、远程督办、线上会商等功能，通过工单推送、电话对接、线下联办等方式，推动政务服务线上线下一体化[③]。2023年，驻马店12345热线平台成功入选国家级社会管理和公共服务综合标准化试点项目[④]。

（三）强化数智创新，为产—城—人融合发展增添动力

1.传统产业智能化升级

在建设智慧城市框架下，驻马店加快推动人工智能、大数据、云计算、5G等数字技术与传统产业的深度融合，推广应用工业机器人、智能物流等智能装备，支持建设一批智能工厂、数字化供应链和数字园区；依托黄淮学院成立驻马店市大数据发展研究院、"中国药谷"（驻马店）研究院等平台，持续推动产业数字化转型[⑤]。例如，今麦郎饮品股份有限公司布局9条智能生产线和42个数字化智能系统，实现全流程数字化控制和智能化生产；天方药业打造云计算中心等智能系统，生产效率提高15%，产能提升30%，能耗下降21%，引领医药制造向标准化、数智化转型升级；王守义十三香调味品集团以数字化技术赋能传统调味品生产工艺，从传统的"手工作坊"

[①]《驻马店深化政务服务应用"场景"打造群众满意的城市服务平台》，促进网，2024年4月17日，http://www.ceirp.cn/zhzw/hyyw/2024-04-17/10746.html。
[②]《"咱的驻马店"App荣获"智慧城市数字化典范案例"》，网易，2023年12月13日，https://www.163.com/dy/article/ILRCHQB90514AJ91.html。
[③]《驻马店："12345"架起便民利企"连心桥"》，驻马店网，2023年12月31日，2023年12月21日，http://www.zmdnews.cn/2023/1221/780549.shtml。
[④]《科技创新"蓄势赋能"新质生产力》，《驻马店日报》2024年3月5日。
[⑤]《激发创新活力　汇聚发展动能》，《驻马店日报》2024年4月1日。

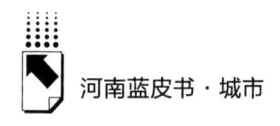

转型为现代化的"智能工厂"①。

2. 发展新兴产业和未来产业

近年来,驻马店市委、市政府以建设制造强市和数字经济强市、打造现代化区域中心城市为目标,围绕九大产业集群项目建设,加快引进和培育新能源、新材料、人工智能、生物技术、生命科学、互联网和大数据等战略性新兴产业和未来产业,加强创新主体培育和创新平台载体建设②。2023年,驻马店规模以上工业企业研发活动覆盖率达82%,位居全省第三;新认定国家高新技术企业90家、省级"瞪羚"企业8家、省绿色技术创新示范企业1家;备案入库国家科技型中小企业654家;天方药业、鹏辉电源被评为省级"头雁"企业,豫龙同力被评为河南省绿色建材生产综合基地创建单位③。2023年,成功签约31个新能源产业项目,总投资额高达202.1亿元④,这标志着驻马店锂电储能产业链从上游原材料供应、中游电芯制造到下游储能装备集成的完整布局已初步形成。

(四)聚焦民生服务,为产—城—人融合发展提供保障

1. 建立"未诉先办"工作机制

聚焦政务投诉源头预防、前端化解,积极推动"有诉即办"向"未诉先办"延伸,高效解决企业和群众办事的堵点、难点问题,通过市大数据中心平台算法仓库对接入的视频进行智能分析,自动识别垃圾暴露、非机动车乱停乱放等26种城市事件,自动推送到12345热线平台,并在有关部门处理后通过摄像头二次确认,形成事件处置闭环,构建城市治理智能化新模

---

① 《驻马店制造:加"数"转型 聚"智"奔跑》,河南省人民政府网站,2024年5月6日,https://www.henan.gov.cn/2024/05-06/2987000.html。
② 《驻马店:产业集群"向新而行" 经济发展"换道领跑"》,河南省人民政府网站,2024年3月8日,https://www.henan.gov.cn/2024/03-08/2959152.html。
③ 《驻马店:以科技引领产业蝶变 加快培育新质生产力》,河南日报客户端,2024年3月8日,https://app-api.henandaily.cn/mobile/view/news/28593452977907302445 0352。
④ 《我市新能源电池产业发展迅猛》,《驻马店日报》2023年12月25日。

式[1]。2023年，驻马店市、县、乡三级政务大厅"有诉即办"窗口受理并解决424件，接诉响应率、群众满意率均达100%[2]。驻马店"未诉先办"工作机制入选河南省2023年7月优化营商环境十大案例。

2. 数字赋能公共服务优化升级

驻马店运用数字手段赋能出行、民生、住房、医疗等传统公共服务优化升级，推动"高效办成一件事"。例如，市政务服务中心实现了公积金、不动产、医保、人社、公安、企业开办、工程建设投资等服务的线上预约，并推出涵盖20多个部门的"场景式"政务服务引导，有效缓解了线下服务大厅的窗口排队压力，减少市民往返耗费，避免企业分批提交材料，提高审批效率。2023年累计在线预约办事13457次；实时公交累计在线使用人数达29.3万人次，让市民乘车更快捷；水、电、燃、暖等生活缴费应用场景得到延伸，让市民获得更好体验；居民"一卡通"推动便民服务"零距离"；不动产权证书等125类电子证照服务让群众办事更便捷[3]。为了实现对窨井盖状态的全面监控与管理，驻马店创新性地采用在井盖内部嵌入智能监测终端设备的技术方案，实时监测窨井盖的倾斜、位移以及满溢等问题，在最短的时间内消除问题隐患，有效预防了安全事故的发生，提升了市民的安全感、幸福感[4]。

（五）加大"筑巢引凤"力度，为产城人融合发展提供智力支持

1. 实施人才引育系列工程

人才是科技创新的重要支撑，智慧城市的创建和产业的转型升级离不开高水平的人才。近年来，驻马店坚持"做优服务、聚才兴市"，构建重才留才服务体系，先后实施了高端人才引聚工程、"智汇驻马店"人才工程、天

---

[1]《我市新型智慧城市建设初见成效》，《驻马店日报》2023年9月15日。
[2] 数据来源：笔者对驻马店智慧城市建设情况的调研资料。
[3]《驻马店深化政务服务应用"场景"打造群众满意的城市服务平台》，促进网，2024年4月17日，http://www.ceirp.cn/zhzw/hyyw/2024-04-17/10746.html。
[4]《我市新型智慧城市建设初见成效》，《驻马店日报》2023年9月15日。

中青年英才工程、企业经营管理人才提升工程、卓越工程师培育工程、专业技术人才成长工程、能工巧匠铸造工程等人才引育系列工程，形成"以人才引领创新、以创新推动发展、以发展集聚人才"的良性循环，高层次人才与新兴产业实现"双向奔赴"，推动了人才高效集聚，整体提升了城市人口质量，进一步提升城市人气、发展城市经济、激发城市活力，成功走出了一条产—城—人融合发展的创新之路，为推动产业转型升级提供了重要支撑。截至2023年，驻马店累计柔性引进院士29名、中原学者10名[1]，带动发展农产品加工1个2000亿元级，生物医药、防水2个500亿元级以及食用菌、花生等7个100亿元级产业集群[2]。

2. 打造人才发展高端平台

产业升级需要科技赋能，优势再造离不开平台支撑。近年来，驻马店加快建设新型产业技术研究机构，支持企业建设创新平台，强化产学研合作，重点支持制造业创新中心、产业创新中心、企业技术中心、新型研发机构等领域投资建设，支持院士及其团队科技成果和重点项目在驻马店转化，打造产业创新平台。2022年，"食用菌院士"李玉及其团队在泌阳县设立国内首家真菌研究院士工作站，攻克了全日光栽培黑木耳等8项关键技术，筛选培育出39个品种，创造经济效益100多亿元；为助推建筑防水产业迭代升级，平舆县多方联系中国工程院院士王复明，与河南蓝翎环科防水材料有限公司合作共建国内首家防水防护院士工作站，并在平舆县首创全国坝道工程医院，综合开展各类工程设施防护试验应用，带动发展建筑防水企业近2000家，产值突破600亿元；驻马店牵手刘昌孝、于金明等院士团队，合力打造"中国药谷"，建设中国医药创新基地[3]。

---

[1] 《科技创新"蓄势赋能"新质生产力》，《驻马店日报》2024年3月5日。
[2] 《"院士经济"成为驻马店产业发展新引擎》，网络问政，2024年2月27日，https：//wlwz.zmdtvw.cn/index/article/hot_news/id/7489.html。
[3] 《驻马店："院士经济"赋能"换道领跑"》，驻马店网，2022年4月19日，http：//www.zmdnews.cn/2022/0419/696966.shtml。

三 驻马店以智慧城市建设驱动产—城—人融合发展存在的问题与对策建议

尽管驻马店在以智慧城市建设驱动产—城—人融合发展方面取得了一定成效,但与全国领先地区相比,仍存在一定的差距,面临一些亟待解决的问题。驻马店应坚持产—城—人融合发展理念,在产业配置、规划布局、民生建设等方面着力推进,实现以产兴城、以产聚人、以城促产、以人旺城,构建资源共享、空间互补、产业集聚的产—城—人深度融合与良性发展新格局。

(一)存在的问题

1. 智慧产业发展力度有待进一步加大

智慧产业发展是智慧城市建设的动力,智慧城市建设只有与智慧产业发展相结合,才能不断推进产业结构向高端化发展,真正实现"产城融合"。然而,目前驻马店科研投入与创新能力相对不足,导致高新技术产业、战略性新兴产业等与智慧城市密切相关的产业总体规模不大、核心竞争力不强。例如,2022年驻马店研究与试验发展(R&D)经费投入强度(0.98%)低于全省平均水平(1.86%)[1]。2024年驻马店综合科技创新水平指数值仅为54.33,低于全省平均水平(77.21)[2]。因此,驻马店智慧城市建设亟须与智慧产业发展有机融合,从而起到优化产业结构、助推经济转型发展的良好作用。

2. 城市治理精细化水平有待进一步提升

驻马店在城市治理精细化方面存在不足,主要表现为人性化制度设计还不完善,市场主体、社会组织、居民等多元主体参与共治共享的机制尚未健

---

[1] 数据来源:《2022年河南省研究与试验发展(R&D)经费投入统计公报》。
[2] 数据来源:《河南省区域科技创新评价报告2024》。

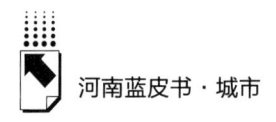

全，疏导性的管理方法研究还不够，尚未完全适应现代城市治理的要求。同时，政务大数据分析存在不足，对政府决策的参考价值有限，信息化手段运用不充分，数字化城管平台部件普查更新滞后，视频监控资源跨部门共享尚未满足需求，智能化程度还有待提高。

3. 数字化专业人才尚未满足智慧城市建设需求

智慧城市建设需要大量的专业化人才和专业技术支持，尤其是新型智慧城市的建设，必然要引入大量的数字化人才。目前，驻马店掌握基础软件、高端芯片、电子专用设备和电子材料等核心基础信息技术的高层次人才存量少，人才结构不合理，数字化专业人才缺口较大，技术创新和人才培养力度不足，导致智慧城市的整体建设进程受到一定限制。

（二）对策建议

1. 推动产业数智化转型发展，提升产—城—人融合发展强度

加大科技研发投入力度。一方面，围绕驻马店生物医药、新材料、新能源、高端装备制造、新一代信息技术等产业，开展技术创新攻关，积极推动产业链、创新链、人才链、资金链深度融合，支撑产业做大做强。另一方面，支持鼓励企业加大研发投入力度，充分发挥科技财政投入的引领作用，营造鼓励研发的浓厚氛围，辐射带动全市增加研发费用投入，进一步提升科技创新能力。

培育壮大科技创新主体。实施科技领军企业、高新技术企业、国家和省科技型中小企业、"专精特新"中小企业、绿色工厂、单项冠军企业、军民融合企业、规模以上工业企业和首台（套）重大技术装备产品企业培育壮大工程，精准制定支持措施，在企业申报、融资、引智等方面提供全方位服务，促进科技企业蓬勃发展。聚焦数字产业化和产业数字化的核心领域，强化数字经济的顶层战略规划，发挥高效信息技术创新的潜在优势，为数字经济发展注入强劲动力，促进实体经济与数字经济的深度融合、协同发展。

加快数智化转型步伐。鼓励中小企业加快新一代信息技术应用，围绕工业互联网内外网、工业互联网平台、工业信息安全等培育创新发展重点项目，推动企业个性化定制、平台化设计、智能化生产、网络化协同、服务化延伸、数字化管理等新模式应用①。聚焦产业数字化，实施"上云用数赋智"行动，加快企业智能化改造和传统产业赋能提升，提升中小企业数字化、网络化水平。组建专家库，积极为企业提供上云用云、智能制造、工业互联网应用等诊断服务，并量身定制转型方案②。

大力发展高端智慧产业。提升智慧城市的核心竞争力需要以高端智慧产业为强大动力。一方面，驻马店市委、市政府要在土地、财政、税收等方面对智慧产业进行政策扶持，使产业、人口以及相应服务设施、配套设施能够精准匹配，以便更有效地为智慧城市规划提供指导。另一方面，市政府应将智慧城市建设与协调推进新型工业化紧密结合，通过积极推进"数智+"行动，优化全市主要产业的市场和供应链，把现代服务业作为重点产业，努力打造新的产业增长点。

2. 提升城市精细化治理水平，提升产—城—人融合发展深度

提升"人本管理"水平。将"人民至上"理念贯穿智慧城市建设与管理全过程，始终服务民生需求，聚焦群众反映强烈的突出问题、难题顽症和瓶颈短板，坚持将源头治理与常态化长效治理相结合，坚持重点区域和一般区域、中心城区和郊区农村全覆盖，分级分类、精准施策，着力建设零碳智慧园区，助力城市全面向内涵集约、绿色低碳的发展方式转变，努力提升市民群众的获得感、幸福感、安全感。

构建数智化管理模式。驻马店市政府要进一步利用大数据分析城市问题、预测发展趋势、制定精准政策，提高决策的科学性和有效性；综合运用现代化信息技术，拓展数字化城市管理平台功能，加快城市信息管理平台建设，进一步整合城市公共设施信息和基础设施数据资源，推动城市管理向精细化、数智化迈进，为智慧城市建设与管理提供优质服务③；持续发挥好

---

① 《河北：实施四大工程加速两化融合》，《中国电子报》2023年4月11日。
② 《激发创新活力 汇聚发展动能》，《驻马店日报》2024年4月1日。
③ 刘文静：《城市精细化管理的优化路径研究——以福建省泉州市为例》，《中国资源综合利用》2024年第2期。

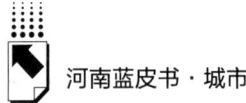

12345热线平台的作用，畅通市民反映问题的渠道，引导和鼓励市民参与城市管理工作。

推进多元协同治理。多元参与是智慧城市建设的核心动力和保障。首先，驻马店市政府作为智慧城市建设的主导者，要设立专门的机构或委员会，站在全局的高度进行统筹规划和协调，突破行政区划限制，打破部门壁垒，制定智慧城市发展统一规划和标准，推动信息共享和资源整合。其次，要建立与社会公众紧密联系和有效沟通的机制，积极倾听居民的需求和意见，确保智慧城市建设更加符合民意、贴近民生。最后，要加强高校、科研院所、行业组织、媒体等各方的参与和支持，共同推进智慧城市建设。

3. 培养和引进数字化专业人才，拓展产—城—人融合发展广度

加大人才培育力度。驻马店市政府应当持续加强智慧城市建设领域的数字化人才培养和引进，通过构建人才基地、推动产学研协同创新等途径，鼓励数字化企业设立实习实训基地，与高等教育机构、科研机构和创新中心合作，培养区域性的数字化人才。同时，建立数字化人才培养和引进跟踪评估机制，定期对培养效果和引进成果进行评估和反馈，根据评估结果及时调整和完善相关政策措施，确保数字化人才的培养和引进工作始终保持精准高效。

构建智慧城市建设专家库。结合驻马店智慧城市建设的实际需求，制定智慧城市建设专家库的入库标准，包括专业背景、工作经验、学术成就等方面；构建公开透明的选拔机制，通过推荐、评审等方式，选拔具有丰富经验和专业知识的智慧城市建设专家；确保专家库包含来自不同领域的专家，如城市规划、信息技术、环境保护、交通管理、公共服务等，以形成跨学科、跨领域的综合智库，为推进驻马店智慧城市建设提供全方位的专业服务和智力支撑。

完善人才服务保障体系。驻马店市政府要积极落实联系服务人才制度，在创新龙头企业、高校、科研院所等人才集中的单位建立定期沟通机制；实施人才安居工程，力争用5年左右时间使市区人才公寓总量至少达到1000套；建立人才一站式服务机制，打造高效便捷的线上线下服务模式；稳步推行"天中英才卡"制度，经认定的高层次人才可凭卡享受安居落户、子女入学、健康医疗、交通出行、政务服务、金融服务等"一卡通"服务，以此激励高层次人才为驻马店以智慧城市建设驱动产—城—人融合发展贡献力量。

参考文献

蓝宇蕴、黄泽深：《"产—城—人"融合与高质量发展导向的社会治理研究与探索——以广东省佛山市南海区狮山镇为例》，《西部学刊》2024年第11期。

李怡丹、黄嘉启：《智慧城市建设与区域产业经济融合发展的思考》，《产业创新研究》2024年第1期。

林强：《协调推进"产城人"融合发展高质量建设青年发展型城市》，《政策瞭望》2023年第12期。

宋苗苗：《推进"产城人"融合的十堰探索》，《学习月刊》2024年第8期。

张雯、丁宏、吴福象：《中国式现代化进程中"科产城人"融合的江苏实践》，《江苏社会科学》2023年第5期。

B.13
河南城市更新可持续推进策略研究

姚 晨*

摘 要： 城市更新可持续发展模式是在"增量转存量、开发转运营"的大趋势下提出的现代化城市治理新模式，具有规划目标的可持续、制度建设的可持续、运营模式的可持续、实施主体的可持续等主要特征。近年来，河南深入推进城市更新可持续发展，通过稳慎推进城中村改造、加强城市风貌塑造和历史文化保护传承、推动城市绿色发展和生态修复等手段，系统提高了城市发展品质和城市安全韧性。城市更新工作虽取得明显成效，但同时存在城市更新系统建设仍处于初级阶段、城市更新模式仍需不断创新、项目实施过程面临多重挑战等问题。基于此，应保证制度设计的完整性，形成城市更新管理闭环；提升参与主体的多元性，探索有机更新实施路径；实现效益提升的整体性，满足可持续发展需求。

关键词： 城市更新 可持续发展 现代化城市

城市更新是兼具发展、民生和治理属性的重大任务。城市更新已进入转型提质阶段，呈现存量空间的功能性转变、集约空间的多元化转变、更新效益的综合性转变等特征，不断促进资源要素优化配置，提升城市空间品质，促进城市内涵式发展。根据住房和城乡建设部公布的数据，截至2024年7月，全国已实施城市更新项目超过6.6万个，显著提高了城市高质量发展水平。党的二十届三中全会明确提出，建立可持续的城市更新模式，深化城

---

* 姚晨，河南省社会科学院博士后，河南省社会科学院政策研究室助理研究员，主要研究方向为区域经济、城市发展。

安全韧性提升行动。可持续的城市更新模式是顺应全球可持续发展理念的现代化城市治理模式，是在城市规划和改造过程中秉持目标的可持续、制度的可持续、主体的可持续理念，实现安全韧性增强、社会公平正义、物质空间优化、社会福祉增进、综合效益提高的模式。

近年来，河南全面贯彻新发展理念，遵循城市发展规律，坚持以人民为中心，加快转变城市发展方式。推动城市更新工作从大拆大建、大开大合的1.0阶段，转到局部优化调整城市功能的2.0阶段，目前正向建设开放共享的公共空间、推动绿色低碳可持续发展的3.0阶段迈进，逐步打造宜居、韧性、智慧城市。基于河南现阶段城市更新的现实基础和发展趋势，结合相关问题和面临的挑战，本报告提出推进河南城市更新可持续发展的对策建议，以期为相关部门提供决策参考。

一 推进河南城市更新可持续发展的重要意义

目前，河南已进入工业现代化和人口城镇化相互耦合的新旧动能转换阶段，以及城乡关系重构和城乡加速融合的关键阶段。住房和城乡建设部公布的数据显示，2022年底，河南省城市建成区面积达到3521.11平方公里，同比增长8.86%，城区人口达到2386.06万人，同比增长4.27%，城市功能不断完善，居住环境持续改善。但是，在快速城镇化和产业结构调整的双重影响下，河南城市逐渐呈现空间破碎重叠、空间整体功能下降、基础设施建设与运营滞后、社区空间韧性不足、经济空心化等问题。推进河南城市更新可持续发展能够从促进城市绿色智慧发展、传承城市历史文脉、提升城市安全韧性等方面协调城市发展和生态保护，完善城市功能，提升城市品质，对实现河南城市高质量发展具有重要意义。

（一）城市更新可持续发展是加强河南城市现代化治理的必然选择

提升城市治理科学化、绿色化、智能化水平，是深入推进河南城市现代化治理的重要内容。城市更新可持续发展模式遵循科学化的治理理念、采取绿色化的治理方式、应用智能化的治理技术，能够整体提高城市治理效能，是加强河南城市现代化治理的必然选择。一是治理理念的科学化。可持续发展思维将城市视为一个有机复杂的"生命系统"，强调尊重城市运行规律，科学布局生产、生活、生态空间，为城市现代化治理提供制度保障。二是治理方式的绿色化。城市更新可持续发展通过整合城市绿色空间、构建绿色出行体系、建设高品质绿色建筑等方式，为城市现代化治理提供绿色支撑。三是治理技术的智能化。城市更新可持续发展模式通过智能化、信息化技术实时监控城市关键基础设施运行状态，减少资源浪费，提高基层社会治理效率和能力，为城市现代化治理提供智力支持。

（二）城市更新可持续发展是增强河南城市安全韧性的根本动力

随着经济社会活动的快速推进，城市面临的安全风险复杂多样，城市更新可持续发展是增强城市安全韧性的根本动力，是城市更新"内外兼修"的重要表现。一是城市更新可持续发展模式能够站在更高的位势审视河南城市风险，统筹把握并应对风险。城市更新可持续发展模式从增强安全意识、优化建筑格局、加强工程建设、强化体制约束等方面，统筹推进城市更新工作；从规划的可持续性、工程的可持续性、运营的可持续性等方面综合提升城市的抗风险能力，增强城市安全韧性。二是城市更新可持续发展模式能够从根本上化解河南城市风险，标本兼治预防风险发生。城市更新可持续发展模式通过强化城市基础设施和公共安全，保障项目的工程建设质量，以城市生命安全工程建设为牵引，坚持未雨绸缪，以可持续发展原则开展安全保障建设，防患于未然，筑牢城市防线。三是城市更新可持续发展模式能够以系统思维推进河南城市风险治理工作。通过整体性治理机制的设计和创新，以遏制源头、注重过程、打通关键节点的系统思维为重要抓手，多措并举实现城市长期稳定安全。

（三）城市更新可持续发展是实现河南城市高质量发展的核心要素

城市更新可持续发展是实现城市高质量发展的核心要素。一是可持续城市更新能够科学合理地规划城市的生产、生活、生态空间，基于绿色发展理念，处理好河南城市生产生活和生态环境保护之间的关系。既能提高城市居民生活品质，又能提高经济社会发展质量。二是可持续城市更新能够将环境容量和城市综合承载能力作为确定城市开发强度的基本依据，通过推进城市绿化、湿地修复等工程，修复城市生态空间，提升河南城市的生态价值，完善城市功能。三是可持续城市更新能够推进生产生活低碳化，发展循环经济，利用节能环保技术，降低资源消耗，倡导绿色可持续的生活方式，从而实现经济社会绿色高质量发展。

二 河南城市更新可持续发展的现实基础

自党的十八大以来，河南新型城镇化建设持续推进，坚持走城市规划创新、建设创新、管理创新的高质量发展道路。目前，河南城市更新工作迎来转型提质的关键时期，《2024年河南省政府工作报告》明确提出，建设宜居、韧性、智慧城市，全面提升城市治理科学化、精细化、智慧化水平。现阶段，河南城市更新工作已取得显著成效，主要体现在顶层设计逐步完善、经济效益稳步提高、社会效益持续提升等方面。

（一）顶层设计逐步完善，政策体系逐步形成

一是国家战略全面布局，工作目标逐步明确。2019年中央经济工作会议首次提出了"城市更新"这一概念，指出要加强城市更新和存量房改造。"十四五"规划明确提出，实施城市更新行动，推动城市空间结构优化和品质提升。2021年，实施"城市更新"行动首次写入国务院《政府工作报告》，上升为国家战略。2024年7月，党的二十届三中全会提出，建立可持续的城市更新模式和政策法规，彰显了新时代城市更新行动可持续发展新内涵，也为河南未来的城市更新工作指明了方向、提供了遵循、明确了目标和路径。二是贯彻国家战略，制定省内工作方针。在国家战略的引导下，2021年河南省人民政府印发了《河南省国民经济和社会发展第十四个五年规划

和二〇三五年远景目标纲要》，提出推进城市更新，统筹新城区开发和老城区改造，推进市政基础设施提质升级和智能化改造，并在2021年的《河南省"十四五"城市更新和城乡人居环境建设规划》中明确了"十四五"乃至更长的一段时间全省城市更新工作的指导思想。随着全省各地城市更新理念的不断创新，2023年9月，河南省人民政府办公厅印发的《关于实施城市更新行动的指导意见》将建设宜居、韧性、智慧城市作为未来的工作目标，并将多元化、可持续的更新模式作为工作的总体原则之一。三是省—市—区协同联动，区域工作方案逐步细化。河南省各市围绕自身发展基础和突出矛盾，出台了具体的城市更新政策文件，如《郑州市城市更新条例》《洛阳市人民政府关于推动城市有机更新实现高质量发展的实施意见（试行）》《开封市城市更新行动工作方案（2021—2025）》等，形成了宏观—中观—微观的制度体系。

（二）经济效益稳步提高，城市发展势头日益强劲

一是引入高新技术产业项目，促进产业结构升级。河南省通过践行"项目为王"理念，以城市体检为牵引，系统性、整体性谋划项目，储备实施了一大批优质项目。2024年8月，河南省住房和城乡建设厅公布了河南省首批城市更新示范项目建设名单，共33个项目入选（见表1）。其中，航空港区中原医学科学城城市更新项目（一期）、郑州航空港经济综合实验区城市更新中原之窗起步区等项目，通过促进区域产业迭代升级，激发经济活力。二是打造特色文化产业，形成新的经济增长点。以郑州市二七区米房文化时尚产业创意园、开封复兴坊历史文化风貌保护提升项目、许昌市魏都区"再见三国"区域城市更新（一期）项目为例，它们将独特的城市文化和悠久的历史文化作为城市地方精神的内核，在避免城市更新"千城一面"的同时，形成新的经济增长点。三是以老旧社区、街区、城区改造带动相关产业发展。如信阳市平桥区2024年老旧小区改造项目（泰安小区），商丘市虞城县马牧老街、任家大院城市更新提升工程等项目，通过改造老旧区域，直接带动建筑业、房地产等相关产业的发展。同时，优质房企参与城市更新,能够以空间增值提高"地均""房均"效益,通过提高物业持有比例、延长期限,以长期运营收入平衡为目标规划改造投入,推动房企转变为长期运营商,保障经济效益的稳步提高。

表1 河南首批城市更新示范项目建设名单

城市	城市更新示范项目	城市	城市更新示范项目
郑州	郑州市二七区米房文化时尚产业创意园 郑州市经开区少年游全民健身体育产业园 新郑市黄帝故里核心景区改扩建项目 中牟县顺发路城市更新项目 荥阳市京城路街道腾飞片区项目 航空港区中原医学科学城城市更新项目（一期） 郑州航空港经济综合实验区城市更新中原之窗起步区项目	信阳	信阳市罗山县尤店老街街区改造项目 信阳市平桥区2024年老旧小区改造项目（泰安小区） 信阳市商城县北大街和西正街老旧小区改造提升工程建设项目（北大街） 信阳市浉河区大别红营建设项目 信阳大别山青创中心电商小镇
开封	开封复兴坊历史文化风貌保护提升项目 开封市火车站城市更新项目（一期） 开封金明池片区活化利用及业态提升项目 开封市联合收割机厂老旧工业区城市更新项目 开封宋都古城大运河历史风貌街区顺河坊（一期）项目	洛阳	洛阳市西工区王城路街道行署路完整社区 洛阳市新安县紫霞街片区提升改造项目 洛阳关林片区新文旅单元城市有机更新项目 洛阳市龙泰片区"O+EPC"城市更新项目
漯河	漯河市充电基础设施建设	商丘	商丘市虞城县马牧老街、任家大院城市更新提升工程
周口	周口市周家口南寨（沙南老街）历史文化街区城市更新项目 周口市关帝庙街区城市更新改造项目	许昌	许昌市示范区中央公园片区提升城市更新项目 许昌市襄城县明清古街修复改造项目 许昌市魏都区"再见三国"区域城市更新（一期）项目
安阳	安阳市西区截流渠工程	焦作	焦作市陶瓷工业文化创意园项目
济源示范区	济源示范区济水源文化旅游综合开发项目（二期）	驻马店	驻马店市城市运行管理服务平台 驻马店市驿城区城市道路排水管网设施更新改造工程

资料来源：河南省住房和城乡建设厅网站。

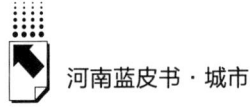

（三）社会效益持续提升，城市品质不断提高

一是城市基础设施日益完善，城市韧性逐步增强。河南省统计局公布的2024年1~8月全省固定资产投资数据显示，全省电力、热力、燃气及水生产和供应业投资增长11.2%，城建、民生、安全保障等领域的投资力度持续加大。同时，《2024年河南省重点民生实事工作方案》指出，持续推进城镇老旧小区改造提升，全年新开工改造不少于25万户；全年新建公共服务领域充电桩20000个，重点优化城区公用充电基础设施布局、完善县域充电基础设施，不断构建高水平基础设施服务体系。二是建设模式更趋多元，百姓生活更加丰富便利。随着河南省城市更新项目的深入实施，出现了一批类型丰富的成功案例，如产业聚能增效类的航空港区中原医学科学城城市更新项目（一期）、文化传承及特色风貌塑造类的开封复兴坊历史文化风貌保护提升项目、居住区综合改善类的信阳市平桥区2024年老旧小区改造项目（泰安小区）、基础设施提档升级类的漯河市充电基础设施建设等。三是文化效应更加凸显，以文化价值提升城市品质。"一部河南史，半部中国史"，城市更新不仅是河南城市存量空间重构的过程，也是华夏文明传承和创新的过程。河南首批城市更新示范项目中不乏城市文化传承和历史文化保护经典案例，如开封复兴坊历史文化风貌保护提升项目，深入挖掘具有宋文化特色的历史文化资源，加强文化符号的设计和融入，彰显"古今文明交相辉映"的城市风貌，对市级不可移动文物生产后街37号院进行保护性修缮，最大限度地恢复建筑原始韵味。再如开封宋都古城大运河历史风貌街区顺河坊（一期）项目，传承了开封古城"七角八巷七十二胡同"的历史记忆。

三 河南城市更新可持续发展面临的问题

改革开放以来，我国经历了世界历史上速度最快、规模最大的城镇化进程。在这个过程中，城市的空间、形态、功能发生了巨大变化，资源承载、生态保护、城市安全等压力持续增大。虽然河南城市更新取得了阶段性成效，但是在推进城市更新可持续发展的过程中仍面临诸多问题。

（一）城市更新系统建设仍处于初级阶段

一是河南省多地城市更新专项规划仍处于正在编制或尚未编制状态，城市体检仍处于初级阶段，导致全省统筹生产、生活、生态空间布局工作存在困难。并且，目前除了郑州市等城市更新工作开展较早的城市建立了详尽的系统化项目管理模式外，河南省大部分城市的城市更新数据库尚未建立完善，系统建设仍处于初级阶段，无法有效引导城市更新时序和流程。二是目前城市更新的政策制度设计仍采用以规划开发建设为主导的管理模式，如项目流程管理、工程监督等，项目后期的产业发展和运营管理部分缺乏行之有效的配套政策。三是现阶段顶层法律制度和中层实施细节较为完善，但是缺少对操作层面的具体要求，如土地性质调整、建筑用途变更、容积率转移等方面仍未有可落地的政策细则和操作指引。

（二）城市更新模式仍需不断创新

一是城市更新项目同质化现象显著。千篇一律的新城区、文化创意园在城市存量更新的过程中失去特色，新时代的"网红街区"也缺乏特色，在权衡经济成本和时间成本之后，失去了讲好城市故事、挖掘城市符号的机会。二是传统城市更新模式弊端显现。目前，城市更新主要采用三种模式，即房地产开发主导的拆除重建、国企主导民企参与的微改造、社会主导的自主改造。房地产开发主导的拆除重建大多偏向建造中高价格的商品房，导致群众满意度不高、居民幸福感缺失。国企主导民企参与的微改造导致民企无法实现成本收益平衡，项目后期归于国企主导。社会主导的自主改造实施难度大，落地困难。三是大尺度"手术式"的更新方式不符合可持续发展要求。城市"存量建设用地"的无序释放、对传统街区的拆旧建新，会产生新的城市问题，不仅带来了地方政府对土地财政的高度依赖，也抹去了城市的集体记忆，同时引发了更多隐藏的社会矛盾。

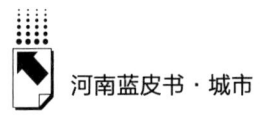

（三）项目实施过程面临多重挑战

一是城市更新类型多样化，涉及的规划红线、历史文化遗产保护的具体法律政策有待明确。河南是华夏文明集大成之地，有着"中国历史天然博物馆"之称。目前城市更新涉及历史文化保护、传统街区改造等不同类型，每种类型的更新项目所涉及的政、企、民等主体产权结构复杂，管理制度和限制均存在差异，相关制度安排欠缺。二是存量空间环境条件复杂，涉及主体多，协调管理难度大。存量阶段的城市更新注重对原有空间布局的调整，包括多样化、分散化的产权和物权协调管理工作，妥善解决多方群体的利益分配问题，成为顺利进行城市更新的重要环节。三是社会资本参与度不高，融资难现象突出。现阶段河南城市更新项目的市场化融资仍以银行贷款、非标融资居多，不动产投资信托基金、资产证券化、商业房地产抵押贷款支持证券等融资方式不够成熟，直接导致城市更新融资成为难题。

四 推进河南城市更新可持续发展的对策建议

城市更新是一项系统性工程，包括前期城市更新单元计划制定、城市更新单元规划编制、城市更新实施主体确认等工作，中期回迁安置、设施建设等工作，以及后期项目运营和维护等工作。因此，在城市更新的过程中，政策制定、规划设计、实施管理和运行治理应形成一个闭环管理模式，每一部分不能独立存在。实际上，城市的维护运行周期远远长于城市的建设周期，因此，在城市更新工作的前期更应该把眼光放长远一点，探索多主体、跨时间、可持续的利益统筹机制。

（一）保证制度设计的完整性，形成城市更新管理闭环

一是建立由"国家—省—市—区域"4个层面组成的系统性城市更新制度体系。战略的制定、目标的确立、具体的意见、实施的细则均需要确保制度的适配性和完整性。例如，基于河南"华夏古都""天下黄河"等特色文

化品牌优势,针对文化特色空间、风貌街区、特色建筑形成完整的管控体系,针对各物质空间要素提出一套统一、全面、可用于日常管理的控制细则,形成从规划建设到区域日常管理的完整制度体系。二是根据城市更新工作形势及时修订标准规范。城市更新是一项长期的系统性工程,应保证政策制定、规划设计、实施管理和运行治理环节的制度和机制的时效性。例如,在具体的实施细则中明确满足城市保护和更新区域特殊需求的技术规定和建设标准,根据城市更新项目特点及时修订。三是鼓励发挥数字网络、智慧城市等新技术的作用,参与城市体检和更新项目运营监测工作,形成管理闭环。让数字技术和人工智能深度参与城市更新的运营、维护工作,形成城市更新要素全过程精细化管理模式,建立"一网统管"的数字孪生管理系统,及时进行城市体检和运营监测,从根本上实现城市更新可持续发展。

(二)提升参与主体的多元性,探索有机更新实施路径

一是发挥市场机制的优势,鼓励市场主体参与开发。探索自上而下和自下而上相结合的城市更新机制,鼓励民间资本投入,建立优质的投资回报机制。鼓励所有权或使用权所有者参与更新改造,探索更新区域内房屋产权盘活机制,构建"政府—市场—社会"共建共治共享模式。二是加快城市更新技术创新,鼓励专业人员参与更新。统筹兼顾历史空间本体与周边环境、文化生态的保护,加快工程技术创新,特别是针对河南历史人文环境保护区域、生态环境脆弱地区等项目,应用既有建筑平推逆作、移位顺作、原位逆作技术及绿色低碳适应性技术等一系列关键技术,解决空间强约束难题,实现可持续发展目标。三是加大资金保障力度,充分发挥政府和市场的双重作用。一方面,建立并扩大政府融资平台,提高平台的社会影响力,鼓励房地产、建筑施工相关企业参与城市更新;另一方面,拓宽融资渠道,鼓励金融机构制定中长期金融贷款政策,丰富不动产投资信托基金等金融产品,完善项目经营性资产和相关资产的管理制度,鼓励将项目区域内的停车、广告等经营性资产以及城市更新后形成的相关资产、特许经营权或未来收益权注入项目实施主体。

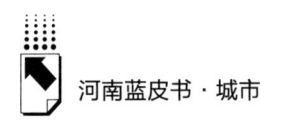

（三）实现效益提升的整体性，满足可持续发展需求

一是以提升经济效益为基础，实现经济综合发展和社会福祉增进。如在老工业区更新方面，应注重"文化旅游+工业"，鼓励建设工业遗产旅游项目，通过建设"产业发展时间馆"，提高产业发展历史的可阅读性。保护开发利用工业遗产，充分利用老厂房、废弃设施建设主题突出、产品丰富的工业文化创意园。二是注重文化传承性，促进城市更新和文旅文创融合发展。围绕河南的史前文化、中原文化、黄河文化特征，打造河南城市文化系列品牌。以重大水利工程、风景名胜、历史街区为依托，开发文创产品和旅游项目，深入挖掘城市文化资源，建设文旅小镇、主题公园等文旅项目，讲好城市文化故事，通过培育城市比较优势提升城市竞争力。三是遵循城市更新可持续发展理念，实现互促共赢。通过建立生态产品价值实现机制，综合提升生态效益，形成城市更新、文化旅游、商业运营与生态建设互促共赢的绿色可持续发展模式。

参考文献

成燕、孙雪苹：《郑州6个项目入选河南首批城市更新示范建设项目》，《郑州日报》2024年8月18日。

刘林：《城市公共环境设施的绿色化评价体系构建研究》，《生态经济》2023年第9期。

王侠：《我省2023年超额完成三项民生实事》，《河南日报》2024年2月6日。

B.14 构建河南房地产发展新模式研究

韩 鹏[*]

摘　要： 在中国房地产市场供求关系发生重大变化的背景下，传统粗放型房地产发展模式积累了多重风险，已经不适应中国经济社会发展需要。为此，国家提出加快构建房地产发展新模式，以更好满足人民群众美好居住生活需要。河南省积极落实党中央决策部署，在总体满足人民群众居住需求的基础上，持续开展相关探索，取得积极成效。然而，囿于对传统房地产发展路径的严重依赖，河南加快构建房地产发展新模式还面临区域城乡差异仍然明显、住房供应体系仍不完善、房地产市场形势依然严峻等问题，改革发展任务仍较繁重，亟待进一步优化房地产发展思路、完善住房供应体系、强化要素配置、加快改革创新发展。

关键词： 房地产　发展新模式　住房供应体系

随着中国房地产市场供求关系发生重大变化，过去"高负债、高杠杆、高周转"的企业经营模式和以土地财政为核心的城市开发机制已经不能适应新型城镇化发展新趋势，也不能满足人民群众日益多样化的住房需求。为此，党的二十届三中全会明确要求，加快构建房地产发展新模式。河南省积极落实党中央相关决策部署，努力在相关领域转变思路、创新机制、狠抓落实，随着各项政策的加快实施和深入落实、各类要素的有效投入，房地产发展格局发生了明显变化，房地产市场有了积极回应。

---

[*] 韩鹏，河南省社会科学院城市与生态文明研究所助理研究员，主要研究方向为城市经济、资源经济、自然资源管理。

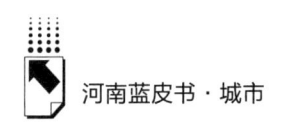

一 加快构建房地产发展新模式的时代背景

在新型城镇化快速发展阶段，住房供给紧张叠加人口由乡向城单向快速流动，房地产成为社会投资的重要载体。在这种背景下，形成以"高负债、高杠杆、高周转"为典型特征的传统粗放型房地产发展模式，导致房地产金融化、地方财政土地化、家庭债务快速扩张等一系列问题，越来越不适应新型城镇化高质量发展阶段城镇内涵式发展、人民群众多样化住房的需要。

（一）新型城镇化进入新阶段，内涵化差异化凸显

2019年，中国城镇化率超过60%，城镇化的深度和广度进入一个新的节点，新型城镇化进入了新的发展阶段，大规模人口由乡村地区向城镇单向迁移的动力持续减弱，以往全国范围内大中小城市和乡镇普遍扩张的趋势已经明显不存在，以城市群为载体、现代化都市圈为核心的新型城镇化发展格局日趋明朗。截至2023年底，中国城镇化率达到66.16%，5个省市超过75%，新型城镇化由普遍的外延型、粗放型扩张，转向以现代化都市圈培育、转移人口市民化、城市内部更新和安全韧性增强等为核心的内涵式发展，区域和城镇间竞争合作更加协调有序，城镇之间错位发展、互补发展的趋势日益明显，城镇更加关注内涵提升、特色发展。

（二）住房"有没有"的问题基本解决，结构性问题日益突出

改革开放后，特别是党的十八大以来，全国房地产快速发展，住房销售面积和安居型、保障性住房交付数量实现了长时间高位运行，城镇居民住房条件发生明显改变。根据第七次全国人口普查数据，截至2020年11月1日零时，全国城市家庭户人均住房建筑面积为36.52平方米，城镇为42.29平方米，大多数省份的城镇实现了家庭户人均1间以上住房。2024年8月23

日国务院新闻办公室举行的"推动高质量发展"系列主题新闻发布会上介绍，截至2023年底，我国城镇人均住房建筑面积超过40平方米，累计建设各类保障性住房和棚改安置住房6400多万套，超1.5亿名群众喜圆安居梦，低保、低收入住房困难家庭基本实现应保尽保。随着国家经济社会的发展和人口政策的调整，以及城镇居民经济条件的改善和家庭人口数量结构的变化，居民对居住生活的要求逐步提升，住房需求在量上仍有较大提升空间，青年人、新市民的住房问题还需努力解决，以住上好房子为目标，多样化住房需求日益成为房地产发展新趋势，供需不匹配的结构性住房问题日益突出。

（三）传统模式难以为继，新发展模式亟待构建

在过去较长时期城镇住房供给总体相对不足甚至紧张的情况下，特别是2000年以后房价长期过快上涨，导致明显的投资性甚至投机性和恐慌性购房，不但带来了房地产企业和城市的粗放型发展，也透支了未来很大一部分需求，形成了很大的风险隐患。房地产企业普遍追求速度和数量，采用了"高负债、高杠杆、高周转"的发展模式，甚至在严格的金融调控政策下，宁愿付出高成本、承担高资金链断裂风险，也要通过社会融资、境外融资实现快速扩张。地方政府以土地财政为核心，形成了以土地融资、土地开发为主的城市开发模式，城市债、平台债高企；为了对冲房价过快增长风险，甚至试图投机取巧，居民债务快速增加，消费能力急剧下降，在房地产市场供求关系发生重大变化、房价下降的趋势下，居民财富缩水，甚至部分家庭面临债务风险增大。房地产的这种以粗放型为主的传统发展模式，在当前国际国内经济环境下，导致市场过度金融化、土地资源错配浪费、地方财政来源畸形，带来了高风险、房地产泡沫等弊端，持续积累了大量的债务风险、金融风险，已不适应高质量发展的新要求，亟须构建新发展模式。

二 房地产发展新模式内涵要求与工作部署

中央经济工作会议2021年定调探索房地产业"新的发展模式"，

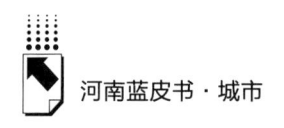

2022年要求房地产向新发展模式平稳过渡，2023年提出加快构建房地产发展新模式。构建房地产发展新模式在国家及各地区的试点探索和工作实践中逐步深入，内涵不断丰富，要求逐渐明确。

（一）房地产发展新模式基本内涵

尽管构建房地产发展新模式仍然在实践探索中，相关理论研究正在逐步深入，具体内涵仍在不断丰富，但从国家要求、部门和各地实践以及学术研讨中，房地产发展新模式的内涵已基本清晰，即在坚持"房住不炒"总体定位下，以满足人民群众对美好居住生活的需要为根本目的，以建设"好房子"为总体目标，坚持多渠道、多主体、租购并举，有力保障基本住房需求，有效供给多样化住房商品，实现住房保障事业与房地产业、房地产建设与经济社会发展的高度协调。

（二）房地产发展新模式基本要求

加快构建房地产发展新模式，要立足房地产发展现实基础，适应人民群众对美好居住生活的需要，适应经济高质量发展的要求。这对房地产发展理念、制度、机制等提出了新的要求。综合房地产发展总体布局和学界研究成果，这些要求主要包括：在理念上，要始终坚持"房住不炒"总体定位，以满足刚性和改善性住房需求为重点，努力让人民群众住上好房子；在制度上，要建立房屋体检、房屋养老金、房屋保险等制度，完善租购并举的住房制度，完善房地产税收体系；在机制上，要一视同仁满足不同所有制房地产企业合理融资需求，建立以政府为主的房地产市场调控机制；在要素资源上，要坚持以人定房、以房定地、以房定钱，建立"人、房、地、钱"房地产发展要素联动机制；在落实上，要实施好规划建设保障性住房、城中村改造和"平急两用"公共基础设施建设"三大工程"，建立完善以"市场+保障""租售并举"为核心的"多主体、多渠道"住房供给体系，增强住房保障能力，完善住房供应体系，强化房地产调控，增强城市韧性。

(三）构建房地产发展新模式工作部署

围绕加快构建房地产发展新模式，近年来党中央统筹协调、周密部署，相关部门深入调研，各地深入实践，出台一系列政策，扎实推进相关工作有序开展，着力满足城乡群众安居需求，推动房地产市场平稳健康发展。

一是完善住房供应体系。一方面，以加强保障性住房建设和供给为重点，国务院及有关部门印发政策文件，指导各地坚持以需定建、以需定购，加大保障性住房建设和供给力度，满足工薪收入群体刚性住房需求。另一方面，完善住房市场体系，加快完善住房租赁法律法规，规范房产中介行为，引导长租领域有序发展，有效保障群众住房租赁需求。

二是完善房地产发展要素联动机制。各地按照住建部门要求，陆续编制并公布年度住房发展计划，同时开展前期调查研究工作，积极谋划"十五五"住房发展规划，加强规划衔接和工作协调，从规划源头着手，建立"人、房、地、钱"房地产发展要素联动机制。

三是转变房地产经营方式。一方面，改变住房销售方式，各地加大现房销售项目建设力度，结合实际制定配套政策，推出一批约定现房销售的土地出让项目。另一方面，建立城市房地产融资协调机制，推出项目"白名单"制度，以城市为单元、以项目为对象，对不同所有制房地产企业合理融资需求一视同仁给予支持，推动房地产开发企业融资从依赖主体信用向基于项目情况转变。

四是完善房地产制度。研究建立房屋体检、房屋养老金、房屋保险制度，构建全生命周期房屋安全管理长效机制。加快建立租购并举的住房制度，补齐住房租赁发展短板。完善房地产税收制度，优化地方财政收入结构。切实在立标准、抓样板上做工作，努力在建体系、优服务上下功夫，建立完善绿色、低碳、智能、安全的"好房子"标准规范体系。

五是强力推进"三大工程"建设。以规划建设保障性住房、城中村改造和"平急两用"公共基础设施建设"三大工程"为抓手，帮助住房困难群体实现安居梦，解决居住环境、安全、卫生等方面存在的问题，补齐超大

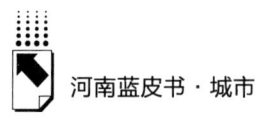

特大城市应急能力建设短板,完善城市住房供应体系,增强城市韧性,促进"人、房、地、钱"房地产发展要素紧密联动,推动房地产发展新模式加快建立。

三 河南加快构建房地产发展新模式基础条件、实践探索及面临的问题

为了更好满足全省人民群众美好居住生活需要,河南省大力推动房地产平稳健康发展,特别是2016年以来,房地产销售面积持续高位运行,推动公共基础服务租购同权,近年来又持续加强保障性住房建设和存量房收购,住房保障有效提升,住房市场有序发展。然而,随着房地产市场供求关系发生重大变化,房地产发展也面临一系列新问题,亟待加快构建房地产发展新模式,以有力住房保障和有效住房市场坚守房地产发展满足人民群众美好生活需要的初心。

(一)河南加快构建房地产发展新模式基础条件

随着河南进入快速城镇化阶段,特别是在城镇住房需求驱动下,河南房地产取得了快速发展,商品房销售面积从2004年前的每年不足1000万平方米,迅速扩大到2016年的1亿平方米以上,并且保持高位运行;2021年以后,由于房地产市场供求关系发生重大变化,商品房销售面积开始明显下滑,但仍然保持8000万平方米以上(见图1)。根据统计,2016年以来,全省共实现商品房销售面积10.68亿平方米左右,截至2022年共实现商品住宅销售面积8.10亿平方米左右,相当于6年间全省人均购买商品房11平方米以上、商品住宅8平方米以上。按照第七次全国人口普查数据,全省2020年家庭户平均住房建筑面积达134.26平方米,房间数达4.21间;人均住房建筑面积达46.50平方米,房间数达1.46间。其中,城市家庭户平均住房建筑面积达117.41平方米,房间数达3.14间,人均住房建筑面积达41.81平方米,房间数达1.12间;镇家庭户平均住房建筑面积达137.73平

方米，房间数达 3.99 间，人均住房建筑面积达 45.60 平方米，房间数达 1.33 间；乡家庭户平均住房建筑面积达 141.87 平方米，房间数达 4.89 间，人均住房建筑面积达 49.43 平方米，房间数达 1.70 间。总体来看，全省商品房供应已经从紧缺走向总体宽松，商品房交易也从以增量为主走向以存量为主，房地产价格从快速上升转向迅速调整，房地产发展路径和方式亟待转向，发展新模式亟待建立。

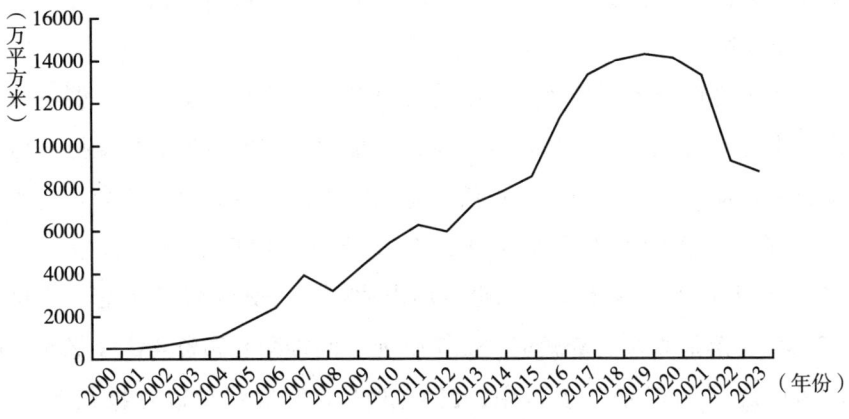

图 1　2000~2023 年河南省商品房销售面积

说明：2023 年数据为推算。
资料来源：国家统计局。

（二）河南加快构建房地产发展新模式实践探索

面对房地产发展新形势、新任务，河南省坚决贯彻落实党中央关于房地产工作的部署要求，坚持"房住不炒"总体定位，指导各地因城施策用好政策工具箱，促进供需两端协同发力、住房市场和住房保障协调发展，规范引导住房租赁，加快构建房地产发展新模式，更好地满足居民刚性和改善性住房需求。

一是着力扩需求、促消费，稳定房地产发展预期。适应河南房地产市场供求关系重大变化，认真落实改善性住房换购税费减免、个人住房贷款"认房不认贷"、首套房个人住房贷款利率调整、降低存量住房贷款利率等政策，完善首套房和二套房认定标准，加大住房公积金贷款支持力度，推动二手房"带押过户"，引导房地产经纪机构合理降低服务费用，分类精准指导郑州等城市全面取消住房限购、限售等措施，进一步激活市场，满足合理住房需求。指导各地紧盯春节返乡、"五一"黄金周、"金九银十"等关键节点，完善购房补贴、契税补贴等促进居住消费健康发展的措施，开展购房节、房展会等住房家居联动促销系列活动，大力满足二孩、三孩家庭和新就业毕业生等群体的住房需求。郑州开展住房"以旧换新"活动，努力打通房地产市场堵点。

二是全力保交楼、降风险，稳定房地产发展信心。建立"一楼一策一专班一银行"和政银企协调联动机制，积极争取国家专项借款支持，压实开发企业主体责任和属地政府责任，坚决依法打击违法犯罪行为，扎实推进保交楼，切实做好保交房工作，有效维护购房群众合法权益。截至2024年5月31日，河南全省两批专项借款项目已交付42.3万套，交付率达92.8%；落地直接配套融资182.7亿元、间接配套融资433.8亿元；推送的房地产"白名单"项目中，已有399个项目获得银行授信805.19亿元。

三是着力优供给、提品质，拓展房地产发展空间。坚持租购并举，推动住房供给侧结构性改革，指导郑州、洛阳、南阳等地回购存量商品房用作保障性租赁住房，郑州开展保障性住房配售，着力解决新市民、青年人的住房困难问题。顺应消费升级新形势，提高住房设计和建设标准，引导提供绿色、低碳、智能、安全的住房产品，持续创建"红色物业"，配建养老等服务设施，打造"好房子、好小区、好社区"，满足群众持续增长的改善性住房需求。

四是稳步抓改革、促转型，激发房地产发展活力。制定房企"黑、白名单"，出台"做强一批、整合一批、转型一批、出清一批"转型政策。推动郑州市、开封市、济源示范区加快推进现房销售试点工作。统筹推进规划建设保障性住房、城中村改造、"平急两用"公共基础设施建设"三大工程"，积极探索房地产发展新模式。

（三）河南加快构建房地产发展新模式面临的问题

经过快速发展，河南房地产领域取得显著成就，在满足人民群众美好居住生活需要和支撑经济社会发展上发挥了重要作用。然而，客观上区域、城乡、群体差异仍存在，房地产传统发展模式积累的问题不断显现，在房地产市场供求关系发生重大变化的背景下，河南加快构建房地产发展新模式仍然面临一系列突出问题。

一是区域城乡差异仍然明显。根据第七次全国人口普查数据，2020年全省家庭户人均住房建筑面积最小的濮阳市为40.14平方米，比最大的新乡市（52.67平方米）小12.53平方米；相比乡家庭户，城市家庭户平均住房建筑面积小24.46平方米，房间数少1.75间，人均住房建筑面积小7.62平方米，房间数少0.58间。随着人口进一步向都市圈、大城市流动，如果房地产发展要素不能得到有效配置，相关差异有进一步拉大的可能。

二是住房供应体系仍不完善。突出表现在保障性住房短板依然突出、住房租赁发展依然滞后等方面。尽管河南省在保障性住房建设、回购等方面持续改革、不断完善，但相比住房市场发展，保障性住房供给仍然存在明显不足。住房租赁市场发展高度依赖居民闲散住房，长期租赁住房市场发展严重不足，中介市场仍然存在短板，住房租赁不确定性仍然较大，租户权益保护制度不完善，在享受公共服务上仍然存在不足。

三是房地产市场形势依然严峻。在党中央和省委、省政府的科学决策和坚强领导下，在各项强有力政策的支持下，近期河南房地产市场明显回暖，项目访问量、房地产交易量和房地产价格均有显著提升，全省商品房待售面积同比增长回落，房地产止跌回稳形势日渐明朗。然而，要清晰认识到，在房地产市场供求关系发生重大变化的背景下，房地产存量庞大、供需结构不匹配情况依然明显，市场观望情绪仍较浓郁，房地产去化周期依然偏长，房地产企业和项目效益仍待提升。

四是改革发展任务仍较繁重。一方面，河南仍然处于快速城镇化阶段，城镇住房需求潜力仍然较大，人民群众对住房改善的期待依然较高。

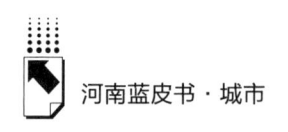

另一方面，对房地产发展的传统路径依赖仍然较强，地方财政和公共建设缺口明显，居民财富中房地产比重过高，企业经营方式转变困难。

四 河南加快构建房地产发展新模式对策建议

河南正处在加快构建房地产发展新模式的重大机遇期，面对人民群众对住上"好房子"的刚性需求和多样化期待，应坚持"房住不炒"定位，持续优化发展思路，从完善住房供应体系、提升要素配置效率着手，加快制度建设、强化政策供给，更好地满足人民群众美好居住生活需要，促进经济高质量发展。

（一）优化房地产发展思路

坚持"房住不炒"总体定位，科学研判城乡居民住房需求、经济社会发展房产需要，在党中央和省委、省政府坚强领导下，因城施策、因时顺势制定和实施房地产发展政策，统筹协调住房保障和住房市场、房地产交易和住房租赁，积极引导企业以"好房子"标准建设住房、发展长期住房租赁市场，充分利用大数据、人工智能、区块链等技术推动房地产发展数字化转型，大力发展装配式建筑、智能建造技术。深入推动城市更新、老旧小区改造、城中村改造，大力发展存量住房更新市场，改善居民居住体验。

（二）完善住房供应体系

着眼于破解新市民、困难群体居住难题，满足人民群众多样化住房需求，以保障性住房补短板、商品住房优结构、住房租赁市场健康发展为重点，建立完善多渠道、多主体、租购同权住房供应体系。提升保障性住房供应能力，加快推进保障性住房项目规划建设，支持各地积极盘活存量新建商品房资源及闲置商业房和厂房资源，促进住房"以旧换新"、二手房收购，加快提升保障性住房供应能力，建立完善"短期租、长期购、可转商"新市民保障性住房接续支持政策。因城施策，优化土地供应政策、住房建设技术标准和工作规范，鼓励企业深入研究城乡居民居住需求，加快开发满足不同家庭多样化需求的高品质住宅项目。推广住房"以旧换新"经验，打通房地产发展堵点，建立住房梯次消费机制。加快发展租房市场，鼓励企业利用闲置房产资源发展长租房项目，发挥中介企业组织房源、沟通信息作用，规范业主出租行为，保护租赁双方合法权益，建立完善以实际居住地享受基本公共服务的体制机制。

（三）强化要素配置

科学研判人口分布和流动规律，强化规划引导，加强金融支持和风险管控，加快建立"人、房、地、钱"房地产发展要素联动机制。把握区域和城市发展规律，优先加强现代化都市圈，城镇化潜力地区，土地利用效率较高、效益较好城市的土地供应，深入挖掘存量城乡建设用地潜力。以住房发展规划和年度计划为抓手，加强规划衔接，合理安排土地供应，优化土地资源配置。持续完善以城市为主体、以项目为对象的房地产融资协调机制，积极引导金融机构合理支持房地产市场发展，加强房地产企业项目融资和资金监管，降低房地产发展金融风险。

（四）加快改革创新发展

聚焦构建房地产发展新模式面临的突出问题，以建设"好房子"为目标，以房地产开发交易、房屋全生命周期管理为重点，改革房地产发展体制机制。深化住房制度改革，加快建立租购并举的住房制度。改革房地产开发制度，从土地供应源头做起，推行现房销售，改变房地产开发融资方式，鼓励企业开发绿色、低碳、智能、安全的好房子。完善房地产交易制度，以房地产交易资金监管为重点，加强房地产交易过程监管，规范交易行为，防范交易风险。指导相关城市探索建立房屋体检、房屋养老金、房屋保险制度，支持开展房地产税收改革试点，充分赋予各城市政府房地产市场调控自主权。

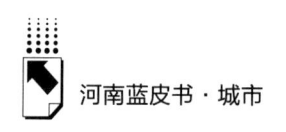

参考文献

暴媛媛：《构建房地产发展新模式》，《经济日报》2023年11月23日。

陈婷、赵毅：《加快构建房地产发展新模式：开发商试水REITs向不动产商转型》，《中国经营报》2024年3月11日。

陈卫东、叶银丹：《我国房地产企业发展模式转型研究》，《西南金融》2023年第7期。

丁怡婷：《加快转变城市发展方式构建房地产发展新模式》，《人民日报》2024年8月24日。

董添：《住建部：构建房地产发展新模式》，《中国证券报》2023年12月23日。

黄婉银：《新模式：以人定房，以房定地、以房定钱》，《每日经济新闻》2023年11月13日。

亢舒：《如何加快构建房地产发展新模式》，《经济日报》2024年7月31日。

李莎：《构建房地产发展新模式下力气建设好房子》，《21世纪经济报道》2023年12月25日。

廖睿灵：《推动构建房地产发展新模式》，《人民日报》（海外版）2024年8月24日。

袁海霞、张堃、彭月柳婷：《房地产行业新发展模式设想》，《中国金融》2023年第15期。

翟宇星、翟嘉：《房地产业新发展模式的探索与思考》，《建筑经济》2022年第S2期。

张达：《住建部部长倪虹：构建房地产发展新模式是破解难题治本之策》，《证券时报》2023年11月13日。

张芗逸：《房地产市场逐步企稳发展新模式加快构建中》，《证券日报》2024年7月1日。

B.15 提升河南城市安全韧性研究

程文茹*

摘　要： 安全是发展的前提，发展是安全的保障。提高城市安全韧性、增强抗风险能力，不仅是保障城市安全的必要手段，更是推动城市可持续发展的重要基石。近年来，河南省加快提升城市安全韧性，实施市政基础设施补短板行动，持续改善城市生态环境，推动数字化管理系统建设，全面提高城市防御灾害和抵御风险的能力。但仍面临城市全周期管理理念不够牢固、风险治理体系仍有"欠账"、公众安全意识与参与度不高等挑战。在此基础上，本报告提出增加城市安全基础设施投入、构建复合型协调联动机制、完善城市应急预案体系、提升公众安全意识与参与度等对策建议。

关键词： 安全韧性　城市治理　应急响应

城市是社会生产生活的重要场所，承载着经济、政治、文化、社会等多方面功能。随着城市发展进程的加快，城市面临的不确定性日益增强，风险也呈现多样、动态和复杂的特征，城市化解公共安全的范式已由简单响应转变为复杂适应①，强调以韧性弥补脆弱性，提升城市安全韧性的本质是实现城市安全治理。党的二十届三中全会提出"深化城市安全韧性提升行动"。从本质上来看，安全韧性城市既从防范和化解各类风险挑战、最大限度地减轻灾害损失的角度出发推动城市安全运行，又反映了以安全韧性城市建设推

---

* 程文茹，河南省社会科学院城市与生态文明研究所研究实习员，主要研究方向为城市经济。
① 云宇龙：《从简单响应到复杂适应：基层应急管理现代化的有效进路——基于Y街道疫情防控的个案研究》，《中国应急管理科学》2022年第5期。

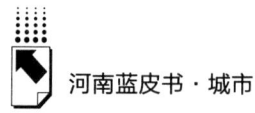

进城市安全、为城市高质量发展提供坚实保障的深刻内涵[1]。因此，提升城市安全韧性不仅是保障城市安全的必要手段，更是推动城市可持续发展的重要基石，对于构建安全、宜居、繁荣的现代化城市具有不可估量的价值。

一 提升城市安全韧性的现实意义

（一）应对复杂多变的灾害风险

随着河南新型城镇化的加速推进，全省城市面貌日新月异，但同时面临前所未有的安全挑战。自然环境方面，全球气候变化引发的极端天气事件频发，洪水、干旱、高温、寒潮等自然灾害的强度显著上升，对城市的防洪、排水、防暑等基础设施提出严峻考验。同时，生态环境的脆弱性增强，地质灾害风险不容忽视，城市安全的复杂性和不确定性进一步加剧。社会环境方面，随着经济社会活动的日益复杂化和高度集中，城市内部的风险源点增多，交通事故、公共卫生事件、网络安全威胁、恐怖主义活动等意外风险层出不穷，并且具有突发性强、影响范围广、连锁反应大等特点，使城市安全管理体系面临前所未有的压力和挑战。因此，提升城市安全韧性愈加重要，不仅在于防范单一灾种，而且在于构建一个能够自我调整、快速恢复并持续发展的韧性城市体系，使城市在经历危机后能够迅速恢复并适应变化，保持城市功能的正常运转，减少灾害损失，促进经济社会的平稳健康发展。这是城市应对复杂多变的灾害风险、保障人民生命财产安全、推动经济社会可持续发展的必经之路。

（二）统筹发展与安全

2023年中央经济工作会议强调："统筹高质量发展和高水平安全，切

---

[1] 朱正威、郭瑞莲、袁玲：《新安全格局背景下城市安全韧性评价框架：探索与构建》，《公共管理与政策评论》2024年第3期。

实增强经济活力、防范化解风险、改善社会预期，巩固和增强经济回升向好态势。"[1] 提升城市安全韧性是统筹发展与安全的核心策略，也是应对当前城镇化快速发展遗留问题的重要抓手。长期以来，城市在追求规模扩张、快速发展的同时，积累的一些"重面子轻里子""重地上轻地下""重建设轻管护"等问题逐步显现，城市发展韧性和抗风险能力不强。通过统筹发展与安全，城市能够在保持经济增长活力的同时，构建起一道坚固的安全屏障，这意味着城市在规划布局、推进基础设施建设、发展新兴产业等方面，都要将安全置于重要位置，确保城市发展不偏离安全轨道。通过实施城市更新和安全韧性提升行动，加强城市生命线安全工程建设，提高城市供水、排水、燃气、供热等管网的建设质量、运营标准和管理水平，从而增强城市防灾减灾能力，保障城市运行安全，统筹城市发展的速度与安全的底线，推动城市朝更加安全、宜居、可持续的方向发展。

（三）推进城市治理现代化

建设安全韧性的城市是推进城市治理现代化的重要内容。在环境快速变化与不确定性日益增加的时代背景下，构建安全韧性城市不仅是应对自然灾害、公共卫生危机等外部冲击的必要之举，更是推动城市治理创新、实现高质量发展的内在要求。提升城市安全韧性，能够促进政府、企业、社会组织和公众之间的紧密合作，形成多元共治、协同应对的治理模式，打破传统单一主体管理的局限，实现资源的高效整合与优化配置，提高城市应对复杂挑战的能力。同时，安全韧性城市的建设强调以预防为主、防治结合的理念，推动城市治理从被动应对向主动预防转变，提升了城市管理的预见性和科学性。此外，城市安全韧性的提升促进了科技创新在城市治理中的应用，如智能交通、智慧安防等技术的普及，进一步提高了城市治理的智能化、精细化水平。因此，提高城市安全韧性不仅是保障城市安全稳定的重要基石，更是

---

[1] 金观平：《统筹风险化解和稳定发展》，《经济日报》2023年12月26日。

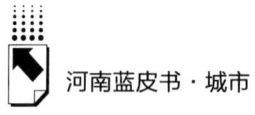

推动城市治理体系和治理能力现代化的重要抓手，为城市的可持续发展和人民的美好生活提供了坚实保障。

（四）提高城市居民生活质量

提升城市安全韧性，不仅在于应对突发事件时的即时响应和损害控制，更在于长远地提升城市居民的生活质量。"人们为了生活而来到城市，为了生活得更好而留在城市。"首先，通过构建全方位、多层次的安全防护体系，城市能够有效抵御自然灾害、公共卫生事件等各类风险的冲击，保障居民生命财产安全。其次，城市通过维持稳定的经济社会秩序，为居民提供安全有序的生活环境，进而促进居民身心健康与幸福感的提升。再次，城市安全韧性的提升还意味着公共服务设施的不断完善，如教育、医疗、交通等领域的优化升级，使居民能够更加便捷地享受高质量的生活服务。最后，城市安全韧性的提升伴随社会治理模式的创新与民主化的推进，居民的参与度和满意度不断提升，进一步增强了社区的凝聚力和归属感。因此，提升城市安全韧性不仅是城市治理的必然要求，更是居民实现高品质生活的重要路径，要将城市打造成安全、宜居、繁荣的美好家园，满足人民群众对美好生活的向往。

二 河南提升城市安全韧性的建设成就

（一）实施市政基础设施补短板行动，增强城市稳健性

为打造宜居、韧性、智慧城市，河南省各地积极推进城市更新行动。首先，郑州、洛阳等城市实施了老旧小区改造以及城市燃气、供水、排水、供热管道老化改造等一系列工程。这些工程不仅补齐了城市基础设施短板，还提升了城市的安全韧性和居民的生活质量。到2025年，全省计划基本完成2000年底前建成且需要改造的城镇老旧小区改造任务，同时加快实施城市老旧管道的更新改造，以保障城市安全有效运行。其次，各城市积极推动海绵城市建设，实施了多项防洪排涝工程，提高城市对雨水的吸纳、蓄渗和缓释能力，减少城市内涝和洪涝灾害的发生，有效缓解了城市内涝问题。再

次，各城市注重绿色发展，在加强生活垃圾、市政污泥、建筑垃圾等固体废物的分类收集、利用及处置设施建设方面取得了显著进展，促进了循环经济的发展。例如，2023年全省共设置生活垃圾分类投放点4.6万个，居民小区生活垃圾分类设施平均覆盖率达到94.11%，覆盖居民用户728万余户[1]。郑州市域更是实现了生活垃圾"零填埋"及飞灰资源化利用[2]。最后，在新型基础设施建设方面，全省也取得了显著进展。各地聚焦前瞻性、基础性、支撑性新型基础设施，强化跨区域、跨领域协同推进，实施了一批重大项目，如信息通信枢纽提升工程、智慧交通基础设施、智慧能源基础设施、城市基础设施生命线安全工程、电动汽车充电基础设施。这些项目不仅提升了通信网络、智慧交通、智慧能源等领域的发展水平，还为全省经济社会高质量发展提供了有力支撑。

（二）实施城市增绿行动，改善城市生态环境

河南省各城市积极响应国家生态文明建设号召，深入实施城市增绿行动，通过政府主导、社会参与的方式，科学规划城市绿地系统，大幅增加公园绿地、街头绿地及道路绿化面积，不仅美化了城市景观，还提升了城市的"绿色肺活量"。受空间限制，城市内尤其是老城区建设大型的综合公园越来越难，而"口袋公园"具有选址灵活、面积小、离散性分布的特点，不仅可以有效改善城市生态环境，还能满足群众日常休闲游玩需求。截至2023年底，全省已建成5000多个"口袋公园"，2024年第一季度又增加了140个[3]，形成了"满城皆绿"的独特景观。此外，各城市沿河湖岸线、道路两侧及城市闲置地块广泛植绿补绿，形成了点线面相结合的绿色生态网络。这些新增的绿地不仅美化了城市景观，提升了居民生活质量，更在调节

---

[1] 《河南省生态环境厅对省政协十三届二次会议第1320973号提案的答复》，河南省生态环境厅网站，2024年6月13日，https://sthjt.henan.gov.cn/2024/06-13/3007737.html。
[2] 《郑州打造生活垃圾全链条资源化处置模式》，大象新闻，2023年10月23日，https://www.hntv.tv/zw/article/1/1716362456763158530。
[3] 《今年一季度河南新增140个"口袋公园"》，《河南日报》2024年5月23日。

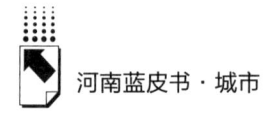

城市气候、净化空气、减少噪声污染等方面发挥了重要作用。同时，河南各城市还注重提升绿化品质，引入多样化植物种类，打造特色鲜明的园林景观，提升了城市的生态魅力。此外，各地还注重推广使用乡土树种和节水型园林技术，既保持了生物多样性，又提高了水资源利用效率。这些举措不仅提升了城市的生态韧性，也为市民创造了更加宜居的生活环境，在快速发展的同时拥有了更加绿色、健康、和谐的生态环境。

（三）推动数字化管理系统建设，提高城市管理水平

全省各城市积极响应国家智慧城市建设号召，依托大数据、云计算、物联网等先进技术，构建智慧化、精细化、高效化的城市管理体系，有效提升了城市治理效能和应对突发事件的能力。郑州、洛阳等作为先行示范，数字化管理系统已经成为城市治理的重要支撑。郑州通过建设智慧城市平台，实现了政务、交通、医疗等多个领域的数据共享和协同管理，有效提升了城市运行的效率和安全性。洛阳则依托数字政府建设，推动了政务服务的智能化和便捷化，为市民提供了更加高效、便捷的服务体验。同时，两市还积极推进数字技术在城市安全领域的应用，如建设智慧安防系统、提升应急响应能力等，有效提升了城市的安全韧性。南阳、许昌、新乡等城市的数字化管理系统建设同样取得了积极成果，通过建设智慧城市运行中心、推广数字化应用场景，不断推动城市治理体系和治理能力现代化。另外，河南省各城市还注重加强数字技术在基层治理中的应用，通过建设智慧社区、推广网格化管理等方式，不断提升基层治理的智能化和精细化水平。在城市应急管理方面，数字化管理系统更是发挥了关键作用，各城市通过模拟演练、数据分析等手段，不断优化应急预案，提高应急响应速度与处置效率，对提升城市安全韧性产生了积极影响。

三 河南提升城市安全韧性面临的挑战

（一）城市全周期管理理念不够牢固

河南城市在安全韧性建设方面虽已展现出诸多努力与成就，但城市全周

期管理理念的渗透与应用尚显不足，具体表现在多个维度上，制约了城市治理效能的全面提升。首先，政策规划与制度建设的连贯性与前瞻性不足。尽管河南已制定《河南省城市安全韧性发展规划》等专项规划，但在实际执行过程中，往往出现规划与实际脱节、阶段性目标调整不及时的情况，导致全周期内的政策连续性和有效性受到影响。同时，对新兴风险和挑战的预判能力不足，缺乏足够的灵活性和适应性，无法有效应对未来可能出现的新问题。其次，基础设施改造与升级的系统性和协同性有待增强。城市生命线系统、防洪排涝体系及绿色建筑与智慧城市的建设虽已取得一定成效，但在项目规划、设计、施工、运营、维护等全生命周期各阶段中，缺乏跨部门、跨领域的综合协调机制，导致部分项目孤立实施，难以形成合力，影响了城市安全韧性的全面提升。个别城市长远眼光和系统思维不足，导致基础设施建设与未来城市发展需求不匹配，出现道路反复开挖、公共设施布局不合理等问题，影响了市民生活的便捷性和城市的整体美观。再次，在建设实施过程中，项目管理往往侧重于短期目标的达成，忽视了生态环境保护和可持续发展，造成资源浪费和环境污染。另外，在城市运营、维护阶段，城市管理精细化程度不高，对老旧设施的改造更新不够及时，公共服务设施的运维效率低下，如排水系统不畅、路灯故障频发等，直接降低了城市运行质量和居民生活质量。最后，公众参与机制不健全，城市全周期管理的决策过程透明度不足，市民意见征集和反馈渠道不畅，城市管理政策难以全面反映民众需求，缺乏科学性和有效性。

（二）风险治理体系仍有"欠账"

在河南的各个城市中，风险管理与应急准备的挑战普遍存在，且呈现一定的地域性与差异性。以郑州为例，作为省会城市，虽然郑州已初步构建起风险评估体系，但评估工作的频率、深度及覆盖度仍有较大提升空间，尤其是对气候变化、城市内涝、网络安全等新型风险的持续监测和预警机制尚不健全，影响了城市抵御风险的能力。洛阳、开封等历史文化名城拥有丰富的文化遗产与旅游资源，其风险管理面临文化遗产保护、旅游安全及老城区改造等多重挑战，应更加注重对文化遗产安全风险及旅游旺季人流高峰的预警，但目前风险监测广度和技术水平仍有待提升。应急预案在编制过程中虽已关注旅游安全事件处理，但对文化遗产保护及游客紧急疏散机制的关注不足，多侧重于灾后恢复与重建，忽视了风险的预先识别、早期干预和过程控制环节。缺乏一个系统化的风险管理框架，尚未将风险防控融入城市规划、基础设施建设及日常管理，导致预案灵活性不足，难以迅速适应风险态势的变化，需进一步增强预案的针对性和实战性。此外，安阳、新乡等工业与农业并重地区还需特别关注产业安全风险和环境突发事件。这些地方的风险源点多面广，风险评估的广度要求更高，且需强化跨部门、跨区域的应急协作与信息共享机制，以提高风险评估与应急响应的时效性和准确性。

（三）公众安全意识与参与度不高

河南各个城市在推进城市安全韧性建设的过程中取得了显著成效，但在公众安全意识与参与度方面仍存在不足，深刻影响着安全韧性体系的整体效能。首先，从公众安全意识层面来看，部分城市居民对于日常生活中的安全隐患缺乏足够的认知和警惕性，如忽视家庭火灾预防、对极端天气预警信号反应迟钝等，安全知识普及深度和广度仍有待提升。媒体宣传虽在一定程度上增强了公众的安全意识，但信息的有效触达率和公众的实际接收效果存在差异，导致部分群体成为安全教育的"盲区"。其次，公众在应急响应中的参与度不高，自救互救能力较弱。在突发事件发生时，部分居民因缺乏必要的应急技能和演练经验，难以迅速有效地采取自救措施。再次，社会组织和志愿者队伍虽然在城市安全韧性提升中扮演了重要角色，但动员效率仍有提升空间，未能充分激发社会公众的参与热情和责任感。最后，信息公开透明度的不足也影响了公众的安全感和参与度。尽管政府已建立信息发布制度，但在实际操作中，部分信息的发布存在滞后性、不准确性或过于专业化的问题，导致公众难以及时、准确地获取关键信息，进而影响其做出正确的判断和行动。同时，缺乏有效的反馈机制使公众在接收信息后难以表达自己的意见和需求，削弱了其参与安全韧性提升的主动性和积极性。

四 提高河南城市安全韧性的对策建议

（一）增加城市安全基础设施投入

在城市规划和建设中充分考虑安全因素，合理布局各类设施和资源，避免形成新的安全隐患。一是加强城市生命线工程建设。对城市供水、供电、供气、交通、通信等生命线工程进行重点建设，完善备用电源、备用通信线路等应急设施建设，提高城市生命线工程的抗灾能力，确保在灾害发生时能够迅速恢复正常运行。二是建设并完善城市应急避难设施。根据城市人口分布规划建设足够的应急避难所、临时安置点和疏散通道，确保在灾害发生时，居民能够迅速、安全地撤离到安全地带。三是推进智能交通与安防系统建设。利用现代信息技术，如物联网、大数据、人工智能等，构建智能交通管理系统和安防监控网络。通过实时监测交通流量、路况信息以及安全威胁，实现交通拥堵有效疏导和突发事件快速响应，提高城市运行效率和安全性。四是加强城市防洪排涝能力建设。加大对城市排水系统的改造和升级力度，建设雨水花园、下沉式绿地等绿色基础设施，提高雨水自然积存、渗透和净化能力，建设海绵城市，减少城市内涝风险。同时，加强对河道、湖泊等自然水体的治理和保护，增强其调蓄洪水的能力。

（二）构建复合型协调联动机制

在河南提升城市安全韧性的过程中，构建复合型协调联动机制是关键一环。这一机制旨在打破部门壁垒，促进信息共享与资源整合，确保在面对复杂多变的城市安全风险时，能够迅速、高效地做出响应。一是强化信息互联互通机制。利用现代信息技术，构建跨部门的信息共享平台，实现各部门之间数据资源的互联互通，打破信息孤岛，提高信息流通效率，确保关键信息能够及时准确地传递给相关部门。同时，推进信息共享标准化，制定统一的信息共享标准和规范，保障各部门间数据格式的兼容性和一致性，提高信息共享的效率和准确性。二是建立综合应急指挥中心。许昌是全省首个完成应急指挥信息网联调工作的地级市，其他城市可借鉴许昌经验，建设集信息收集、分析、决策、指挥于一体的综合应急指挥中心，实现跨部门、跨领域的应急资源调度和协同作战，高效有序地应对危机。三是完善区域联防联控机制。推动省内各城市之间的协同工作，根据地理位置、资源分布等因素，合理划分各城市的联防联控责任区域，加强政策对接和协调，定期对区域联防联控工作进行监督和评估，确保各项措施得到有效落实。

（三）完善城市应急预案体系

一是加强应急预案的编制与管理。在国家相关法律法规和标准的基础上，结合河南城市的实际情况，考虑自然灾害、事故灾难、公共卫生事件和社会安全事件等各类突发事件，科学编制各类应急预案，确保预案的全面性和针对性。构建纵向到底、横向到边的应急预案体系，确保省、市、县、乡各级政府和相关部门都有相应的应急预案，同时，加强预案之间的衔接和联动，形成上下贯通、左右衔接的预案网络。建立健全预案编制、审批、备案、演练、评估和修订等管理制度，定期对预案进行修订和完善，根据实际情况变化及时调整预案内容，确保预案的时效性和可操作性。二是强化预警与监测体系建设。整合气象、水利、环保、交通、消防等多部门信息，建立全省统一的综合预警平台，实现信息的实时共享和快速传递。定期对城市各类风险进行评估和监测，加大对关键区域、重点领域的监测力度，提高监测数据的准确性和时效性，为预警和决策提供科学依据。三是加强应急物资储备与调配。建立健全省、市、区县三级应急物资储备体系，确保各类应急物资充足、种类齐全、布局合理。同时，建立快速响应的应急物资调配机制，确保在突发事件发生时能够迅速将所需物资送达灾区。四是加强预案演练与培训。组织各级政府和相关部门、企事业单位、社区等开展应急预案定期演练，提高实战能力和协同作战水平。加强对各级应急管理人员、救援队伍和志愿者的专业培训，提升其专业技能和应对突发事件的能力。

（四）提升公众安全意识与参与度

首先，推动安全教育普及是关键。各地政府应联合教育机构、社区组织及媒体平台，定期开展内容丰富、形式多样的安全教育活动。通过安全知识讲座、安全技能培训班、模拟应急演练等，以生动的案例和实用的技巧，增强居民对自然灾害、事故灾难及公共卫生事件等风险的认识与防范能力。同时，利用社交媒体、短视频平台等新媒体手段，制作并推广易于传播的安全教育内容，确保安全知识能够广泛覆盖各个年龄层和社会群体。其次，强化公众参与机制建设。鼓励居民自发组织或参与社区安全小组、志愿者队伍等，通过参与社区安全巡查、隐患排查、应急演练等活动，提升个人的安全意识和应急能力，促进邻里间的互助合作，构建更加紧密的社区关系网。政府可以提供必要的培训、指导和资源支持，如设立专项基金、提供技术支持和咨询服务等，以激发居民的积极性和创造力。再次，建立健全的信息反馈与互动平台。利用大数据、云计算等现代信息技术，构建高效、便捷的信息发布与互动平台。通过该平台，政府可以及时向居民发布安全预警信息、灾害防治知识及救援进展等内容；同时，居民可以通过该平台反馈安全问题、提出建议和意见，实现政府与居民之间的良性互动。最后，营造全社会共同关注城市安全的良好氛围。各地政府应加大对提升城市安全韧性的宣传力度，通过举办主题展览、文化节等活动，展示提升城市安全韧性工作的成果和亮点，增强居民对城市的认同感和归属感。同时，表彰和奖励在提升城市安全韧性工作中表现突出的个人和集体，树立典型和榜样，激励更多人积极参与城市安全建设。

参考文献

《河南省生态环境厅对省政协十三届二次会议第 1320973 号提案的答复》，河南省生态环境厅网站，2024 年 6 月 13 日，https：//sthjt. henan. gov. cn/2024/06-13/3007737. html。

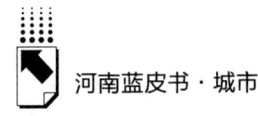

《今年一季度河南新增140个"口袋公园"》,《河南日报》2024年5月23日。

金观平:《统筹风险化解和稳定发展》,《经济日报》2023年12月26日。

云宇龙:《从简单响应到复杂适应:基层应急管理现代化的有效进路——基于Y街道疫情防控的个案研究》,《中国应急管理科学》2022年第5期。

《郑州打造生活垃圾全链条资源化处置模式》,大象新闻,2023年10月23日,https://www.hntv.tv/zw/article/1/1716362456763158530。

朱正威、郭瑞莲、袁玲:《新安全格局背景下城市安全韧性评价框架:探索与构建》,《公共管理与政策评论》2024年第3期。

B.16 提升河南县城综合承载能力研究

金 东[*]

摘 要： 县城是连接城市、服务乡村的天然载体，也是推进城乡融合发展的关键支撑。随着以县城为重要载体的城镇化建设的深入推进，提升县城综合承载能力显得愈加重要。促进河南县城综合承载能力提升有着深刻的历史逻辑和现实逻辑。近年来，河南在推进以人为核心的新型城镇化实践中，坚持中心城市和县城统筹发力，深入开展县城补短板强弱项行动，着力提升县城首位度，县城的吸纳力和辐射力明显增强。尽管如此，河南县城的综合承载能力总体依然偏低，且各县城之间差距较大，支撑县城综合承载能力提升的要素资源也比较有限。为此，需要以强化县城人口和产业承载功能为重点，从体制机制、产业发展、公共服务、基础设施、城市管理等方面统筹发力，促进河南县城综合承载能力的持续提升。

关键词： 县城 综合承载能力 县域 河南

党的二十大报告指出，推进以县城为重要载体的城镇化建设。县城作为"城尾乡头"，是农民进城就业安家的天然载体和城乡融合发展的关键支撑。随着新型城镇化战略的深入推进，以县城为重要载体的城镇化越来越成为我国新型城镇化建设的重要内容。河南拥有102个县和县级市，85%的行政区域位于县域，近3/4的常住人口生活在县域，县域面积大、人口多，推进以县城为重要载体的城镇化对加快全省新型城镇化建设、促进乡村全面振兴、

---

[*] 金东，河南省社会科学院城市与生态文明研究所副所长、副研究员，主要研究方向为城乡经济、经济史。

构建新型城乡关系意义重大。关键问题在于,广大县城如何在城镇化建设中充分发挥好"重要载体"作用。从以人为本的角度来看,为了满足农民到县城就业安家的需求以及县城居民的生产和生活需要,县城既要有与人口规模相适配的公共资源配置,也要有就业容量大的特色产业作为支撑,因此需要着眼于增强县城的承载功能,统筹县城生产、生活、生态、安全需要,加快补齐产业发展、市政公用、公共服务等方面的短板,不断提高县城的人口和产业集聚能力。在明晰县城综合承载能力概念内涵的基础上,深入考察河南县城承载功能的现状特征,并进一步提出促进河南县城综合承载能力提升的实现路径,具有重要的理论意义和现实价值。

一 县城综合承载能力内涵辨析

学术界普遍认为,承载力一词最早源自种群生物学,用于观察某一生态系统在特定的时空范围内能够维持某一物种的最大存在量。进入20世纪以后,在工业化和城市化的快速推进下,城市人口规模大幅增长,人类对自然资源的不当利用给生态环境带来了巨大压力,有关承载力的研究延伸形成环境承载力、自然承载力、人口承载力、土地承载力等概念。在我国,建设部于2005年提出了"城市的综合承载能力"的概念,《中华人民共和国国民经济和社会发展第十一个五年规划纲要》明确提出,坚持大中小城市和小城镇协调发展,提高城镇综合承载能力。自此以后,国内有关城市承载力的研究开始大量出现。国内学者有关城市承载力的研究主要集中于内涵探讨和测度评价两个方面,其中对城市综合承载力的内涵界定较多但缺乏共识,有的是从土地、水资源、交通等承载要素的角度来理解"综合",有的则是从人口规模、经济社会活动等承载对象的角度来解释"综合"。

"县城综合承载能力"的提法比较新颖,主要出现于近年来政府出台的一些政策文件中。与城市承载力相比,学术界对县城综合承载能力的理论探讨相对有限。县城从字面意义上理解是指县政府所在的城镇,虽然具备城市的诸多构成要件，但体量明显较小，亦城亦乡的特征更为鲜明。因此，县城综合承载能力与一般意义上的城市承载力在内涵上并非完全一致。如果将城市综合承载力理解为城市的资源禀赋、基础设施、公共服务、生态环境等对城市人口和社会经济活动的承载能力，那么在考察县城综合承载能力时，还要将其置于推动城乡融合发展的时代背景下，考虑县城如何通过综合承载能力提升更好发挥作为连接城乡的重要载体的作用。

在服务对象方面，县城不仅要"承载"向县城转移的增量人口和原本生活于县城的存量人口，还要发挥辐射带动乡村的功能，助力乡村生活服务县域统筹。在涵盖领域方面，将县城作为推进城镇化的载体，既需要承载人口、建筑、企业、市政设施、公共服务设施等有形物质，也需要承载地域文化、生活方式、治理机制、城市文明等无形物质。在空间用途方面，县城的生产空间主要用于承载县城产业转型升级和城乡人口就业创业，生活空间主要承载农业转移人口向县城集聚并提供相应的生活性服务，文化空间主要承载县域城镇化进程中生活方式和生活理念的转型。在推进重点方面，产业是县城发展的根基所在，有产业才有就业，推进县城产业配套设施提质增效无疑是重点发力方向；同时，在尊重县城发展规律、顺应县城人口流动趋势的前提下，围绕人民群众最关心、最直接、最现实的利益问题，按照"适度超前、提质增效"的原则着力提升设施和服务品质。县城综合承载能力具有社会和自然的双重属性，不再局限于资源环境范畴，而是延伸至经济社会活动等各个领域；不再局限于就县城而论县城，而是着眼于推进县域内城乡深度融合发展；不再是"撒胡椒面式"的平均用力、面面俱到，而是以增强人口黏性为导向，重点提升县城的产业和人口承载能力。有鉴于此，本报告认为，县城综合承载能力是指在推进县域城乡融合发展的背景下，在特定的资源禀赋和环境容量约束下，县城资源环境、基础设施、产业平台、就业岗位、公共服务等对人口进城和县城经济社会发展的最大支撑能力，包括县城产业发展承载能力、县城生产要素承载能力、县城基础设施承载能力、县城公共服务承载能力、县城生态系统承载能力等。

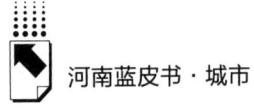

二 提升河南县城综合承载能力的内在逻辑

(一)提升河南县城综合承载能力的历史逻辑

河南县治历史悠久,位于信阳的息县为公元前682年楚灭息国时所设立,迄今已有2700余年,被誉为"中华第一县"。秦汉之际,郡县制在全国普遍推行,河南的县城得到快速发展。到东汉末年时,河南境内仅郡县级的城市就有150多个。自唐宋以后,随着工商业的繁荣,除了州、府、县城之外,在城郊草市和农村集市的基础上又出现了许多市镇。在历史长河中,众多的县城和市镇一直是构成河南城镇体系的基础性力量。当然,和全国多数县城一样,古代河南的县城虽然建有军政衙署、宗教庙宇、学馆书院等,但并非工商业人口自然集聚的结果,城镇职能大多是军事和政治意义大于经济意义、消费意义大于生产意义。

新中国成立后,河南一些在社会经济方面几乎已失去城镇功能的县城又开始焕发生机,在城乡物质交流和工业生产方面发挥着日益重要的作用。国家根据"大分散、小集中"的工业布局原则,在一些条件较好的县城建立了一批大中型工业企业,社队企业的发展也给县城经济增添了活力。尽管如此,在计划经济时期,由于我国实行以优先发展重工业为特征的赶超战略,为集中使用有限的社会资源,确立了以城乡分割为基本特征的户籍制度,城镇化进程和城市发展比较缓慢,县城在城乡经济建设中也未能充分发挥其应有的作用。河南包括县城在内的小城镇发展一度明显滞后,全省小城镇的数量不升反降,从1964年的122个减少为1982年的109个,不少城镇衰落退化为农村居民点,小城镇的人口吸纳能力也相当有限,95%以上的小城镇人口数量在5万人以下。

20世纪80年代中期以后,我国乡镇企业的蓬勃发展和就地城镇化的快速推进引起了人们对中国特色城镇化道路的思考。费孝通先生形象地把小城镇比喻为"农村人口的蓄水池",认为"小城镇的发展可以认为是中国在世界上走出的一条独特的城市化道路"。在1998年召开的党的十五届三中全会上，我国确定了"小城镇，大战略"的发展方针。2000年，我国又提出发展小城镇是实现农村现代化的必由之路。小城镇的发展得到国家高度重视，产业集聚和人口集聚功能也在不断增强。有资料显示，改革开放后的20年间，河南的小城镇累计吸纳农村转移劳动力300多万人，占农村富余劳动力转移总量的比重达30%以上。进入新世纪以后，随着乡镇企业的淡出和亿万名农民工纷纷向大城市、特大城市涌入，小城镇发展明显滞后，连城带乡的纽带作用相对弱化，县城建设也出现大量欠账，规划布局不合理、功能分区混乱、市政基础设施简陋、市容脏乱差等问题普遍比较突出。同时，大城市过度发展引发的交通拥堵、房价飞涨、污染加剧等"城市病"也逐渐突出，一些超大特大城市不堪重负，亟须降低人口密度和开发强度。在此背景下，我国提出要坚持大中小城市和小城镇协调发展的城镇化道路。党的十八大以来，随着新型城镇化战略的实施，县城城镇化建设也进入了提速提质的新阶段。2016年，国务院发布《关于深入推进新型城镇化建设的若干意见》，明确提出提高县城和重点镇的基础设施水平，进一步加强供水、供热、道路交通、信息网络、分布式能源等市政基础设施以及教育、医疗、文化等公共服务设施建设。同年底，河南将县城作为加快城镇化发展进程的重要支点，启动百城建设提质工程，旨在提高县城人居环境质量、城市精细化管理水平、产城融合发展水平和居民综合素质，围绕县城展开的一场声势浩大的提质行动在中原大地逐渐铺开。2020年，党的十九届五中全会提出要推进以县城为重要载体的城镇化建设，从顶层设计上明确了县城对于推进城镇化的重要作用，河南的县城建设和发展也由此开启新的历史阶段。

综观河南县城的历史演进及其在城镇化进程中的地位和作用可以发现，尽管县城在不同时期受关注的程度有所不同，但其作为县域发展集聚核心的地位始终未变，在城镇体系中的基础性地位也始终未变。并且，随着城镇化的深入推进，县城越来越成为城镇化载体由"中心"向"腹地"扩展的主要着力点。站在新的历史起点上，如何有效提高县城综合承载能力，促进人、

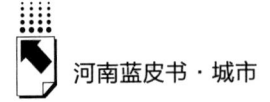

产、城深度融合,势必成为推进以县城为重要载体的城镇化建设走深走实的关键所在。

(二)提升河南县城综合承载能力的现实逻辑

从发展趋势看,随着我国城镇化步入中后期,人口和经济等资源要素更多地向优势地区集中,中心城市和城市群、都市圈日益成为城镇化的主战场。与此同时,就近就地城镇化的趋势也更加明显,县城和一些中心镇、特色镇仍然是城镇体系中不可或缺的重要环节。特别是在城市群、都市圈范围内的县城,随着区域一体化的快速推进,近邻效应得到强化,时空约束不断减弱,县城得以被纳入更大的空间范围内进行要素的优化配置,能够承接更多的先进要素和发展资源,促进自身经济社会发展。近年来,农民在县城购房安家、向县城集聚日益普遍,越来越多的农民工选择在县域范围内就地就近就业,县城作为就业"蓄水池"的作用开始显现。2023年,我国外出农民工中,跨省流动人数为6751万人,省内流动人数则多达1.09亿人,特别是一些大龄农民工更加倾向于回流县城实现就近就地务工。

河南是中西部地区的经济大省、人口大省,如何妥善处理好城乡关系、工农关系一直是社会主义现代化河南建设面临的重大课题。习近平总书记2014年在河南调研指导工作时提出了县域治理"三起来"的重大要求,即"把强县和富民统一起来,把改革和发展结合起来,把城镇和乡村贯通起来"①,为河南推进县域城乡融合发展和新型城镇化建设提供了基本遵循、明确了前进方向。从城乡贯通的角度看,在推进乡村全面振兴的背景下,加快县域内城乡融合发展步伐,增强县城对乡村的辐射带动能力,吸引农村人口向县城转移,也为河南广大传统农区的县城城镇化建设带来了宝贵机遇。事实上,县城在吸引人口进城和承担新型城镇化载体方面的作用的确不容忽视。有资料显示,在"十二五"期间,河南的县和县级市集聚了全省74%

---

① 《"县"在进行时 | "三起来":党建引领县域治理的根本遵循》,"大河网"百家号,2024年3月19日,https://baijiahao.baidu.com/s?id=1793916969944019818&wfr=spider&for=pc。

的新增城镇人口，成为河南城镇化的主力军。自 2021 年 1 月至 2024 年 9 月，河南全省新增返乡创业人才达 45.11 万人，这些人才成为推动以县城为重要载体的新型城镇化建设的重要力量。《2023 年河南省国民经济和社会发展统计公报》显示，河南常住人口为 9815 万人，常住人口城镇化率为 58.08%。根据《河南省新型城镇化规划（2021—2035 年）》设定的目标，预计到 2035 年，河南常住人口城镇化率将达到 72%。据此判断，未来河南将有超过 1300 万人进入城镇，包括大中城市、县城和建制镇等，县城在推进新型城镇化进程中将继续发挥举足轻重的作用。

无论是吸引农村人口进城还是承接大中城市的产业转移辐射，县城在配套设施、平台功能等方面都需要具备一定的承载能力。反过来说，如果县城建设相对滞后，势必会冲抵县城劳动力和土地成本较低等优势，拉高企业的生产成本和交易成本，更难以满足城乡居民的美好生活需要。值得一提的是，在当前国家将释放内需潜力、促进经济增长作为工作重点的情况下，县城的道路交通、市政基础设施和公共服务设施建设等都蕴藏着巨大投资空间，县城的消费支出潜力也有待进一步激发，补齐县城建设的短板，无疑是实施扩大内需战略的重要途径。在某种程度上可以认为，紧紧把握县城综合承载能力提升这个"关键一招"，可以将县城在社会主义现代化河南建设中的重要作用充分发挥。

三　河南县城综合承载能力提升取得的成效及存在的问题

在以人为核心的新型城镇化河南实践中，县城城镇化建设始终占有一席之地。近年来，河南坚持中心城市和县城统筹发力，着眼于促进县城人口集聚、产业集中和功能集成，深入开展县城补短板强弱项行动，着力提升县城首位度，县城的吸纳力、辐射力明显增强，但同时存在一些问题和不足。

（一）河南县城综合承载能力提升取得的成效

1. 县城产业集聚平台持续完善

县城综合承载能力的核心影响因素是产业，产业强则县城强。从一些产业强县的发展经验来看，产业集聚是县城产业发展的主要特征之一，平台化、园区化是支撑县城产业发展的重要载体，也符合产业升级与城市转型的基本规律。河南将开发区作为县城产业发展的主阵地、主战场、主引擎，将开发区体制机制改革作为提升县城产业承载能力的重要途径，深入开展"一县一省级开发区"改革，通过优化管理机构设置、剥离社会管理职能、组建开发区运营公司等举措为开发区健康发展提质赋能。经过优化整合，截至2024年7月，河南共有县（市）开发区102个，占全省开发区总数的55.4%，基本实现"一县一省级开发区"布局。改革之后的县城开发区全部完成运营公司组建，管理体制更加规范高效，内生动力活力不断增强。以兰考经济技术开发区为例，该开发区与县产投集团共同出资重组兰考发投公司，建立起"管委会+公司"的市场化运营架构，全区共有郑开兰科创产业园、现代家居产业园、新能源产业园等7个功能园区，规模以上工业企业产值占全县规模以上工业产值的80%以上，有力地带动了县城产业发展和群众就业。

2. 县城基础设施建设明显加强

县城的各类公共基础设施特别是市政道路、供水供热、防洪排涝、燃气管网等市政公用设施，直接服务县城企业和居民，与县城对人口和产业的承载力、吸引力直接相关。河南以开展生态环境治"污"、交通秩序治"堵"、市容卫生治"脏"等为突破口，着力推进县城市政公用设施提档升级，构建一体联通的基础设施网络体系。根据历年《中国城乡建设统计年鉴》的统计，随着百城建设提质工程的深入推进，河南县城市政公用设施建设固定资产投资从2016年起明显增长，2016~2022年累计实际到位投资额达1868.69亿元。经过数年来的不懈努力，河南县城市政公用设施建设水平有了明显提升。到2022年，河南县城的供水普及率、燃气普及率、污水处理率、生活垃圾无害化处理率分别达到97.68%、93.69%、98.47%、97.94%，分别比2016年上升了23.36个、40.03个、9.99个、10.96个百分点。2016~2019年，河南通过百城建设提质工程新建改建城市道路5071公里，打通1164条"断头路"，分别新建、改建热力管网3519公里、19312公里。《2024年河南省人民政府工作报告》特别提出，要选择一批县城开展居住小区、街区基础设施等补短板行动，推动县城基础设施向村镇延伸覆盖。从省内各县的实践看，河南不少县城近两年在老旧小区改造、背街小巷整治、雨污管网改造提升、新能源充电站建设等方面取得了显著成效。

3. 县城公共服务供给更为有力

在推进以县城为重要载体的新型城镇化过程中，让农业转移人口在县城集聚并实现就地就近城镇化只是第一步，随之需要跟进的是子女义务教育、医疗、就业、社保、住房等基本公共服务。县城的公共服务供给水平是体现县城综合承载能力的重要指标。2020年，河南省发展改革委专门印发《关于推进县城城镇化公共服务补短板强弱项项目建设工作的通知》，重点从医疗卫生、教育、养老等公共设施和文旅体育、社会福利、社区综合治理等服务水平两个方面集中发力，打通县城公共服务的"最后一公里"，让进城农民更有归属感。围绕县城公共服务提质扩面，河南各地积极行动，根据县城人口流动变化趋势和进城农民的多样化需求，坚持"里子""面子"一起抓，推动公共服务资源适度集中，有针对性地补短板、提品质。以宜阳县为例，该县着眼于提升公共服务的可及性、便民性，坚持以邻里中心建设为引领提升县城公共服务供给水平，聚焦"一老一少"，打造集政务服务、体育健身、文化教育、托幼养老、医疗卫生、便民商业等于一体的社区综合服务体系，并根据群众需求灵活搭配助餐托幼、心理辅导、技能培训、电商直播、商超配送等服务项目，使城市公共服务在社区"触手可及"。

4. 县城治理水平进一步提升

随着以县城为重要载体的新型城镇化建设深入推进，县城的规模体量、功能设施、人员构成等发生了很大变化，县城治理任务更为复杂、治理难度更大，提升县城治理水平的需求日益迫切。为了加大县城治理力度，河南一方面着力解决县一级"看得见管不着"的问题，聚焦县域高质量发展体制机制障碍，赋予各县（市）200多项经济社会管理权限，进一步扩大县域治理的自主权；另一方面着力解决"看得见管不好"的问题，不断推进县城管理体制机制创新，专门出台《河南省提升县级城市管理水平三年行动计划》，对县城的环境卫生、市容市貌、交通秩序等开展常态化整治，授予考评结果优异的县（市）"优美城市（县城）"称号，并在全省范围内大力推进城市管理执法体制改革，优化整合城市管理力量。一些县（市）也在强化县城治理方面开展了积极探索，如淮滨县在县城中心城区实施"路长制"，构建责任明晰、协调有序、监管严格的街面问题发现和处置机制；上蔡县建立"城管+交警+交通+市场监管+属地管理"联合执法执勤工作模式，构建跨领域、跨部门的城市管理综合执法长效机制；淇县通过成立智慧城管中心，打造城市管理"最强大脑"，实现信息平台"一屏统揽"、需求服务"一网通办"。目前，河南各县（市）已全面建成数字城市管理系统，实现数字化城市管理平台高位监督，城市管理体制机制得到进一步完善，城市管理的智慧化和精细化水平有了明显提升。

（二）河南县城综合承载能力提升存在的问题

1. 县城综合承载能力总体依然偏低

县城作为"城尾乡头"，处于城市行政体系的末端，长期在资源要素配置中不占优势，各地对县城的年度建设投入一直明显低于地级及以上城市，多年积累下的投资存量差距更大。河南上百个县城的市政公用设施建设固定资产投资一度不足全省的1/5，县城的供水普及率、燃气普及率、排水管道密度等都明显低于全国平均水平。近年来，虽然各个县城的基础设施和公共服务设施建设水平有了一定提升，但总体仍然偏低。《中国城乡统计年鉴2022》显示，在有关县城市政公用设施建设水平的17个观察指标中，河南有14个指标低于全国平均水平，很多县城的市政公用设施依然存在容量不足、质量不高等问题。与大中城市相比，河南各县城在教育医疗、养老托育、文旅体育、社会福利、社区服务等方面也缺乏足够的承载能力。如在医疗服务方面，县级医院科室设置不够完善，重症医学科、老年病专科、康复医学科等设置率不高，疾病诊疗和临床技术有待提升，在急危重症患者抢救方面还有欠缺，应对突发公共卫生事件的能力不足；在养老方面，省内不少县（市）为劳务输出大县（市），独居、空巢、留守老年人比例比较高，然而县城的养老机构数量、养老保险参保率及养老保险金额等均低于大中城市，广大县城在养老服务体系建设和康养产业发展方面仍有很大提升空间。

2. 县城之间综合承载能力差距较大

河南县城不仅数量众多、类型丰富，而且由于资源禀赋、交通区位、发展基础等方面的不同，发展模式和承载能力也存在很大差异。在人口承载能力方面，河南提出要支持永城、林州、项城、长垣、新郑、禹州、巩义、固始、荥阳、邓州等一批发展条件较好、人口集聚能力较强的县城发展为中等城市；其中，永城的常住人口为125.6万人，城区人口达50.5万人，按照中等城市城区常住人口50万人以上100万人以下的标准，永城已成功迈入中等城市行列，是河南12个中等城市中唯一的县级市；然而同为县级市的沁阳、孟州、舞钢、义马等的城区常住人口还不到15万人。省内一些城镇化率较低的县城人口更是有限，如根据《河南统计年鉴2023》的统计，2022年台前县常住人口为31.79万人，城镇化率为37.66%，城镇人口总数仅为11.97万人。在产业承载能力方面，河南一些专业功能县城和大城市周边县城的产业基础普遍较好，有规模的产业、有影响力的企业、有竞争力的产品较多，部分县城甚至成为区域性的商业、工业、市场、交通中心，而位于农产品主产区的县城在产业发展方面普遍缺乏优势，一些人均生产总值较低的县产业发展层次不高、财政保障能力不足，对县城基础设施和公共服务设施的投入也比较有限，在招商引资和招财引智等方面缺乏足够的吸引力。

3. 支撑县城综合承载能力提升的要素资源相对有限

无论是产业发展还是城市基础设施和公共服务设施建设，都有一定的用地需求，在促进县城综合承载能力提升的过程中，合理开发利用土地显得尤为重要，需要按要求编制土地收储计划和年度土地供应计划，对土地收储供应做出统一安排。然而，县域层面的建设用地指标普遍短缺，在县城城镇化建设过程中也不同程度地存在土地粗放利用和闲置浪费现象，县城土地空间利用结构有待进一步优化。提升县城综合承载能力离不开"真金白银"的投入，但河南多数县域的财政金融基础较为薄弱，财政收支严重失衡，难以满足县城城镇化建设的大量资金需要。河南县级财政自给率相对较低，2022年为39.58%，且在多数年份低于全省平均水平8~9个百分点；县级债务压力较大，截至2023年3月，县级法定债务余额为6948.2亿元，其中各类专项债余额占比最高，达到5067.7亿元。县级政府有限的财政收入和偿债能力在很大程度上制约了县城城镇化建设项目的实施。特别是近年来在经济下行压力加大和保基本民生、保工资、保运转"三保"支出压力加大的双重约束下，县城综合承载能力提升存在的资金缺口更为明显，相关项目的投资进度也受到影响，如何拓展县城建设资金来源成为河南深入推进以县城为重要载体的新型城镇化建设面临的关键性难题。此外，县城综合承载能力提升涉及政府、企业、居民等多类主体，也涉及县城建设管理的各个环节，日益繁杂的利益诉求及协调需求同有限的统筹管理能力不相匹配，实现县城治理现代化仍然任重道远。

四 提升河南县城综合承载能力的对策建议

（一）深化体制机制创新，充分激发县城发展活力

提升县城的综合承载能力，应统筹县城生产、生活、生态、安全需要，因地制宜、科学谋划"路线图"和"施工图"，并有效整合县域内不同要素资源，形成县城城镇化建设的强大合力。一是强化规划引领作用。立足区位条件、产业基础、人口流动、功能定位等因素，研究确定县城的城市规模和空间布局，合理确定不同类型县城的发展路径。在各地"十五五"经济社会发展总体规划编制过程中，可考虑把县城发展规划放在重要位置，设立县城建设专篇，严格落实"三区三线"和国土空间规划要求，注重加强对城市风貌、城市形象、城市品质等方面的管控，既致力于满足

县城当前发展需求，也为未来发展留足空间。二是建立高效集约用地机制。积极开展土地综合整治项目，推动闲置低效用地有序退出、高效盘活。围绕县城城镇化现实需求，推动土地要素差别化配置，优先向县城的重点区域、重点产业、重点项目倾斜。三是健全多元投融资机制。持续加大县城城镇化建设财政转移支付力度，鼓励金融机构降低授信门槛，强化信贷支持，引导国有平台公司加强资本运作，努力盘活存量、做优增量。

（二）夯实产业发展基础，增强县城发展竞争力

提升县城综合承载能力的关键在于振兴产业、扩大就业，尤其是对于大城市周边县城和专业功能县城而言，更需要强化产业平台支撑，培育发展特色经济和支柱产业。一是培育壮大特色优势产业。通过设计创新、技术改造、模式创新等途径，推动特色产业转型升级、提质增效。聚焦重点行业和细分领域，积极培育"专精特新"企业。利用县城的资源要素成本落差，主动承接中心城市和发达地区产业转移，重点引进带动性强、关联度高、黏性强的产业项目，打造县域经济高质量发展新引擎。二是持续推进县城各开发区建设提速提质提效。健全开发区公共配套，完善标准厂房等智能化、标准化生产设施，健全专业通用仪器设备等技术研发转化设施，加强园区内能源、给排水、污水集中处理等基础设施建设。进一步加强开发区与属地政府的协同配合，构建权责统一、边界明确的工作机制。提高运营公司的市场化运营能力，为企业提供低成本、一站式、全方位服务。三是完善县城商贸流通设施。聚焦县城产业转型和群众消费升级需要，加快推进贯通生产、流通、消费环节的配套设施建设。科学谋划县域交通物流设施布局，积极发展县城专业市场和物流中心，完善冷链物流设施，健全物流配送体系。推动商文旅业态融合发展，改造提升百货商场、大型卖场和特色商业街，建设县城特色消费地标。

（三）健全公共服务体系，强化县城人口集聚功能

新型城镇化的核心是人的城镇化，无论对于哪一种类型的县城而言，推

进以县城为重要载体的新型城镇化建设的一个重要方面都是优化县城公共服务供给，在文化教育、养老托育、社会福利等方面不断增进县域城乡民生福祉，满足人民群众对现代化高品质公共服务的需求。一是促进公共服务的普惠性供给。健全农业转移人口市民化机制，使县城基本公共服务实现常住人口全覆盖，让进城的农业转移人口能获得与县城居民大致均等的教育、医疗、住房保障等基本公共服务。还应在县域范围内进一步建立和完善城乡一体化公共服务体系，推动实现县城公共服务对县域人口的全覆盖，逐步让城乡居民享有同等水平的公共服务。二是促进公共服务的精准性供给。深化大数据、云计算、人工智能、区块链等数字技术在公共服务领域的运用，精准识别广大居民的个性化、差异化需求，缩短公共服务提供者与服务对象之间的距离。聚焦农业转移人口就业创业能力提升，精准面向进城农民工特别是困难农民工提供各类职业技能培训服务。三是促进公共服务的有效性供给。合理加大转移支付力度，引导政府公共服务支出向农业转移人口落户多的县城适当倾斜。更好发挥市场机制作用，积极培育和引导市场与社会力量参与县城公共服务供给。构建科学合理的公共服务供给评估制度，并将其纳入县城城镇化建设考核体系，以确保公共服务供给落到实处。

（四）完善基础设施体系，加强县城运行的基础支撑

基础设施是经济社会发展的重要支撑，要按照适度超前、综合配套、集约利用的原则，优化县城基础设施布局、结构、功能，提升基础设施支撑县城发展的能力。一是推进县城道路交通基础设施建设。在县城内部，完善机动车道、非机动车道、人行道"三行系统"，切实加强停车场建设，有效化解医院、学校、商业街区、老旧小区等人流密集地停车供需矛盾。在县城外部，推进国省县道升级与改扩建，促进县城与交通干线、枢纽城市及县域内各乡镇的连接贯通。二是完善县城市政管网设施。以城市更新为契机，扩大供水、供热、供气管网覆盖范围，更新改造老旧破损的管网设施，消除管网安全隐患。推进县城电网改造升级，在公共停车场、住宅小区等逐步增建充

电桩。积极探索各类新能源技术应用，在有条件的县城适当布局分布式能源和区域供冷设施。三是稳步推进县城智慧化改造。加快 5G 网络规模化部署及商业化应用，推广智能交通、智能水务、智能电网、智能燃气等感知终端，合理配置面向消费者的智能快件箱，提高环境监测、市政公用设施监测、停车位监测等重点领域智慧化水平。

（五）丰富和完善城市管理方式，提高县城治理现代化水平

从当前的治理实践来看，河南的县城治理体系还存在与新型城镇化不匹配的制度性约束，在一定程度上影响了县城的综合承载能力。县城兼具大城市和乡村的部分特征，是一种杂糅性治理场域，其治理议题和治理方式既有别于传统乡村社会，也不同于超大、特大城市，需要探索走出一条独具县城特色的现代化治理路径。一是强化多元主体协同参与。在城市基础设施建设、公共服务提供等方面鼓励市场力量积极参与，培育发展行业协会、民间组织、志愿团体等社会组织，引导它们有效承担城镇化过程中从政府析出的部分社会职能。同时，着力提升县城社区特别是新建小区的居民自组织水平，支持和引导农业转移人口及时适应城市生活方式，完成社会身份转变和社会网络关系重构。二是积极向基层赋权增能。坚持和发展新时代"枫桥经验"，强化街道和乡镇在县城治理体系中的主体性地位，推动资源权限与责任事权相匹配，向基层下放直接面向企业和群众的行政审批、公共服务等事项，赋予基层更大的灵活性和自主性，争取简单事项村社一级办理、复杂事项街镇一级解决。三是提高县城管理的精细化、智能化水平。以全周期管理为导向，通过城市管理目标量化、管理标准细化、职责分工明晰化，以"绣花功夫"做好环卫保洁、景观绿化、市容管理等，着力提升县城环境品质和群众幸福感。完善县城数字化基础设施，加强县城智慧化城市管理平台建设，打破部门间的数据壁垒，实现政府部门、企事业单位、社会组织等各类数据资源的深度整合和互联互通，让县城治理更智能、更高效、更精准。

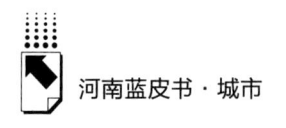

参考文献

董式珪:《在改革中加速河南小城镇的建设》,《中州学刊》1984年第4期。

费孝通:《我看到的中国农村工业化和城市化道路》,《浙江社会科学》1998年第4期。

韩柯子:《以县城为重要载体的城镇化:逻辑、约束与路径》,《探索》2022年第4期。

黄以柱:《河南城镇历史地理初探》,《史学月刊》1981年第1期。

盛毅、谭喻亓、吴彤:《强县辐射:县城需强化"城乡二传手"能力》,《四川省情》2024年第6期。

苏红键:《城市承载力评价研究述评与展望》,《江淮论坛》2017年第1期。

熊丽:《提升农民工就业的量与质》,《经济日报》2024年5月10日。

杨迅周、申泓彦、贾晶:《城镇化道路与河南小城镇发展》,《地域研究与开发》2000年第3期。

城市治理篇

B.17
郑州构建智慧化城市运行管理体系研究

程 方*

摘 要： 智慧化城市运行管理体系运用先进信息技术手段，对城市运行的各个复杂系统进行全面整合与深度优化，旨在实现城市智慧管理和高效运行，展现出高度的智能化、信息化及高效化。鉴于未来城市建设的必然趋势，作为国家重要交通枢纽与中心城市的郑州，构建智慧化城市运行管理体系显得尤为关键。当前，郑州在此领域已取得显著成就，但仍需要破解一些难题，如信息孤岛仍然存在、资金投入相对不足等，亟须进一步采取强化顶层设计、推动跨部门协同等措施，以全面提升智慧化城市运行管理效率与水平，确保城市的可持续发展。

关键词： 智慧化城市 运行管理体系 信息孤岛 协同创新

---

* 程方，博士，河南省社会科学院副研究员，主要研究方向为城市管理。

郑州作为重要的国家中心城市，构建智慧化城市运行管理体系至关重要。习近平总书记强调，运用大数据、云计算、区块链、人工智能等前沿技术推动城市管理手段、管理模式、管理理念创新，从数字化到智能化再到智慧化，让城市更聪明一些、更智慧一些，是推动城市治理体系和治理能力现代化的必由之路，前景广阔①。截至2023年末，郑州常住人口已超千万人，城市面积不断扩大。建设智慧化城市运行管理体系，能够通过大数据、人工智能等技术手段整合各类资源，实现对城市交通、环境、公共安全等方面的精准监测和管理，为市民提供更加便捷、高效、舒适的生活环境，让郑州这座古老而又充满活力的城市在新时代焕发新的光彩。

一 郑州构建智慧化城市运行管理体系的做法和成效

郑州构建智慧化城市运行管理体系成效显著，基础设施不断完善，智慧应用持续增多，治理效率日益提升，郑东新区示范带动效应明显增强，让城市管理更加"智慧"。

（一）基础设施建设成效显著

完善数字基础设施，打造"一朵云""一张网"，是郑州智慧化城市运行管理体系建设的重要基石。在数字基础设施的构建中，郑州采取了"3+1+1"政务云模式，该模式通过设立多种专用域，并配套相应的管理办法和实施细则，确保了政务云的高效运行与规范管理。政务云已成功支撑全市449个智慧政务应用，实现了政务应用的全面云化部署即"应上尽上"，显著提升了政务服务的效率与便捷性②。警务云作为政务云的重要组成部分，加快了警务应用的整合与集约化部署，开创了地市级公安系统各警种业务应

---

① 《人民网评：让城市更聪明一些、更智慧一些》，"人民网"百家号，2024年11月8日，https://baijiahao.baidu.com/s? id=1815114767275428651&wfr=spider&for=pc。
② 《加强数据共享开放　数据要素赋能数字经济》，搜狐网，2024年2月4日，https://www.sohu.com/a/756402659_120546417。

用全部迁移至政务云的先例，进一步提升了警务工作的效率与响应速度。"一张网"则涵盖了电子政务外网、内网以及办公资源网，实现了对全市12个县（区）及众多部门单位的全面覆盖。同时，通过加强建设包含人口、房屋、网格等要素在内的数据库，已归集了数亿条数据，实现了"人进户、户进房、房进网格"的精细化管理。

在5G新基建的引领下，郑州尤其是高新区积极响应国家战略部署，不仅获评中国移动"全国5G优秀标杆区域"，而且安装并开通了800多个5G基站，实现了重点区域的全覆盖。这些5G基站作为智慧化城市运行管理体系建设的关键基础设施，为城市的智慧化发展提供了无限可能。

为了进一步推动智慧化城市运行管理体系建设，郑州市政府印发了《郑州市数字政府建设行动方案》。该方案明确提出，到2025年，郑州将基本建成与国家中心城市相适应的数字政府体系框架，并高水平建设智慧化"智能体城市"，致力于成为全国数字政府建设的一流标杆城市。同时，郑州开展"数源""数聚""数用"建设，构建开放共享的数据资源体系，为智慧化城市运行管理体系建设提供坚实的数据支撑。

（二）智慧应用覆盖广泛

中国移动河南公司紧抓新基建政策契机，加速推进5G网络建设。截至2024年6月，河南移动已在全省建成5G基站11.13万个，实现全省行政村以上连续覆盖和自然村热点覆盖[1]，不仅为郑州市民提供了高速、稳定的移动通信服务，还在郑东新区智慧岛等区域成功实现了"5G+智慧城市工地管理""5G+自动驾驶""5G+无人售卖车"等一系列前沿智能化技术的应用，从而实现了5G应用对"水陆空"全方位、立体化的安防场景的有效覆盖，进一步推动了智慧化城市运行管理体系的建设与发展。

郑州高新区推动全场景智慧城市项目落地，在国内率先提出了"智慧城市实验场"这一新型建设模式，并精心打造了"一台多峰"的智慧城市

---

[1]《河南移动：让5G之花开遍中原》，《河南日报》2024年6月26日。

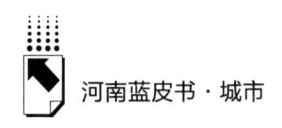

实验场。这一创新举措不仅吸引了众多国内顶尖智慧城市建设企业的关注与参与，还为高新区提供了丰富的项目和应用场景，有力地促进了智慧城市产业生态的构建与发展。

郑州智慧岛依托华为先进的技术实力，树立数字化运营标杆，不仅全方位激活城市的感知（眼）、决策（脑）、执行（手）和信息传输（脉）能力，还整合构建了一套高效协同的智慧城市解决方案。智慧岛的智慧城市智能运行中心（IOC）通过汇聚并处理近5亿条海量数据，实现了对全岛日常运营的精细化、一体化分析和智能化管理。

（三）治理效率显著提升

"数智"驱动正为郑州社会治理注入强劲动力。郑州市新型智慧城市运行中心扮演着至关重要的角色，它不仅是城市治理的"智慧大脑"，也是连接各环节的"神经中枢"。该中心通过深度整合12345热线与网格化治理平台，实现了数据的互联互通与业务的无缝对接，并在城运中心增设核查办结环节，从而显著提升了群众诉求的解决效率与质量。为进一步强化治理效能，该中心积极推动各部门系统与业务的深度融合，探索并建立了社会治理类系统与业务的融合工作机制，同时构建了一套统一的标签体系，确保数据能够真正为治理决策赋能。

郑州推出市域社会治理行业大模型"AI小郑"，为社会治理的共建共治共享提供了有力支撑，助力郑州形成了"一格管全面、一屏观全域、一网统全局、一线通上下、一键全处理"的数智治理新格局，大大提升了城市治理的智能化、精细化水平。据统计，2024年1~8月，郑州市新型智慧城市运行中心已累计审核各类事项182万件，办结167.9万件，办结率高达92.25%，充分展现了高效温情的城市管理新风貌[1]。

科技赋能之下，郑东新区在智慧城市管理方面也取得了显著成效。在智

---

[1] 《郑州市新型智慧城市运行中心："数智"赋能 社会治理跑出"加速度"》，《郑州日报》2024年8月21日。

慧便民层面,"郑东办"小程序为居民提供了涵盖生活各个方面的便捷服务,大大提升了居民的生活品质。郑东新区创新性地开发了农民工工资支付监控预警平台,利用数字技术实现工资支付实时监控与预警,有效预防和解决了农民工工资拖欠问题,切实维护了农民工的合法权益。

二 郑州构建智慧化城市运行管理体系存在的问题

当前,对郑州而言,建立智慧化城市运行管理体系显得尤为关键。作为国家中心城市,郑州人口密集、经济活动活跃,而传统的管理方式已难以适应郑州的发展步伐。智慧化城市运行管理体系不仅能增强管理效能,有效解决交通拥堵、环境污染等难题,还能增强城市的综合竞争力和吸引力,从而吸引更多优秀人才、资本及企业入驻,促进经济繁荣。此外,它还能更好地满足市民对高质量生活的追求。然而,在推进智慧化城市运行管理体系建设的过程中,郑州仍面临一系列亟待解决的问题。

(一)信息孤岛仍然存在,制约郑州智慧决策与管理效能

在郑州推进智慧化城市运行管理体系构建的过程中,信息孤岛现象尤为显著。首先,各部门间的数据标准缺乏一致性。因缺少统一的数据标准,各部门所收集的数据在格式、内容及精确度上均存在差异,这加大了数据整合与共享的难度。例如,公安、交通及民政部门分别掌握的人口、车辆及居民信息,虽均与城市管理息息相关,但由于数据标准的不统一,难以实现有效融合与利用。这不仅增强了数据管理的复杂性,也降低了数据的实用价值。其次,数据共享机制尚不健全。尽管郑州在部分领域已尝试推动数据共享,但总体上仍面临共享范围受限、流程复杂等问题。最后,缺乏高效的数据共享平台与管理机制。数据共享效率低下,难以满足智慧化城市运行管理的迫切需求。

(二)资金投入相对不足,限制郑州新型智慧城市建设与创新

在郑州新型智慧城市建设的过程中,资金投入力度存在明显不足,成为

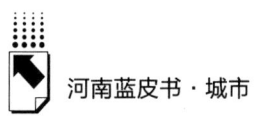

制约发展的关键因素之一。新型智慧城市的"智慧"特质高度依赖新一代信息技术的运用,而信息技术领域的发展可谓日新月异,更新迭代速度较快。倘若不能及时跟上这一节奏进行更新迭代,那么新型智慧城市就会失去其应有的"智慧"光彩。这就需要大量且持续不断的资金投入作为坚实支撑。但是,受财力限制,郑州存在技术更新滞后、平台建设不完善、运维服务不到位等问题,不仅会影响新型智慧城市的硬件设施建设,如传感器的铺设、数据中心的升级等,还会对软件方面产生不利影响,如智慧应用的开发、数据分析算法的优化等。

(三)技术与人才较为缺乏,影响郑州智慧项目的推进与发展

技术与人才是推动智慧化城市运行管理体系构建的两大支柱,郑州在这两个领域面临的挑战不容忽视。技术层面的短板主要体现为创新能力与应用深度的欠缺。在创新能力上,郑州虽已在信息技术领域取得初步成就,但与领先城市相比,其自主研发能力显著不足,过度依赖外部技术的引进与模仿,这不仅限制了技术自主权,也影响了城市在智能化转型过程中的战略定位与长远竞争力。在应用深度上,郑州在智慧交通、智慧医疗、智慧环保等前沿领域已有初步探索,但整体上技术应用尚不广泛,未能充分挖掘先进技术提升城市管理效能的潜力。人才方面,郑州面临的是数量与质量的双重挑战。高端技术人才特别是大数据分析、人工智能开发、高级软件开发等领域的专业人才的匮乏,严重制约了智慧项目的推进速度与质量。同时,复合型人才的短缺也是一大瓶颈,这类人才需同时具备信息技术专业知识与城市管理实践经验,能够在复杂系统中实现技术与管理的有效对接。此外,人才流失问题加剧了困境,由于缺乏有吸引力的职业发展平台与激励机制,许多优秀人才流向外地,本地人才库进一步萎缩。

三 郑州构建智慧化城市运行管理体系的对策建议

随着信息技术的飞速发展和城市化的加速推进,智慧化城市运行管理体

系建设已成为提升城市管理效能、改善居民生活环境的重要途径。郑州积极构建智慧化城市运行管理体系，旨在通过强化顶层设计、拓展资金渠道、推动跨部门协同、加大技术与人才投入力度、注重民生需求等措施，实现城市管理的智能化、精细化与高效化。为此，要从以下几个方面推进。

（一）强化顶层设计，完善统筹规划

明确目标定位，引领发展方向。在构建智慧化城市运行管理体系的过程中，首要任务是确立清晰的发展目标与战略定位。郑州需依据自身实际情况，设定具体的新型智慧城市建设目标，如增强城市管理效能、提升居民生活品质、推动经济可持续发展等。同时，应明确战略方向，如树立中部区域新型智慧城市建设典范、成为国家中心城市智慧化发展领航区等。明确的发展目标与战略定位将为智慧化城市运行管理体系的构建提供明确的路径指导，保障各项建设任务有条不紊地推进。

加强高效领导，强化协同机制。为了确保智慧化城市运行管理体系建设顺利推进，郑州需完善领导与工作机制，组建智慧化城市运行管理体系建设领导小组，由市委、市政府的主要领导任组长，承担全市智慧化城市运行管理体系建设工作的总体规划与协调职责。领导小组下设办公室，专职负责智慧化城市运行管理体系建设的日常管理与协调事宜。此外，还需建立并优化部门间的协同合作机制，清晰界定各部门的角色与责任，强化部门间的信息交流与协作，共同促进工作的高效开展。

科学规划布局，细化实施方案。构建智慧化城市运行管理体系的关键在于制定科学且合理的规划方案。郑州需召集相关部门及专家团队，深入探究智慧化城市运行管理体系构建的具体需求与发展趋势，据此制定贴合郑州实际情况的智慧化城市运行管理体系建设规划与实施方案。明确总体目标、核心任务、重点项目、实施步骤及保障措施等，为智慧化城市运行管理体系建设提供翔实的行动路线图。此外，还需提升执行效率，确保所有既定工作均能有效落地。

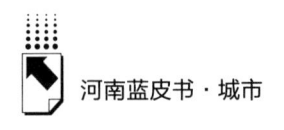

（二）拓展资金渠道，助力新型智慧城市建设

增加财政投入，发挥引领作用。资金是智慧化城市运行管理体系建设的关键支撑，政府财政投入起着引领性作用。郑州应合理规划财政预算，加大对智慧化城市运行管理体系建设的资金投入力度，尤其是在关键基础设施建设、核心技术研发及重大项目推进等方面给予重点支持。例如，可增加对智能交通系统升级、大数据中心建设、智慧公共服务平台搭建等项目的资金投入，发行专项债券为特定项目筹集资金；还可设立引导基金，吸引社会资本投向智慧化城市运行管理体系相关领域，引入多元资金与专业管理经验。同时，要加强对财政资金使用的监管和绩效评估，确保资金使用的高效性和合理性。

引入社会资本，激发市场活力。引入社会资本是拓展智慧化城市运行管理体系建设资金渠道的重要举措。郑州应积极营造良好的投资环境，吸引企业、金融机构等社会资本参与智慧化城市运行管理体系建设。企业是智慧化城市运行管理体系建设资金的重要来源，可通过直接投资、合作开发参与项目。金融机构能为智慧化城市运行管理体系建设项目提供贷款支持，不同机构根据项目特点提供不同贷款产品，如长期贷款、风险投资贷款等。政府和社会资本共同投资、建设和运营，政府提供政策和资源支持，社会资本提供资金、技术和管理经验，可提高项目效率和质量，减轻政府财政压力。

（三）推动跨部门协同，打破信息孤岛

制定数据标准，确保一致兼容。信息是智慧化城市运行管理体系建设的基石，制定统一的数据标准是消除信息壁垒的核心。郑州需协调相关部门及专家力量，共同制定一套数据标准，清晰界定数据采集、存储、管理、共享及应用的各项标准，保障各部门间数据的一致性和可操作性，为数据的共享与高效应用打下坚实基础。此外，还需加大对数据标准的宣传力度，并开展相关培训，以增强各部门对数据标准的执行力。

构建数据平台，促进资源共享。构建统一的数据共享体系是促进跨部门

合作的关键途径。郑州需整合各政府部门的数据资源，建立统一的数据共享平台，以实现数据的集中化管理和无障碍共享。此平台需涵盖数据采集、存储、管理、共享及应用等多项功能，旨在为各部门提供更加高效便捷的数据服务。此外，还需完善数据共享的相关机制，清晰界定数据共享的具体范围、实施方式及操作流程，并强化对数据共享过程的安全管控和监督评估，从而确保数据共享的安全性、可靠性及高效性。

强化沟通协作，优化协同机制。加强部门间沟通协作是消除信息壁垒的关键举措。郑州需构建并完善部门间的沟通协作机制，促进各部门间信息的有效流通与共享。定期组织部门间协调会议，迅速响应并解决跨部门合作中遇到的问题。同时，加大对跨部门协同工作的宣传力度，开展相关培训，提升各部门对协同工作重要性的认识，营造积极的跨部门合作环境。为了有效实现信息共享，可采取以下几项具体措施：第一，建立激励制度，通过在绩效考核中给予加分或资金奖励，激发部门参与数据共享的积极性；第二，实施试点项目，选取重点领域或部门作为先行示范，积累经验后逐步向全市推广；第三，强化数据安全保护，运用云计算技术加密存储与传输数据，构建坚实的数据安全防护网；第四，培育数据共享文化，通过宣传与教育提升全员对数据共享的认知水平；第五，利用大数据技术整合并分析数据，为城市管理决策提供精确支持，并实现数据的实时共享；第六，引入物联网技术，自动收集与传输交通、环保等领域的数据，进一步提升信息共享的效率与广度。

（四）加大技术与人才投入力度，提升创新能力

增加技术研发投入，驱动智慧创新升级。技术革新是驱动智慧化城市运行管理体系建设的关键因素，增加技术研发投入对于提升创新能力至关重要。郑州应当增加对技术领域的研发投入，积极扶持企业、高等院校及科研机构的技术创新项目。特别要聚焦大数据、人工智能、物联网、云计算、区块链等先进技术的研发工作，提升技术创新的实力与层次。与此同时，强化对技术研发的政策扶持与导向作用，激励企业加大技术研发投入力度，促进

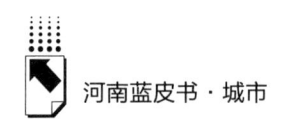

自主研发能力的提升。

加速技术应用推广，提升创新实践能力。强化技术应用推广对于增强创新能力具有重大意义。郑州需着力推广应用与智慧化城市运行管理体系建设紧密相关的技术，激励企业及社会组织应用前沿技术进行创新实践。特别要聚焦智慧交通、智慧医疗、智慧环保、智慧教育及智慧社区等重点领域，加大技术推广应用力度，以提升城市管理和服务的智能化水平。此外，还需加强技术应用的示范引领，创建一系列技术应用示范项目，为后续的技术推广提供实践经验和参考案例。

强化人才培育与引进，构建智慧人才高地。人才是驱动智慧化城市运行管理体系建设的关键因素，强化人才培育与引进对于提升创新能力至关重要。郑州应加大对智慧化城市运行管理体系建设相关领域人才的培养与引进力度，构建完善的人才培育与引进体系。深化与高等院校、科研机构的合作关系，实施定制化人才培养计划，造就一支既精通信息技术又熟悉城市管理的复合型专业人才队伍。同时，制定具有吸引力的优惠政策，招募国内外杰出的信息技术专家及城市管理精英投身郑州智慧化城市运行管理体系建设，为城市发展提供坚实的人才支撑。

（五）注重民生需求，丰富应用场景

聚焦居民需求，谋划发展方向。建立智慧化城市运行管理体系，应以居民需求为核心，致力于为居民带来便捷、高效且优质的生活体验。郑州应深入挖掘并了解居民的实际需求与期望，聚焦居民普遍关注的重点与难点问题，以此为导向推进智慧化城市运行管理体系建设工作。特别要强调对教育、医疗卫生、交通运输、环境保护及社会保障等领域的智能化升级，全面提升居民的生活品质与幸福感。此外，还需完善居民参与机制，积极鼓励并引导居民参与智慧化城市运行管理体系建设，对项目的规划与实施提出宝贵的意见与建议。

推动公共服务智能化升级，优化服务体验。推动公共服务智能化升级是增强服务效能的关键途径。郑州应加大对公共服务领域的智慧化投入力度，

着力在教育、医疗、交通、环保及社保等领域推进智慧化改造。具体而言，应构建智慧教育服务平台，以促进教育资源的广泛共享及在线教育的全面普及；打造智慧医疗服务平台，实现医疗资源的有效共享与远程医疗服务的便捷开展；建立智慧交通服务平台，确保交通信息的即时发布与智慧交通管理的精准实施；创设智慧环保服务平台，实现环境监测的实时反馈与环境治理的智能优化；搭建智慧社保服务平台，以支持社保业务的线上处理及社保信息的便捷查询。

强化社区智慧化建设，促进服务更加便捷、个性化。社区作为城市的基本单元，其智慧化建设对于提升整体服务水平至关重要。郑州需加大对社区智慧化建设的投入力度，推动社区管理和服务向智能化转型。这包括：构建智能社区管理平台，实现在线处理社区事务及信息化管理；建立智能社区服务平台，为居民提供更加便捷、个性化的社区服务。此外，还需加强社区智慧化建设的宣传普及工作，提升居民的认知水平与参与热情，共同营造一个积极向上的社区智慧化发展环境。

参考文献

韩秉志：《智慧城市建设需循序渐进》，《经济日报》2024年8月28日。
李霞、李尧：《新型智慧城市建设的主要问题及建设思路研究》，《新型城镇化》2024年第8期。
冉朝霞：《郑州新型智慧城市建设对策研究》，《中共郑州市委党校学报》2022年第3期。
肖良武、王玉洁：《智慧城市建设的机理、困境与路径研究》，《兴义民族师范学院学报》2024年第4期。
张力文：《河南新型智慧城市建设的现状及对策思考》，《智慧中国》2024年第6期。
张绪娥、夏球、唐正霞：《智慧城市智慧失灵"黑箱"及其优化路径探析》，《城市观察》2023年第3期。

B.18 河南实施新一轮农业转移人口市民化行动研究[*]

易雪琴[**]

摘　要： 当前，新型城镇化的核心任务仍然是促进农业转移人口市民化。党的十八大以来，河南持续推进农业转移人口市民化，新型城镇化水平和质量明显提升，但在支撑和推动农业转移人口市民化的产业、公共服务、要素、制度等方面仍然面临诸多挑战。随着城镇化的持续推进，农业转移人口的重点群体、主要诉求、转移地点、体制机制等都出现新趋势和新特征。今后一个时期，河南应通过持续深化与户籍挂钩的制度改革、健全可持续的要素支持机制、构建更加公平的公共服务供给机制、完善新市民社会治理参与机制等措施，实施新一轮农业转移人口市民化行动，推动新型城镇化实现高质量发展。

关键词： 农业转移人口　市民化　城镇化　河南

党的二十届三中全会明确提出，要加快农业转移人口市民化。2024年7月，国务院印发《深入实施以人为本的新型城镇化战略五年行动计划》，提出实施新一轮农业转移人口市民化行动。近年来，河南的城镇化水平与质量虽然有了显著提升，但与全国平均水平及发达地区相比，差距依然较为明

---

[*] 本报告系河南省软科学项目"都市圈协同创新的阶段特征、驱动因素与实践路径"（242400410619）、河南省社会科学院2024年度基本科研费项目"河南加快农业转移人口市民化的难点与对策"（24E048）的研究成果。

[**] 易雪琴，河南省社会科学院副研究员，主要研究方向为区域与城市经济、公共政策分析等。

显。加快推进农业转移人口市民化,对于河南提升新型城镇化水平和质量而言仍具有现实紧迫性和重要意义。

一 河南农业转移人口市民化的现状分析

(一)从城镇化率来看,城镇人口集聚能力不断增强,但市民化任务依然艰巨

2012~2023年,河南常住人口城镇化率从41.99%提升到58.08%,并在2017年超过了50%而进入城市型社会,平均每年提升1.34个百分点;与全国平均水平、中部地区平均水平、东部地区平均水平的差距分别从11.11个、4.90个、14.81个百分点缩小到8.08个、3.61个、10.05个百分点。然而,河南常住人口城镇化率与全国平均水平以及四大地区平均水平相比仍存在较为明显的差距,到2023年仍有超过40%的农业人口(见图1)。从户籍人口城镇化率看,2018年河南户籍人口城镇化率为32.89%[①],2020年河

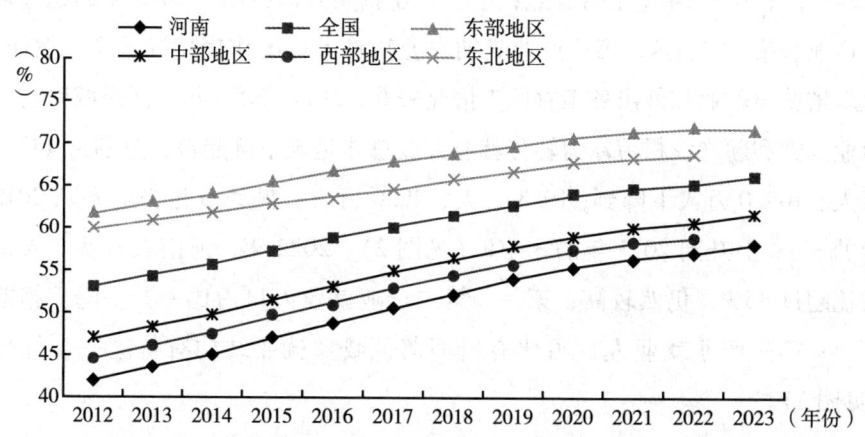

图1 2012~2023年河南、全国及四大地区常住人口城镇化率

说明:东北地区、西部地区2023年数据缺失。
资料来源:根据相关年份全国及各省份统计年鉴、国民经济和社会发展统计公报计算整理。

---

① 数据来源:《2018年河南人口发展报告公布,城镇化率增幅全国第一》,河南省人民政府网站,2019年6月16日,http://www.henan.gov.cn/2019/06-16/798474.html。

南人户分离人口比2010年增长了162.59%，占常住人口总数的比重为25.80%[1]。尽管近年来未公布相关数据，但按照《河南省新型城镇化规划（2014—2020年）》公布的户籍人口城镇化率要在2020年达到40%的目标推算，2019~2020年提升7个百分点左右的可能性较小，市民化任务仍然比较艰巨。

（二）从就业情况来看，第三产业就业人口占比明显提高，但就业结构有待优化

2012~2022年，河南城镇就业人口占就业人口总数的比重从37.22%上升到53.81%，提升了16.59个百分点。从农民工外出务工情况来看，2012~2023年，河南农村劳动力转移就业人数从2570.00万人增加到3076.49万人，增长了19.7%[2]。从三次产业就业人口占比情况来看，2012~2022年，河南农业就业人口占就业人口总数的比重从41.8%下降到27.6%，而非农产业就业人口占就业人口总数的比重从58.2%提升到72.4%，上升了14.2个百分点；第三产业就业人口占比自2015年起超过第二产业和第一产业[3]，第三产业吸纳农业转移人口的作用持续显现。然而，从新增城镇就业和外出务工农民工情况来看，2012~2023年，河南城镇新增就业人数和新增农村劳动力转移就业人数总体呈现下降趋势，分别从142.7万人、105.0万人下降到119.3万人、49.0万人；城镇登记失业率从2012年的3.1%上升到2021年的3.4%（见图2）。2022年，河南农村就业人口占比超过45%，仍然较高；第一、第二产业就业人口占比一升一降，相差不大；第三产业就业人口占比有所回落，城乡就业结构有待进一步优化（见图3）。

---

[1] 数据来源：《河南省第七次全国人口普查公报（第六号）——城乡人口和流动人口情况》。
[2] 数据来源：2012~2023年河南省国民经济和社会发展统计公报。
[3] 数据来源：相关年份《河南统计年鉴》。

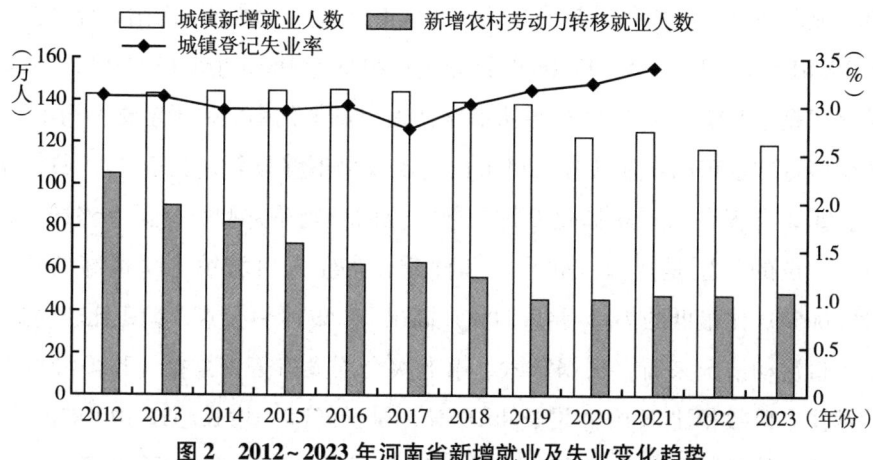

图 2　2012~2023 年河南省新增就业及失业变化趋势

说明：由于未能查询到 2022~2023 年河南省人力资源和社会保障事业发展统计公报，2022~2023 年城镇登记失业率数据缺失。

资料来源：2012~2023 年河南省国民经济和社会发展统计公报、2012~2021 年河南省人力资源和社会保障事业发展统计公报。

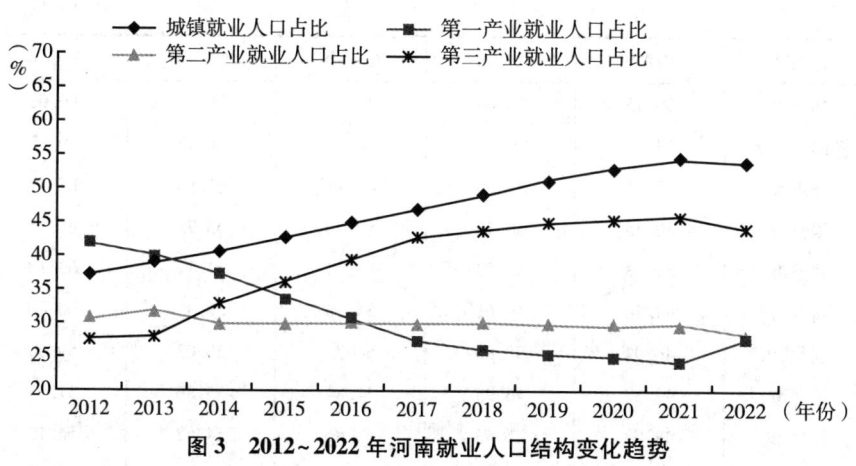

图 3　2012~2022 年河南就业人口结构变化趋势

资料来源：相关年份《河南统计年鉴》。

（三）从空间范围来看，各省辖市市民化水平均有提升，但多数城市成效不够明显

2012~2023 年，18 个省辖市（含济源示范区）的常住人口城镇化率都

有了显著提升，其中提升最明显的3个城市是洛阳、濮阳、南阳，分别提升了19.81个、17.75个、17.06个百分点；2023年有15个城市的常住人口城镇化率超过50%，但有11个城市的常住人口城镇化率仍低于全省平均水平，说明多数省辖市的农业转移人口市民化成效仍不够显著（见表1）。具体来看，2023年常住人口城镇化率排在前3位的分别是郑州、济源和洛阳，排在后3位的分别是周口、驻马店和商丘；常住人口城镇化率最高的郑州（80.00%）比最低的周口（45.31%）高出34.69个百分点，差距比较明显。从人口流动情况来看，根据第六、第七次全国人口普查公报，2020年郑州的常住人口数相比2010年增长46.07%，是全省唯一增长超过10%的城市，人口流入趋势明显；有6个省辖市2020年常住人口数相比2010年显著减少，其中南阳减少了近55万人，人口流出趋势明显。

表1 2012~2023年河南省省辖市（含济源示范区）常住人口城镇化率

单位：%

省辖市	2012年	2015年	2018年	2021年	2023年
郑州市	66.15	70.64	75.59	79.10	80.00
济源示范区	53.32	59.27	64.34	68.17	69.07
洛阳市	47.61	53.60	60.44	65.88	67.42
焦作市	50.35	55.13	59.91	63.73	65.25
鹤壁市	51.03	54.72	58.74	61.71	63.19
新乡市	44.36	49.61	54.42	58.39	60.00
三门峡市	46.97	50.86	54.73	58.03	59.55
漯河市	42.37	46.95	51.84	55.86	57.53
许昌市	42.03	46.43	50.96	54.58	56.12
平顶山市	43.94	47.49	51.15	54.45	56.10
安阳市	41.60	45.91	50.27	54.07	55.70
开封市	39.29	44.21	48.92	52.85	54.54
南阳市	36.10	41.36	47.12	51.61	53.16
信阳市	37.58	42.52	47.27	51.14	52.71
濮阳市	34.82	40.51	46.47	51.01	52.57

续表

省辖市	2012 年	2015 年	2018 年	2021 年	2023 年
商丘市	32.92	38.02	43.17	47.21	48.76
驻马店市	32.61	37.00	41.42	45.17	46.84
周口市	32.16	35.95	39.93	43.62	45.31
河南省	41.99	47.02	52.24	56.45	58.08

资料来源：根据相关年份《河南统计年鉴》及河南省、各省辖市国民经济和社会发展统计公报计算整理。

（四）从市民化质量来看，新市民获得感有所提升，但改善不够明显

近年来，河南先后出台了《关于实施支持农业转移人口市民化若干财政政策的通知》《推动非户籍人口在城市落户实施方案》《关于进一步放宽户口迁移政策深化户籍制度改革的通知》《河南省居住证实施办法》等系列政策文件，明确了新型城镇化年度重点任务，构建了"一基本两牵动三保障"[①]机制，从公共服务、教育、社会保障、就业创业、住房保障等方面形成了相对完善的政策支持体系，确保持有居住证的居民享受6项基本公共服务和9项便利，不断提升进城农民的市民化待遇。然而，由于相关体制机制改革还不能完全适应农业转移人口市民化的新趋势和新特征，市民化水平和城镇化质量仍有较大提升空间。

二 河南农业转移人口市民化面临的挑战

（一）产业支撑市民化的能力有待进一步增强

产业与城镇的协同发展对于实现农业转移人口市民化和促进区域经

---

① "一基本两牵动三保障"是指：产业为基，就业为本；住房和学校牵动；基本公共服务保障、社会保障和农民权益保障。

济高质量发展至关重要，有了产业的发展，才能支撑城市建设、吸引人口集聚。然而，随着技术革命和产业变革持续深入，我国城市产业尤其是工业转型升级不断加快，"机器替代人"的现象越来越明显，而现有农业转移人口就业技能培训力度不够，农民工想要大规模转变为现代产业工人面临诸多挑战。与此同时，现有支持第三产业尤其是服务业、小微企业发展的政策和机制红利还没有完全释放，第三产业作为农业转移人口就业"容纳器"的功能未能有效、充分发挥。一些城市尤其是中小城市产业发展与城市建设不同步，很难有效发挥就近就地转移农业人口的功能和作用。此外，流动人口与本地人口在享受就业服务、劳动报酬、社会保障、财政投入等方面仍存在差距，农民进城后的相关权益有待得到进一步保障。

（二）区域、城乡居民以及新老市民之间的公共服务供给仍存在明显差距

无论是进入城市还是留在农村，当前城乡居民对教育、医疗、养老等基本公共服务种类及质量的要求都越来越多元化，标准也越来越高。但是，当前我国各地新老市民之间、城乡居民之间、区域与区域之间的公共服务供给，无论是在水平上还是在质量上都存在明显的差别，特别是在子女教育、医疗养老、住房保障等方面，让进城农民"望而却步"。比如，2023年，河南每万人拥有卫生技术人员数（88.22人）略高于全国平均水平（88.15人）和中部地区平均水平（85.38人），但是与东部地区平均水平（91.25人）的差距还较大[①]。近年来，河南外出农民工占总人口的比重都在10%以上，但是现行的社保转移接续制度在户籍地与就业地、流出地与流入地等不同区域之间还存在明显差别，对于流动性较强的农民工而言，可能无法享受到便捷的参保服务，甚至影响他们可持续参保。

---

① 数据来源：根据全国及各省2023年国民经济和社会发展统计公报计算得出。

(三)土地要素制约依然比较明显

农民进城与土地权益问题紧密相关，新时代背景下，河南在土地要素方面面临一些新的挑战。一方面，河南的土地利用指标不足与结构不优的问题依然存在，部分大城市面临用地指标不足的问题，导致一些重要项目难以落地，影响地方经济发展。同时，不少地方的城乡用地结构性矛盾突出，城市建设用地的单位产值相对偏低与乡村居民建设用地占比偏高的现象并存。另一方面，随着农村"三块地"改革的持续深入和农村产业结构的加快优化，农村集体用地、宅基地等土地的潜在价值不断提升，农民对所承包的土地以及农村宅基地增值的期望也在不断提升。但是，当前农村宅基地不能顺利入市交易，土地资源得不到更加有效的配置，加之现有农村集体土地收益分配比例偏低，农民既不愿意轻易放弃农村土地权益，又没有得到合理的土地收益，陷入两难境地，进城意愿随之受到影响。

(四)资金保障能力有待进一步提升

随着转移对象、空间、诉求面临新的变化和趋势，未来推进农业转移人口市民化所需的资金将只增不减，但是现有的资金供给能力与需求还不相匹配。虽然有政府财政资金、债券融资、城镇化发展基金、政策性贷款等供给来源，但整体资产规模偏小，融资渠道还不够广泛。一些市县的城镇化建设相关投融资平台信用评级偏低，优质资源较少，加之尚未完全建立起市场化的投融资体制机制，管理水平也比较低，对社会资金和民间资本的吸引力不强。以上种种原因，叠加经济"逆全球化"效应等因素的影响，以及国家进一步规范地方政府融资、防范地方政府债务等政策的影响，导致地方财政压力较大，不少地方政府债务风险加大，不少市县在推进农业转移人口市民化过程中遭遇的融资难、融资贵困境仍然得不到有效缓解。

三 新时期农业转移人口市民化的趋势特征

（一）新生代农民工成为重点转移对象

随着城镇化的深入，早期农民工群体出现了分化，一部分实现了市民化，另一部分选择回到农村，这种分化反映了农业转移人口在适应城市生活和保持农村联系之间的不同选择。2017年，我国1980年及以后出生的农民工占农民工总数的比重达到50.5%[①]，这标志着新生代农民工接替父辈成为农民工的主体，也成为当前和今后一个时期推进农业转移人口市民化的重点对象，但是他们的年龄结构、文化程度和生活背景与父辈显著不同。从文化程度来看，2013~2022年，全国高中及以上文化程度农民工占比从22.8%上升到30.7%，2023年继续上升（见图4）。新生代农民工在工作、生活、观念、习惯、行为等方面更趋城镇化，与父辈相比，对农村土地的眷恋减弱，对城市生活的适应性增强。

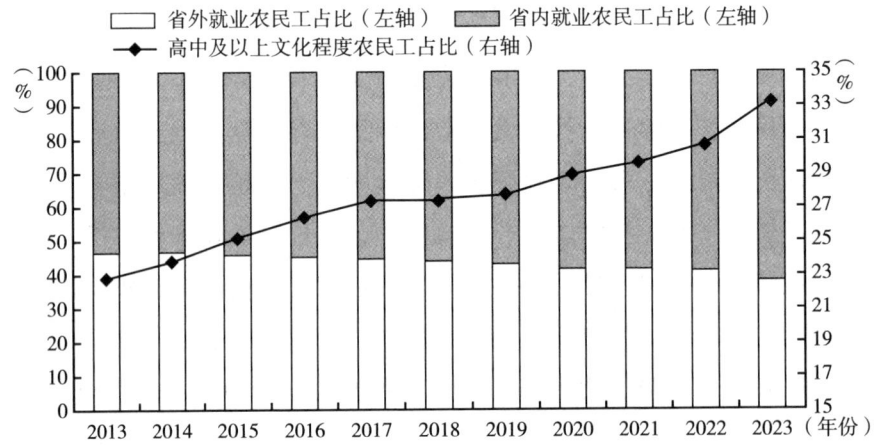

图4 2013~2023年中国农民工流动及文化程度变化趋势

资料来源：根据2013~2023年《农民工监测调查报告》计算整理。

---

① 数据来源：《2017年农民工监测调查报告》。

（二）诉求日趋复杂化多样化

新生代农民工的特点和需求对城乡融合发展提出了新的要求，包括提供更多的就业机会、改善居住条件、提供更好的教育和医疗资源等。在城镇化1.0时期，农业转移人口进城主要是为了谋求更高收入；在城镇化2.0时期，农业转移人口开始追求更稳定的收入、更平等的社会待遇，并开始考虑与家庭成员一起迁移并落户到城市；在城镇化3.0时期，进城农民不仅期望能够获得稳定的工作和收入，还期待在举家落户成为新市民后能够享受与老市民无差别的公共服务，增强认同感和归属感。与此同时，随着乡村振兴战略的深入实施，国家的惠农政策红利持续释放，促进了农村产业的融合和美丽乡村的建设，土地制度改革为农民提供了更多的权益保障，农村的吸引力正在上升，这在一定程度上影响了一部分人的进城意愿，即便愿意进城，这些人也希望能够保障其在农村的权益，这也成为市民化过程中新的诉求。

（三）人口日益向本省中心城市及邻近区域、县城转移集聚

当前，中心城市、都市圈、城市群等区域由于产业集聚、交通便捷、公共服务完善，成为城镇化发展的主要承载空间，更能满足和保障农业转移人口的多元化需求。与此同时，我国广大的县城通过建设产业园区和完善基础设施，提升了就业容纳能力，综合承载能力也得到显著提升，成为产业转移和人口集聚的重要基地，加之财政、落户条件等政策支持县域发展的力度不断加大，县城正在成为城镇化的重要承载区域。依托县城发展和政策支持，户籍人口回流、乡贤返乡的现象日益明显。从省际流动来看，2013~2022年，由于省内就业机会增加、家庭照顾需求及其他不确定性因素的影响，全国省外就业农民工占比从46.6%下降到41.1%，而省内就业农民工占比从53.4%上升到58.9%[1]，农民工在省内流动的趋势愈加明显。

---

[1] 数据来源：根据2013~2022年《农民工监测调查报告》计算整理。

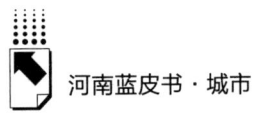

（四）机制政策进一步向深层次聚焦

近年来，我国实施的新型城镇化政策更加强调为那些"转而未留"的半城镇化人口提供"留下来"的机会，同时更注重提高新市民在城镇工作生活的社会福利待遇，从而确保进城农民能够顺利地落户并真正融入城市生活，享有与老市民同等的待遇和机会，以促进社会融合和稳定。当前，全国基本上全面放开落户限制，正在探索更加"自由"的城乡落户政策，并致力于通过推动城乡基本公共服务均等化来消除依附在城乡户籍上的不公平现象，一系列改革举措正一步步破解城乡二元结构的深层次矛盾，如"人钱挂钩、钱随人走"和"人地挂钩、以人定地"改革、农村"三权分置"改革等，这体现了国家在推进新型城镇化和城乡一体化发展上的坚定决心和明确方向，将有助于解决城镇化过程中面临的各种深层次问题，进而加快农业转移人口市民化进程。

四 河南加快农业转移人口市民化的对策建议

（一）持续深化与户籍挂钩的制度改革

当前，深化户籍制度改革，关键在于针对重点群体、重点区域优化户籍制度，加快各项配套制度的改革。因此，要以通过升学、参军等方式离开农村的人口以及长期在城镇工作生活的农业人口等为重点，制定更具针对性的落户政策，持续放宽落户条件，完善各类进城落户的激励政策，坚持分类施策，推广户口通迁、居住证互认，使户籍登记更加灵活，减少相关权益对人口流动的户籍绑定和限制。同时，要以基本公共服务为重点领域，逐步完善市民公共服务供给机制，逐步取消附着在户籍上的各种不公平的配套政策，确保持有居住证的新市民能够享受到与老市民同等的城市公共服务。

（二）健全可持续的要素支持机制

在土地方面，要进一步深化农村土地产权制度改革，在确权基础上建立农户对农村土地"三权"的自愿有偿退出机制,为离农人口提供合理的土地权益补偿。同时,持续深化土地要素市场化配置改革,完善城乡建设用地增减挂钩政策及跨区域土地指标调剂制度,并根据新市民的落户数量来调整城镇建设用地指标,不断提高土地配置利用效率。在资金方面,坚持政府引导与社会参与相结合、直接融资与间接融资相结合,持续优化财政支持市民化的相关政策,加快城镇投融资体制机制改革,推动国有融资平台加快市场化转型,与社会资本共同参与城镇化各项投资、建设和运营管理,探索农村资源资产化、资本化、债券化等市场化改革,通过多种渠道为农业转移人口市民化筹措资金。在劳动力方面,以农业转移人口为重点对象,紧密结合城镇产业园区、现代农业和第三产业发展需求,建立完善农业转移人口就业创业培训机制和服务体系,建立更加灵活多样的本土化人力资源交流服务平台和市场,培养一批符合城乡产业发展需求的新型劳动力。

(三)构建更加公平的公共服务供给机制

帮助进城农民成功融入城市生活,对于提高农业转移人口市民化质量至关重要。因此,应聚焦教育、医疗、养老、社会保障、住房保障等重点领域,加快构建更加公平的公共服务供给机制。在教育方面,要深化职业教育与行业需求的融合,加快建立区域一体、城乡一体的基础教育资源规划和供给机制,推动教育资源配置与城镇常住人口相匹配,同时建立健全"省—市—县—乡"优质教育资源共享机制,推动教育资源实现均衡化。在医疗方面,要依托数字化、信息化技术加快基层卫生机构现代化建设,建立完善地区高层次医疗技术人员流动机制,提高基层高层次医疗服务资源的配置水平。在养老方面,要持续深化养老服务供给侧结构性改革,完善养老产业发展支持政策,扩大养老产品和服务供给,提高农村养老服务质量,加强养老服务人才队伍建设,构建政府和市场机制共同作用的多元养老服务体系。在社会保障方面,要从社会保险待遇、社保基金统筹衔接、"放管服"改革等方面着手,加快完善城乡统一的社会保障服务政策机制,打造全国统一、城

乡一体的社会保障综合服务平台。在住房保障方面，要根据各级各类城市的实际情况，建立有针对性的进城农民城镇住房保障机制，用公积金及其他市场化方式支持进城农民享受城镇住房保障服务，确保他们能够获得更加稳定和适宜的居住环境。

（四）完善新市民社会治理参与机制

农业转移人口市民化是一个涵盖多维度的社会过程，涉及从农村到城市的全面转型。应根据年龄、学历、工作性质等方面的特点，以文化知识、就业技能、城市生活设施、法律法规等内容为重点，加强对新市民的教育和培训，着重体现对新市民的人文关怀，增强社会包容性。发挥城市街道办、社区、居委会等组织的功能和作用，通过各种途径搭建平台，加强新老市民的交流互动，支持和引导新市民积极参与各种社区建设活动和城市文明建设活动，通过实践活动增强他们的社会参与意识和能力，帮助他们构建有效的城市社会网络，增加社会关系资本，进而更好地融入城市。

参考文献

陈晨：《新时代农业转移人口市民化的实现路径》，《中南民族大学学报》（人文社会科学版）2023年第5期。

程郁等：《分层次推进农民工市民化——破解"愿落不能落、能落不愿落"的两难困境》，《管理世界》2022年第4期。

程郁、叶兴庆、揭梦吟：《农业转移人口市民化面临的突出问题与政策建议》，《经济纵横》2023年第6期。

杜宝瑞等：《社会流动性对农业转移人口市民化意愿的影响》，《中国人口科学》2024年第3期。

卢晨等：《农业转移人口市民化意愿影响因素、成本分担及机制构建——一个文献综述》，《郑州航空工业管理学院学报》2023年第2期。

欧阳慧、李智：《新时期中国户籍制度改革的问题与对策》，《宏观经济研究》2023年第8期。

王记文、郑玉荣：《新时代中国农村劳动力转移的历史方位和路径选择》，《世界农业》2023 年第 7 期。

易雪琴：《2021 年河南省健全农业转移人口市民化机制研究》，载王承哲、王建国主编《河南城市发展报告（2022）》，社会科学文献出版社，2021。

易雪琴：《我国城乡居民社会保险制度改革的反思与优化》，《改革与开放》2021 年第 16 期。

B.19 河南健全常住地提供基本公共服务制度研究

秦艺文*

摘　要： 所谓"小智治事，大智治制"，党的二十届三中全会审议通过《中共中央关于进一步全面深化改革、推进中国式现代化的决定》，提出"推行由常住地登记户口提供基本公共服务制度"，将成熟经验做法上升为制度规范。进入"十四五"时期以来，河南省推动基本公共服务均等化取得显著成效，但仍面临居住证制度仍不健全、财力保障机制仍不完善等痛点难点。未来，河南省可基于常住地基本公共服务供给压力和供给能力，分类实施、因城施策，完善成本分担机制，加强要素保障支撑，梯次推进省内基本公共服务常住人口全覆盖。

关键词： 常住地　基本公共服务　均等化　居住证

新型城镇化是实现中国式现代化的必由之路，党的二十届三中全会审议通过《中共中央关于进一步全面深化改革、推进中国式现代化的决定》，提出经济领域七大方面改革要求。在第四个方面"完善城乡融合发展体制机制"上，对"健全推进新型城镇化体制机制"做出系统部署，专门提出"推行由常住地登记户口提供基本公共服务制度"。所谓"小智治事，大智治制"，党的二十届三中全会将"基本公共服务常住地供给"落实到"制度建设"层面，将经过实践检验的成熟做法上升为制度规范，做到有章可循、有规可依，有利于系统解决当前推进新型城镇化所面临的难题。

---

* 秦艺文，河南省社会科学院城市与生态文明研究所研究实习员，主要研究方向为区域经济。

一 常住地提供基本公共服务制度构成

健全常住地提供基本公共服务制度是多项制度协同改革的呈现形式。有学者曾将其解构为基本制度和主体制度[①]（见表1），基本制度指常住人口基本公共服务直接依附的体制；主体制度则为规范性制度，即基本公共服务中某一具体领域的规范化政策文件，目前可依照2023年7月国家发展改革委等10部委联合发布的《国家基本公共服务标准（2023年版）》，将国家基本公共服务分为幼有所育、学有所教、劳有所得、病有所医、老有所养、住有所居、弱有所扶、优军服务保障和文体服务保障9个方面22个大类81个服务项目，且采用任务清单化管理模式，明确每个项目的服务对象、服务内容、服务标准、支出责任和牵头负责单位，使基本公共服务内容有了"国家标准"，为健全常住地提供基本公共服务制度提供了更为明确的主体制度体系。本部分主要围绕基本制度进行阐述。

表1 健全常住地基本公共服务制度的相关体制机制

分类	具体制度名目	说明
基本制度	户籍制度与居住证制度	常住人口与户籍人口的"博弈"
	"人地钱"挂钩的相关制度	推进常住人口基本公共服务全覆盖的财力保障
主体制度	基本公共教育服务规范	目前《国家基本公共服务标准》有2021年版、2023年版，内容不断更新、完善，推进了基本公共服务内容清单化、责任清晰化
	基本劳动就业创业服务规范	
	基本社会保险服务规范	
	基本医疗卫生服务规范	
	基本社会服务规范	
	基本住房保障服务规范	
	基本文化体育服务规范	
	残疾人基本公共服务规范	

资料来源：依据国家基本公共服务标准文件整理所得。

[①] 盛见：《河南省城镇基本公共服务常住人口全覆盖体制机制研究》，《河南牧业经济学院学报》2017年第1期。

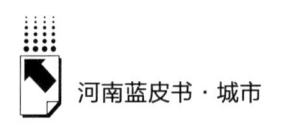

（一）健全以居住证为载体的公共服务机制

健全常住地提供基本公共服务制度，核心在于建立以常住人口为基础的公共服务供给体系。

理论上，居住证制度下，外来流动人口和本地户籍人口统一被视为"常住人口"，均等地享有当地基本公共服务。然而，户籍制度改革在实施环节并非一蹴而就，因为现行制度下的基本公共服务均等化可能存在多重困境。党的十九大以来，中小城市和建制镇落户限制全面放开，2019年城区常住人口300万人以下城市全面取消落户限制。

（二）完善"人地钱"挂钩机制，提高地方积极性

"人地钱"挂钩机制即通过"钱随人走"的财政转移支付模式，以及"人地"挂钩城镇用地供给机制，将农业转移人口市民化数量、建设用地指标、财政转移支付进行动态挂钩[1]。该机制出现在由"以物为核心"的传统城镇化转为"以人为核心"的新型城镇化初期，此时新型城镇化出现城镇化效益与成本错配、地方政府基本公共服务供给能力受限等问题[2]，阻碍了人的城市化[3]，需要构建市场驱动、政府辅助的城镇化质量提升新格局。"人地钱"挂钩机制利用"激励—融合"相结合的模式，可有效解决新型城镇化发展过程中不平衡不充分的社会主要矛盾，提高了常住地政府为农业转移人口提供基本公共服务的积极性，也为外来流动人口落户城镇、享有基本公共服务提供用地保障。

---

[1] 段浩、许偲炜：《新型城镇化中的"人地钱"挂钩制度：回应、困境与完善》，《农村经济》2018年第10期。
[2] 杨俊锋：《"人地钱"挂钩之后——中国城市化的体制性障碍与出路》，《学术月刊》2017年第1期。
[3] 冯长春、沈昊婧、王锋：《新型城镇化进程中"人地钱"挂钩政策探析》，《中国土地》2016年第4期。

二 河南省推进常住地基本公共服务供给情况

2024年中国宏观经济研究院社会发展研究所编写出版《健全常住地提供基本公共服务制度研究》（以下简称《研究》），从中央和地方视角分别对外来常住人口基本公共服务需求以及城市供给差异进行分析，基于供需思维，将推进常住地基本公共服务的城市按照"供给压力+供给能力"标准划分为三类，为后续推进时序和差异化政策体系提供依据。《研究》指出，现阶段非户籍人口在常住地享有基本公共服务还存在一定门槛，建议地方分类施策、因城施策，梯次推进基本公共服务由常住地供给。本部分依照《研究》内容，结合河南省发展情况，系统梳理河南省推进常住地基本公共服务供给情况。

总体来看，河南省基本公共服务供需情况呈现整体增强、局部不平衡不充分的特征。一方面，常住地基本公共服务仍有发展空间，供给质量和数量都需进一步提升。另一方面，第七次全国人口普查（以下简称"七普"）数据显示，河南省净流出人口量位居全国第一，同时省内净流入地仅有郑州一市，这表明河南省推进常住地基本公共服务全覆盖的政策路径不能完全照搬发达地区经验，应根据自身条件梯次推进。

（一）河南省基本公共服务供给成效

"十四五"时期，河南省在推进常住地基本公共服务供给方面取得了显著进展。通过政策创新、资源投入和制度改革，在教育、医疗、社会保障、住房等多个领域做出了积极努力。"十四五"已过中期，以2021年出台的《河南省新型城镇化规划（2021—2035年）》主要目标以及同年末《河南省人民政府关于印发河南省"十四五"公共服务和社会保障规划的通知》中基本公共服务指标体系为依据，工作推进情况如下。

1. **基本公共服务供给方面**

当前，我国政府间事权并非按照公共产品覆盖范围划分，而是依照属地化原则。分税制改革后，地方政府将90%的财政支出用于当地医疗、教育、社会保障等方面，这导致地方的财政能力直接影响了基本公共服务供给程度。河南省坚持在发展中保障和改善民生，显著增加了公共服务财政投入，2023年，全省民生支出8081.5亿元，首次突破8000亿元大关，占一般公共预算的73.1%，为保障和改善民生提供了有力支撑。学前教育毛入园率、义务教育巩固率、高中阶段毛入学率、高等教育毛入学率分别由2020年的90.30%、96.00%、92.01%、51.86%提高到2023年的92.46%、96.30%、92.90%、57.54%。2023年，河南省参加城镇职工基本养老保险的人数为2578.18万人，参加城镇职工基本医疗保险的人数为1433.82万人，2023年末城镇保障性安居工程住房基本建成28.86万套，相较于"十四五"初期（2021年）分别增长了8.44%、6.82%、35.49%。每千常住人口医疗卫生机构床位数、执业（助理）医师数、注册护士数比"十三五"末期分别增长了17.86%、25.49%、26.20%。

2. 推进基本公共服务均等化方面

推动均衡配置，促进教育公平。普通高中"大班额"情况显著好转，56人及以上的大班和超大班总数由"十三五"末期的1.16万个缩减至2023年末的1515个。在县城和大的乡镇布局建设一批寄宿制学校，科学稳妥整合小、散、弱的学校，高等教育进入普及化发展阶段。紧密型县域医共体、城市医联体建设实现全覆盖，多层次医疗卫生服务网络基本形成，乡村"看病难、看病贵"问题进一步得到缓解。

（二）人口结构变化特征对河南省基本公共服务供给提出新要求

流动人口既是人口问题更是经济问题，尽管全国的流动特征为城镇外来人口不断增加，但从省际情况来看，各省份流动人口结构存在差异，地方间推进常住地基本公共服务供给的难点、侧重点也不相同。河南省"七普"数据显示，2020年河南省流出到外省的人口达1610万人，与2010年相比增加595万人，净流出人口达1483万人，河南是全国净流出人口最多的省份。流出人口主要流向广东、浙江、江苏、上海等地。省内流动人口达

1993 万人，其中省内跨市流动 633 万人，郑州是全省唯一的人口净流入地。净流出人口增长反映了河南省经济发展不充分不平衡的现状。

上海交通大学特聘教授、中国发展研究院执行院长陆铭提到[1]，我国正处于人口"在集聚中走向平衡"的发展道路上，对于人口流入流出地的基本公共服务供给要分类讨论。

就河南省而言，第一，作为国家中心城市，郑州要关注如何客观科学地对待当地人口增长趋势。人口流入对常住地基本公共服务的影响往往存在滞后性[2]，短期来看，流入人口增加可能对人均基本公共服务数量和质量形成"拥挤效应"，但长期来看，对整体经济社会发展形成的"规模效应"将大于"拥挤效应"，形成正向促进作用。郑州作为河南省唯一的人口净流入地，如何处理好短期效应和长期效应之间的关系，是其作为常住地提供基本公共服务要研究的课题之一。此外，有研究指出，相邻城市间的人口流入与基本公共服务水平的相关性不同，本城市的人口流入会对邻近城市的基本公共服务水平产生负效应，但邻近城市提高基本公共服务水平对本城市的基本公共服务水平提升具有正向空间溢出效应[3]。"七普"数据显示，2020 年郑州吸纳的省内其他城市流出人口达 368 万人，占全省省内跨市流动人口的58.1%，作为"龙头"城市，郑州的流入人口绝大多数来自省内其他城市，如何把握好与周围城市的区域关系、推动区域共同发展是郑州乃至河南省推进新型城镇化要研究的重要课题。

第二，人口流出地的基本公共服务供给体制机制要配合当地基本公共服务的供需变化。"七普"数据显示，基于河南省流出人口的劳动功能特征，15~59 岁劳动年龄人口成为净流出的主要人群。此外，截至 2020 年

---

[1] 卜羽勤：《陆铭：经济在集聚中走向平衡，人口流入流出地应分类施策发展》，《21 世纪经济报道》2021 年 12 月 10 日。
[2] 兰峰等：《拥挤效应还是规模效应：人口流入对基本公共服务水平的影响研究》，《华东师范大学学报》（哲学社会科学版）2022 年第 1 期。
[3] 兰峰等：《拥挤效应还是规模效应：人口流入对基本公共服务水平的影响研究》，《华东师范大学学报》（哲学社会科学版）2022 年第 1 期。

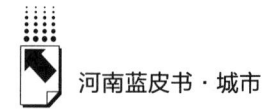

末，河南农村劳动力中到省外务工的人员达到1236.44万人[1]。劳动力的净流出关系河南省经济社会发展，需要配合经济政策、产业政策和要素市场机制改革协同发力，助推完善常住地基本公共服务供给体制机制。将基本公共服务制度改革单独考虑并不利于当地的发展，因为在人口倾向于流入较高工资地区的经济规律下，基本公共服务供给均等化的政策效应更像"锦上添花"，不能被高估[2]。因此，对于人口净流出地政府而言，改善当地人口的留居预期以及提升基本公共服务供给质量将成为促进当地经济社会发展的关键。

第三，老龄化、少子化趋势对于河南省基本教育、医疗公共服务供给质量有新要求。依据河南省统计年鉴及国民经济和社会发展统计公报数据，河南省出生率和人口自然增长率近5年均呈现明显下降趋势，且2022年人口自然增长率首次为负；此外，截至2022年底，河南省60岁及以上人口为1862万人，占常住人口（9872万人）的18.86%，比2021年末增加79万人。河南省总体呈现老龄化、少子化趋势，这种趋势并非河南省特例，而是全国性趋势，导致当前公共资源布局面临"城镇挤、乡村散"的结构性矛盾。教育部副部长王光彦介绍[3]，在学前教育方面，学龄人口在持续减少。在义务教育方面，小学在学规模已于2023年达峰，初中学龄人口仍在持续增加。在养老服务方面，河南省人民政府办公厅于2023年8月发布《关于推进基本养老服务体系建设的实施意见》，提出加快构建覆盖全体老年人的基本养老服务体系，以不低于国家相应标准的高要求不断拓展养老服务清单，提升老年人的获得感、幸福感、安全感。

---

[1] 数据来源：《2021年河南省国民经济和社会发展统计公报》。
[2] 邓仲良、程杰：《流动人口空间分布与公共服务可及性》，《经济学动态》2024年第6期。
[3] 《改革进行时 | 教育部：建立同人口变化相协调的基本公共教育服务供给机制》，中国网新闻中心，2024年9月26日，http://news.china.com.cn/2024-09/26/content_117451208.html。

三 河南省推进以居住证为载体的基本公共服务享有制度存在的不足

当前,全国推进常住地提供基本公共服务制度的主要方式是以居住证制度取代二元户籍制度,将基本公共服务与户籍逐步剥离。但无需落户就可享有与城镇居民相同的基本公共服务并非有利无弊,受城乡推拉力转换等影响,近年来居民落户意愿发生转变,大量农业转移人口并不愿意将户口从农村迁至城市,形成"流而不迁"局面。这种主动"拒绝"意味着单纯依靠户籍制度改革无法实现常住人口全覆盖。

实施居住证制度将有效推进常住地提供基本公共服务,方便按照常住人口配备资金、提供服务。但河南省目前的居住证制度仍不够健全。一是居住证的申领、换领存在一定门槛,这种门槛主要体现在基于社保的合法稳定就业状态或基于租赁证明的合法稳定住所,而社保缴纳以及租赁合同提供的可及性都与第三方自觉性有关,即用人企业是否依法缴纳社保、出租人是否依规履行租赁备案登记。一旦申请的条件涉及申领自然人之外的群体,成功率将大打折扣。二是居住证的普及仍然不够,流动人口普遍认同的身份证明仍然是身份证和户口本,对于居住证的重要性只有在办理公共服务或其他社区便利事项时才意识到,而一些"保守"流动人口担心居住证对于原籍地权益有负面影响,可能会在享有服务与放弃申领之间选择后者。三是与居住证配套的政策措施存在滞后性,《河南省"十四五"公共服务和社会保障规划》明确提出的向常住人口提供的基本公共服务相对有限。

河南省"人地"挂钩起步早、有成效,但财力保障机制仍不完善。河南省在"人地"挂钩政策改革方面取得了一定成果。2012年,国土资源部与河南省人民政府合作,允许河南省在土地管理制度改革方面先行先试。河南省在部分地市开展了城乡和区域间的"人地"挂钩试点,将城镇建设用地的增加与农村人口市民化进程相挂钩。这一举措打破了用地指标仅能在县

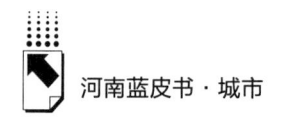

域内流动的限制,实现了全省范围内的跨区域流转。这不仅保障了重点项目的用地需求,还改善了农民的居住条件,解决了土地资金问题,加速了城镇化步伐,促进了城乡发展的一体化。

在财政能力方面,河南省各地市财政融资能力相对较弱。城市财政资源的获取方式可分为自我融资和资源再分配两种[①]。自我融资能力依赖地方经济发展程度,经济越发达,税基越稳固,自我融资能力越强;资源再分配能力则取决于城市行政级别,这与计划经济体制遗留的资源分配方式有关,行政级别越高,资源再分配的自主权越大,再分配能力越强。就河南省情况而言,郑州作为省会城市和全省唯一的人口净流入地,在《研究报告》中被列为"资源再分配能力强"但"自我融资能力弱"的城市。

在财政事权和支出责任改革方面,河南省采取了积极措施,2018年推出《河南省基本公共服务领域省与市县共同财政事权和支出责任划分改革方案》,确立了省与市县在基本公共服务供给中的共同责任,目的是提升服务效率。尽管目前没有建立以常住地为主的财力保障制度,但按照国家标准,相应出台了《河南省人民政府办公厅关于实施支持农业转移人口市民化若干财政政策的通知》,推动公共资源配置改革,并逐步将持有居住证的人口纳入基本公共服务保障范围。这些措施意味着,随着人口流入,常住地将不断增强基本公共服务供给能力,同时县级财力保障机制开始考虑常住人口因素,以适应人口变动带来的服务需求。

四 河南省健全常住地提供基本公共服务制度的路径

基于上述分析,健全常住地提供基本公共服务制度,需要综合考虑需求

---

① 蔡昉、都阳:《转型中的中国城市发展——城市级层结构、融资能力与迁移政策》,《经济研究》2003年第6期。

程度、服务成本、城市供给压力，率先解决流动人口需求最迫切、最现实的基本公共服务享有问题。本报告提出如下体制机制改革路径。

（一）坚持因城施策

依据《研究》分类，郑州为"省内流动人口集中的城市"。在分步分城推进常住地提供基本公共服务时，应遵循"先易后难"原则。首先，推动基本公共服务常住人口全覆盖，关键点是深化户籍制度改革，要推进以居住证、身份证为证明的常住地登记形式，并以此为核心制定一些涉及居住证的基本公共服务享有标准。具体而言，应降低居住证申领门槛，重点提高居住证"含金量"，建立居住证与基本公共服务全面挂钩机制，扩大居住证持有人可享有的基本公共服务范围。其次，对于郑州而言，作为"省内流动人口集中的城市"，其推进常住地提供基本公共服务的周期应适当延长，重点强化基本公共服务省内统筹能力，建立健全公共资源在省内自由流转、异地待遇互认等机制，推进居住证在全省范围内"一证通用"、登记信息互通共享。

（二）完善成本分担机制

建立政府、企业、个人共同分担农业转移人口市民化成本的机制；压实省内各级政府的基本公共服务供给责任，完善财政转移支付机制，提高其科学合理性，进而提升常住地政府开放基本公共服务享有权限的改革动力；依据常住人口测算结果分配财政资金，扩大一般性转移支付规模，确保资金与服务需求相适应；建立动态调整机制，根据农业转移人口规模和流动情况，动态调整财政转移支付规模和结构，引导产业发达城镇和大城市依靠自有财力提供均等化服务。

（三）加强要素保障支撑

在人力资源方面，加强人员编制保障，尝试建立"编制周转池"制度，将省级、市级层面的闲置编制资源转用至义务教育、医疗卫生人员编制上，根据人口流动情况，动态调整流入流出地编制定额。在土地要素方面，将居住证人口租赁房等民生用地供需情况纳入考量，在后续城市更新行动中，结合常住人口动态变化情况，科学规划、优先保障基本公共服务用地。在信息要素方面，顺应大数据时代变化趋势，加快推动物联网、人工智能等信息技术在公共服务中的应用，尤其是促进多部门、跨区域之间的基本公共服务数据共享，打破信息孤岛，为市民提供更高效的服务，为流动人口基本公共服务跨区接续提供技术保障，以技术升级等方式提高政府对民生的关注度，推动公共服务走向智能化，提高服务质量和社会运作效率，为人民带来便利。

参考文献

卜羽勤：《陆铭：经济在集聚中走向平衡，人口流入流出地应分类施策发展》，《21世纪经济报道》2021年12月10日。

蔡昉、都阳：《转型中的中国城市发展——城市级层结构、融资能力与迁移政策》，《经济研究》2003年第6期。

邓仲良、程杰：《流动人口空间分布与公共服务可及性》，《经济学动态》2024年第6期。

段浩、许偲炜：《新型城镇化中的"人地钱"挂钩制度：回应、困境与完善》，《农村经济》2018年第10期。

冯长春、沈昊婧、王锋：《新型城镇化进程中"人地钱"挂钩政策探析》，《中国土地》2016年第4期。

《改革进行时 | 教育部：建立同人口变化相协调的基本公共教育服务供给机制》，中国网新闻中心，2024年9月26日，http://news.china.com.cn/2024-09/26/content_117451208.html。

兰峰等：《拥挤效应还是规模效应：人口流入对基本公共服务水平的影响研究》，《华东师范大学学报》（哲学社会科学版）2022年第1期。

盛见：《河南省城镇基本公共服务常住人口全覆盖体制机制研究》，《河南牧业经济学院学报》2017年第1期。

王洛忠、孙枭坤：《为什么流动人口基本公共服务协同供给难以推进？——基于各主体间多重博弈困境的分析》,《东岳论丛》2021年第5期。

魏义方等:《健全常住地提供基本公共服务制度研究》,中国言实出版社,2024。

杨俊锋:《"人地钱"挂钩之后——中国城市化的体制性障碍与出路》,《学术月刊》2017年第1期。

B.20
推进河南县域经济"三项改革"研究

赵中华*

摘　要： 县域是河南主要的经济区和人口集聚区，河南高质量发展的基础在县域，短板在县域，潜力也在县域。河南启动实施县域放权赋能改革、省直管县财政体制改革、开发区体制改革"三项改革"，对推进中国式现代化建设河南实践具有重要意义。当前河南推进县域经济"三项改革"还面临行政改革执行力度不足、财政体制改革协调性不强、产业结构转型面临挑战、基础设施和服务配套不足以及人口流出和人才短缺等问题。要强化县域经济"三项改革"成效，河南还需在顶层设计、政策协调、行政体制改革、财政体制改革和产业转型升级等方面继续努力。

关键词： 县域经济　放权赋能　财政体制改革　开发区体制改革

县域经济作为国家或地区经济的基础单元，在当前的新发展格局中，对于促进国内市场的畅通发挥着关键作用。河南县域覆盖了全省大约85%的土地面积，承载了约70%的常住人口，贡献了约60%的GDP。因此，对河南而言，高质量发展的基础在县域，短板在县域，潜力也在县域。为更好地推动县域经济发展，强化县域经济对于全省的支撑作用，河南于2021年创造性地提出并启动实施县域经济"三项改革"，即县域放权赋能改革、省直管县财政体制改革、开发区体制改革，旨在最大限度地释放改革红利，奋力

---

* 赵中华，博士，河南省社会科学院城市与生态文明研究所助理研究员，主要研究方向为城市经济、产业经济。

提升县域经济发展质量和效益，加快推动县域经济"成高原"，谱写中国式现代化建设河南实践的县域篇章。

一 河南提出县域经济"三项改革"的时代背景

（一）河南经济转型的内在需求

河南的经济结构在2020年之前仍然以农业和传统制造业为主，产业升级和经济转型的需求十分迫切。虽然河南是中国的人口大省和农业大省，经济总量位居全国前列，但整体经济质量、产业结构的现代化水平以及人均GDP较低。县域经济作为河南经济的基础部分，长期依赖农业、低端制造业和资源型产业，生产方式较为粗放，缺乏创新驱动和高技术产业支撑，在市场竞争中利润空间缩小，发展模式面临瓶颈，依靠廉价劳动力和资源投入的传统增长模式已经难以维持，推动产业转型升级成为必要选择。河南提出县域经济"三项改革"，正是为了通过放权赋能、财政直管和开发区体制优化，提升县域经济的自主创新能力，推动制造业升级和农业现代化，支持现代服务业、先进制造业和战略性新兴产业的发展，适应高质量发展要求。此外，随着新型城镇化进程加快，河南也需要通过县域经济的发展推动城乡一体化，缩小城乡差距，推动县域经济成为城市经济和农村经济的联结点。

（二）国家政策的引导

国家政策对推动县域经济发展和改革具有重要引导作用。自2014年以来，党中央逐步加强对发展县域经济的支持，尤其是在新型城镇化、乡村振兴和区域协调发展战略下，县域经济被视为稳定经济增长、实现共同富裕的重要抓手。国家层面的政策导向为河南提出县域经济"三项改革"提供了直接的动力。党中央强调推动大中小城市和小城镇协调发展，县城作为中小城市的关键载体，在整个城镇化进程中发挥着吸纳农村劳动力、推动城乡一体化的重要作用。河南县域经济的发展符合这一政策目标，有助于推动县域人口城镇化，提升公共服务水平。国家政策特别指出，乡村振兴离不开县域经济的发展。河南作为农业大省，发展县域经济可以更好地整合农业资源，实现农业产业化、现代化，为乡村振兴提供强有力的经济支撑。在区域协调发展战略中，中部地区崛起是一个关键点，河南作为中部省份的代表，需要通过县域经济发展带动全省经济的整体崛起，进而在全国经济格局中占据更有利的地位。

（三）深化改革的要求

改革开放40多年以来，中国的经济发展取得了显著成就，但随着经济进入新常态，县域经济发展中的制度性障碍逐渐显现。长期以来，县级政府面临权限不足、财政自主性不强、资源配置效率低等问题，县域经济的发展受到诸多限制。深化改革成为打破这些发展瓶颈的必要途径。河南实施的县域放权赋能改革旨在将更多的行政管理权下放到县级政府，提高地方政府的自主决策能力，激发县域经济的内生动力，减少不必要的行政审批程序，提升县域经济发展的速度与效率。省直管县财政体制改革通过直接拨付资金给县级政府，缩短资金流动链条，提高财政资金的使用效率，帮助县域政府更好地满足地方经济发展的需求。开发区体制改革推动县域开发区从行政导向向市场化运营转变，提升其吸引投资和促进创新的能力。县域经济"三项改革"有助于推动县域经济实现资源集约利用，增强县域经济竞争力。

（四）区域竞争压力的影响

在中国的区域经济格局中，河南处于中部地区，面临来自东部沿海发达省份和西部崛起省份的双重竞争压力。特别是长三角、京津冀等区域经济快速发展，河南面临资源外流、人才流失等挑战。县域经济作为河南经济的重要组成部分，必须加速改革，以应对来自区域竞争的压力。东部沿海省份如江苏、浙江等地的县域经济发展较为成熟，创新能力和产业结构优势明显。

河南的县域经济要想在全国范围内保持竞争力，必须通过改革引进高新技术产业，提升产业链附加值。西部地区在国家政策的支持下，经济增速明显提升，如陕西、重庆等地的县域经济开始展现出较强的增长势头。河南要在区域竞争中保持优势，必须通过改革推动县域经济加速发展，抢占中部地区崛起的战略高地。

（五）县域人民群众对美好生活的期盼

县域经济发展的最终目的之一是满足当地人民群众对美好生活的需求。随着经济水平的提升和人民生活质量的改善，群众对更好的公共服务、更优质的生活环境以及更多的就业机会有了更高的期望。县域人民希望通过经济发展，改善当地的基础设施、提高收入水平，享受到和大城市居民一样的福利待遇。河南县域大多数人口仍然以农业就业为主，收入相对较低。群众期盼通过县域经济的改革和发展增加就业机会。县域人民对教育、医疗、养老等基本公共服务的需求日益增长，政府需要通过促进经济发展增加财政收入，提升公共服务供给能力。随着群众对生活质量要求的提升，环保和可持续发展的呼声日渐高涨。县域经济发展过程中，如何平衡经济增长与环境保护成为关键问题。通过改革，河南希望在发展经济的同时推动绿色发展，提升县域的生态环境质量，回应群众对良好生态环境的期盼。

二 河南实施县域经济"三项改革"的重大意义

（一）充分激发县域经济发展潜力活力

提升县域经济自主性。通过县域放权赋能改革，县域政府将获得更大的决策权和资源配置权。这一改革赋予地方政府灵活制定发展策略的能力，使其能够根据当地实际情况和发展需求，制定切实可行的发展计划，进而激发经济发展的活力。推动政策创新。地方政府在改革中可针对本地特点与需求，制定创新性的政策。这包括支持新兴产业的培育和传统产业的转型升级,通过提供财政支持、政策优惠等,鼓励民间投资和创业,提升市场主体的活力。这些创新性的政策不仅可以激活当地经济,还能带动就业和税收。推动资源整合。县域经济"三项改革"将有力推动地方资源的整合,促进资源要素的自由流动。这一过程打破了资源配置的壁垒,提高了资源的利用效率,最大限度地释放了县域经济的潜力。通过整合资源,地方政府可以更高效地利用土地、资金和人力,提高经济效益。

(二)推动经济结构优化升级

改革将促使地方政府加大对现代服务业和高新技术产业的支持力度,推动传统产业的转型升级。这种多元化的产业结构能够更好地满足市场需求,增强经济的韧性与可持续性。同时,改革还能提升产业的技术含量。地方企业在改革的激励下,将加大研发投入力度,推动技术创新和生产水平提升。这不仅提升了产品的附加值,也增强了市场竞争力。通过技术进步,企业能够提高生产效率,降低生产成本,从而在激烈的市场竞争中占据更有利的地位。此外,实施县域经济"三项改革"还能促进产业链完善。改革将推动地方企业之间的合作,形成完整的产业链和供应链。这一协同效应能够提升产业整体的竞争力和抗风险能力,促进县域经济的高质量发展。通过产业链的优化整合,企业能够更好地应对市场变化,提升经济的稳定性。

(三)有力支撑以人为核心的新型城镇化

加快城镇化进程。县域经济"三项改革"为农村人口创造了更多就业机会,吸引人口向城镇流动。这不仅加快了新型城镇化的进程,也使城市能够吸引更多的年轻劳动力,从而促进城市的经济增长。优化城市功能。通过改革,地方政府能够更加注重基础设施建设和公共服务水平的提升,改善城市环境和生活质量,提升居民的生活幸福感。注重人文关怀。新型城镇化强调以人为本,改革推动地方政府更加关注居民的生活需求和社会保障。这种以人为核心的发展思路,增强了居民的幸福感和获得感,使居民更好地融入城市生活。

（四）促进城乡融合发展

打破城乡壁垒。改革推动资源要素在城乡之间自由流动，促进城乡经济的融合发展，缩小城乡发展差距。通过城乡要素的合理配置，推动城乡一体化发展，实现资源的有效利用。发展乡村经济。改革使地方政府更加重视乡村经济的发展，推动农业现代化，提升农民收入。这不仅能促进农村地区的繁荣，也为全国经济的协调发展提供了基础。完善基础设施。改革加强城乡基础设施的联通，改善交通、通信等基础设施。通过提升基础设施建设水平，加速城乡一体化发展，为农民的生产生活提供更好的条件，推动农村经济的发展。

（五）增强人民群众的获得感

提高人民的生活水平。推动县域经济发展将创造更多的就业机会和收入来源，提升居民的生活水平，使人民群众享受到改革带来的实惠。随着经济的增长，居民的生活条件将得到显著改善，幸福感增强。优化公共服务。改革将使县域政府更好地提供教育、医疗等公共服务，通过提升服务质量，增强居民的获得感和满意度，促进社会的和谐发展。促进社会参与。改革强调政府与群众的互动，鼓励公众参与决策过程。这一举措让人民群众真正成为经济发展的受益者，提升了大家对改革的认同感和支持度，进而提升社会的凝聚力。

三　河南县域经济发展现状

（一）县域经济规模体量较大，但发展不平衡不充分

根据各县市 2023 年国民经济和社会发展统计公报数据，河南省内有 11 个县市的 GDP 突破了 500 亿元大关，其中巩义以 1010.9 亿元的成绩成为河南首个"千亿县"。然而，这些"超强县"存在发展差异，如禹州的 GDP

达到971.0亿元，而长葛虽然也有618.7亿元的GDP，但增长明显乏力。此外，还有48个县市的经济规模相对较小，GDP为100亿~300亿元，安阳以114亿元的GDP成为全省经济规模最小的县之一。这种差异表明，尽管河南县域经济总量较大，但发展不平衡不充分问题依然严重，部分地区经济实力较弱，增长潜力未得到有效挖掘。

（二）产业发展具有相对特色，但优势产业竞争力不足

河南县域经济在发展过程中形成了各自的特色产业，如新密市在新材料和品牌服装领域取得了一定成就，新郑市在现代食品、生物医药、智能制造方面具有较强的竞争力。然而，整体上看，河南县域经济在产业结构上的单一性和同质化问题仍然存在，尤其是在新兴产业的培育和传统产业的转型升级方面进展缓慢。例如，河南县域制造业虽然规模较大，但在高端制造、智能制造等领域的核心技术优势尚未形成，产业向中高端迈进的任务艰巨。此外，河南县域在新兴产业方面的集聚效应尚未显现，特色优势产业的竞争力不足，缺乏足够的市场开拓能力和品牌影响力。

（三）总体发展韧性有所提升，但发展动能潜能偏弱

近年来，河南县域经济在面对内外部挑战时展现了一定的韧性，特别是在应对经济下行压力的过程中，通过优化产业结构、推动产业升级等方式增强了抗风险能力。然而，从长远角度来看，河南县域经济的发展动能仍然不足，创新驱动发展战略的实施效果尚未完全显现。尽管河南在研发投入方面有所增加，但仍低于全国平均水平。2022年河南研发投入强度为1.86%，低于全国的2.54%。此外，企业自主创新能力较弱，关键技术亟待突破，产学研合作深度不够，这些都是制约发展动能提升的因素。

（四）民生福祉不断增进，但基础设施仍存在短板

随着县域经济的发展，河南各地在民生保障方面取得了显著成效，居民

生活水平不断提高，教育、医疗等公共服务设施得到了改善。然而，基础设施建设仍然是县域经济发展的短板之一。尤其是在偏远地区，交通、通信、水利等基础设施仍有待健全，这些短板限制了县域经济的进一步发展。此外，河南县域内的数字经济基础设施建设相对滞后，与经济发达省份相比，数字经济的应用与推广水平不高，这不仅影响了产业的数字化转型，也制约了新业态、新模式的发展。因此，加大基础设施投资力度，提升公共服务质量和覆盖度，仍是河南县域经济未来发展的重要方向。

四 河南县域经济"三项改革"面临的问题

（一）行政改革执行力度不足

河南提出了放权赋能的政策要求，旨在激发地方政府的积极性。然而，地方政府在实际操作中常常受到传统体制的制约，表现出一定的保守态度。这种保守态度不仅体现为对改革措施的接受度低，也体现为对新政策实施后的担忧。例如，地方政府可能因担心改革带来风险而不敢大胆推进新政策。同时，一些地方干部对于市场经济体制的理解相对滞后，习惯依赖传统的行政管理手段。这导致改革措施在具体实施时遇到抵触情绪，形成了"上行下效"的传导失灵现象。地方政府在实施新政策时，常常缺乏对改革的信心和必要的政策支持，进一步加大了改革的执行难度。这种现象可能会导致政策执行的"空心化"，即政策虽在纸面上存在，但缺乏落实与推进。

（二）财政体制改革协调性不强

河南的省直管县财政体制改革虽然旨在加强财政管理，但在实践中却常常面临地方政府与省级财政间的协调困难。地方政府可能面临财政收入不足与支出需求旺盛之间的矛盾，影响了其在经济发展和公共服务方面的支出能力。同时，省直管县财政体制改革需要各级政府之间的良好沟通与协作，但当前缺乏有效的协调机制，使得资源配置不合理。在一些情况下，地方政府

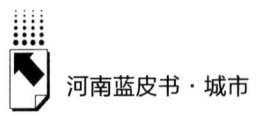

的资金使用不够灵活,导致部分项目因缺乏资金而停滞不前。此外,县域经济发展对财政支持的依赖性较强,一旦财政体制未能协调发展,可能会导致县域经济的进一步滞后。

(三)产业结构转型面临挑战

河南的县域经济依赖农业和初级产业,转型升级面临重重挑战。现代服务业和战略性新兴产业的发展力度仍显不足,导致产业结构单一,缺乏竞争力。同时,传统产业的转型不仅需要资金和技术支持,还需要高素质人才的支撑。然而,许多县域内的高端人才流失严重,且引进难度大,形成了人才供给与发展需求不匹配的局面。同时,在产业结构转型过程中,地方政府在资源配置上的决策可能滞后,导致投资回报率低,进一步影响了转型的积极性。此外,产业结构转型还需要时间和持续的政策支持,短期内难以见到成效,这也使地方政府在转型上缺乏信心。

(四)基础设施和服务配套不足

基础设施的欠缺是影响县域经济发展的主要因素之一。许多县域在交通、通信和公共服务设施方面的建设能力仍然较为薄弱,制约了投资环境的改善。同时,完善基础设施和服务配套需要长期的投资和持续的政策支持,而县域财政往往面临较大压力,难以承担这种长期、持续的资金投入。更重要的是,基础设施建设通常需要一定的经济规模,而许多县域经济体量有限,导致基础设施建设进展缓慢。此外,建设项目在审批和实施中面临的各种限制可能导致基础设施建设的滞后,影响企业的运营效率。

(五)人口流出和人才短缺

河南县域经济在发展过程中,许多年轻人选择向大城市流动,造成了人口的持续外流。这一现象直接导致了县域内劳动力短缺和人才资源的匮乏。

如何吸引和留住人才，特别是高素质人才，成为县域经济发展面临的重要挑战。县域内生活和工作条件相对有限，缺乏吸引力，导致许多高素质人才宁愿留在大城市。此外，缺乏创新和创业机会也使县域经济对人才的吸引力降低，造成了"人才危机"。如果这一问题得不到有效解决，将会影响县域经济的活力与创新能力，长远来看，这种人才流失将使地方政府在推动经济转型和产业升级方面力不从心。

（六）创新能力不足

许多县域的创新体系不健全，研发投入不足，缺乏创新资源，导致整体创新能力较弱。这种状况使地方经济在面对转型时显得无能为力。同时，建立健全的创新生态系统需要时间、资金和政策的支持。然而，当前许多县域在这些方面的积累不足，缺乏创新土壤。企业的技术研发投入往往处于较低水平，导致新产品和新技术的开发滞后。此外，创新需要完善的知识产权保护和市场机制，但县域内相关法律法规执行力不足，进一步抑制了创新活力。

五 河南高水平推进县域经济"三项改革"的建议

（一）强化顶层设计与政策协调

一是进一步明确改革目标。明确短期（1~3年）、中期（4~5年）和长期（6~10年）目标，将各阶段目标进行分解，确保改革有序推进。坚持分层实施，细分各区域、各行业的具体发展目标，制定差异化政策，防止"一刀切"式管理。建立阶段性评估机制，定期对目标实现情况进行审查和调整，确保目标的科学性与可操作性。二是建立健全政策配套机制。推动财政、产业、人才政策联动，制定跨领域的政策配套方案，确保财政、产业和人才政策之间的有机结合。强调利益相关方的参与，在政策制定过程中，广泛吸纳县域企业、科研院所和社区意见，形成多元政策制定路径。促进政策灵活调整，根据反馈及时进行调整，避免政策僵化，确保政策与现实需求同步。三是加强多级协同与部门协调。强化省、市、县三级联动，建立跨级别的政策联动机制，通过信息共享、会议协调等手段，加强各级政府间的沟通与协作。建立跨部门协作机制，确保经济、财政、科技、生态等多部门在政策设计、执行中的协作，消除跨部门政策执行障碍。

（二）深化行政体制改革

一是提升地方政府执行力。建立健全责任追究与问责机制，确保各级政府在改革中的职责清晰。建立健全跨部门快速反应机制和应急协调机制，提升对突发问题的应对能力。提升行政透明度，推进决策和执行过程的公开透明化，确保政府行为受到监督，减少推诿和拖延现象。二是完善激励与容错机制。加强业绩激励，为各级政府部门设立具体的考核目标，结合县域经济发展情况进行激励，提升地方政府的改革积极性。完善容错纠错机制，明确容错范围，给予合理解释空间和纠错机会，避免因改革失误而丧失动力。三是强化人才队伍建设。健全本地人才培养计划，制定本地干部和专业人才定向培训计划，定期进行政策、管理、技术等方面的培训，提升县域干部的治理能力。拓宽人才引进渠道，通过高校合作、企业联动引进外部专家及高端人才，为县域改革提供智力支持。推动跨界人才融合，鼓励政府、企业、科研机构人才的相互流动，提升县域经济管理者的综合能力。

（三）推进财政体制改革

一是推动财政资源优化配置。优先支持民生基础设施建设，针对教育、医疗、交通等基础公共服务领域适度进行财政倾斜，保障重点项目资金到位。支持发展重点产业，根据不同县域的产业特点，精准投放财政资源，支持特色产业和现代服务业发展。根据县域的不同发展阶段，实施财政分级管理，防止资金分配失衡。二是推动动态调整与精细化管理。借助大数据平台，动态监控各县财政资金的使用情况，及时调整财政投放结构。逐步推行绩效预算管理，按照不同项目的投入产出比，对财政支出进行科学评估。提升地方财政自主性，扩大县级政府的财政自主权，增强县级财政调控能力，提升地方发展自主性。三是提升财政监管透明度。实施信息公开制度，建立透明的信息公开平台，接受社会监督，定期向公众汇报资金流向和使用情况。强调社会参与监督，引导公众和社会组织参与财政预算的制定与监督，提升财政使用的透明度与公信力。

（四）加快产业转型升级

一是合理规划产业发展。针对各县域的产业基础和资源禀赋，制定差异化的产业发展规划，避免盲目发展同质产业。推动县域间产业的协调发展，避免恶性竞争，提升产业链整体竞争力。鼓励县域优先发展高附加值、绿色低碳的新兴产业，提升产业集群效应。二是支持鼓励科技与模式创新。加大技术创新投入力度，设立专项科技创新基金，支持本地企业的技术研发与创新能力提升。推动"数字+产业"的深度融合，通过互联网技术提升传统产业的运营效率和附加值。强化产业模式创新，通过产业与文化、旅游、农业的跨界融合，创造新的经济增长点。三是加强中小企业扶持政策支持。健全融资支持体系，制定县域中小企业融资支持计划，帮助企业获得发展所需的资金支持，特别是创新型企业。强化市场准入与政策支持，放宽中小企业的市场准入限制，提供一站式政策服务，简化审批流程，降低企业制度性交易成本。

（五）完善基础设施建设

一是加快升级交通网络。推动县域交通互联互通，优化县域内外交通网络，确保资源高效便捷流动，尤其要加强与省会城市和经济枢纽的交通联系。建设绿色交通系统，推动县域交通系统的绿色转型，优先发展公共交通与新能源汽车，降低碳排放。二是强化信息化与智能化基础设施建设。提升宽带、5G等信息基础设施覆盖率，推动县域数字经济与产业现代化的深度融合。推动县域智慧城市和智慧乡村的建设，通过智能化管理提升县域经济运营效率。三是深入推进公共服务与生态建设。加大教育和医疗设施的投入力度，尤其是在偏远乡镇推动教育与医疗资源的均衡分配。推动生态环境治理与可持续发展，在基础设施建设中融入生态环境保护理念，开发绿色、可持续的基础设施项目。

（六）促进城乡融合发展

一是促进城乡土地要素流动。健全土地要素流动机制，改革土地流转政策，推动城乡土地资源的合理流动，促进土地资源高效利用。二是推动乡村振兴与农业现代化。推动农业产业链延伸，推动农业与加工业、服务业的深度融合，提升农业附加值，形成贯通城乡的完整产业链，提升城乡经济一体化水平。完善农村基础设施建设，优先建设水利、道路等基础设施，改善农村生产生活条件，提高农村现代化水平。三是推动人口双向流动与户籍改革。吸引人才返乡创业，提供政策支持和创业基金，吸引外出务工人员回乡创业，激发县域经济活力。进一步深化户籍制度改革，推动户籍制度改革与公共服务衔接，确保进城农民工能够享受城市公共服务，推动城乡人口双向合理流动。

（七）构建创新生态系统

一是强化创新平台建设与技术支持。建设技术研发中心、科技孵化器等平台，推动企业与高校、科研院所的合作，促进技术成果转化。为县域中小企业提供技术支持和服务，帮助其提升技术水平和创新能力。二是健全创新人才激励机制。强化科研人才奖励，针对县域科研创新成果，设立专项奖励基金，鼓励科研人员参与地方经济发展，推动技术创新。强化人才引进与培养，制定县域"人才引进计划"，并通过与高校合作，建立定向培养机制，保证本地创新型人才的持续供给。强调创新创业氛围营造，推动县域内创新创业文化的普及，举办创新创业大赛、科技展览等活动，促进技术创新。三是推动产业与创新协同。提供融资、税收减免、政府采购等优惠政策，鼓励企业创新，并推动其技术成果的市场化转化。大力发展高新技术产业，结合县域产业特点，重点扶持生物科技、人工智能、新能源等高新技术产业，推动产业结构优化升级。建立区域创新合作机制，促进技术、资金、人才的流动，形成区域间的创新合力。

（八）鼓励公众参与社会监督

一是完善公众参与机制。完善公共意见征集机制，在县域改革与发展的关键阶段，通过举办公开咨询会、线上意见征集等形式，广泛吸纳民众意见，确保决策的民主性和科学性。推动民众参与政策监督，通过设立在线监督平台或开放政府数据，确保政策的透明度与公信力。二是提升公众认知与教育水平。通过广泛的宣传教育，促进民众对县域改革政策的理解，增强民众参与县域经济建设的积极性与责任感。鼓励县域居民通过社区组织、合作社等方式参与地方建设，推动居民在经济发展中从"被动接受"向"主动参与"转变。三是建立公众反馈与评价机制。定期通过民意调查、反馈意见征集等方式，了解公众对改革措施的评价，并结合反馈信息调整政策。引导和支持非政府组织、社会团体在县域改革和经济发展中进一步发挥监督作用，实现政府与社会的良性互动，提升改革成效。四是畅通民意诉求渠道。设立多层次、便捷的民意诉求渠道，让公众的诉求能够快速传达至决策者，并得到有效回应。提升公众决策参与度，增加公众直接参与地方经济发展规划与决策的机会，完善居民参与预算编制或重大项目规划的机制，增强民众的认同感。

参考文献

《把改革和发展结合起来　增强县域经济发展活力》，大河网，2024年3月18日，https://theory.dahe.cn/2024/03-18/1729442.html。

冯芸、马涛：《楼阳生到鹤壁市浚县、安阳市汤阴县调研时强调　纵深推进"三项改革"加快推动县域经济"成高原"》，《河南日报》2023年3月22日。

郭永：《河南县域经济实现高质量发展研究》，《中共郑州市委党校学报》2024年第3期。

杨宝才：《河南县域经济高质量发展困境及对策》，《当代县域经济》2024年第9期。

B.21
河南城市工商业土地利用优化研究

赵 执*

摘　要： 工商业用地是城市建设用地的重要组成部分，其空间布局和利用情况直接影响新质生产力培育和发展、城市发展方式转变和现代化河南建设等多个方面。现阶段，河南在加强顶层设计、完善政策体系、提升土地利用效能等方面取得了明显成效，但仍存在土地利用强度偏大、工业用地占比偏低、面临多元用地需求等问题。随着新质生产力的加快培育、城市发展阶段的逐步演进，河南需从适时优化政策体系、建立健全建设用地市场、科学实施存量土地和低效用地再开发及提升土地利用管理的适用性和灵活性等方面着手，进一步优化城市工商业土地利用。

关键词： 工商业土地　利用优化　城市

党的二十届三中全会审议通过的《中共中央关于进一步全面深化改革、推进中国式现代化的决定》强调"优化城市工商业土地利用"。城市工商业土地利用直接影响新质生产力培育和发展、城市发展方式转变、人民日益增长的美好生活需要的满足等方面，事关现代化河南建设大局。近年来，河南持续优化国土空间格局，健全土地管理制度，构建了"1+N"节约集约用地政策体系，推进各市县包括工商业用地在内的土地要素配置效能不断提升。

一　优化城市工商业土地利用的重要意义

工商业用地是城市建设用地的重要组成部分，其布局和利用情况直接影

---

* 赵执，河南省社会科学院城市与生态文明研究所副研究员，主要研究方向为城市土地利用与管理、国土空间优化利用。

响城市空间形态优化、优质产业发展和功能品质提升等多个方面。优化城市工商业土地利用，对保障新质生产力发展、推进城市发展方式转变和强化现代化河南建设支撑等具有重要意义。

（一）保障新质生产力发展的内在要求

土地资源的优化配置及高效利用对加快培育形成新质生产力至关重要。一是为新质生产力发展提供物理空间。产业的发展需要一定的场所支持，城市通过优化国土空间格局，科学配置土地资源，能够为培育发展新质生产力提供必要的物理空间和载体功能。二是为新质生产力发展集聚要素。土地不仅是重要的生产要素，还是其他各类生产要素集聚的基础载体。因此，土地资源配置在生产要素优化组合中起到关键作用。要发展以全要素生产率大幅提升为核心标志的新质生产力，顺利实现生产力水平的跃升，就必须重视土地要素推动其他各类资源要素集聚的功能，激发土地资源配置活力，推动更多先进优质的生产要素向新质生产力领域顺畅流动和高效配置，激发区域高质量发展新动能。

（二）转变城市发展方式的重要着力点

伴随我国城镇化进程的加速，越来越多的城市迈进了存量提质发展阶段，传统的规模扩张发展方式已经难以为继，优化城市工商业土地利用成为转变城市发展方式、提升城市功能品质和发展质量的必要手段。一是部分城市存在空间结构不合理的问题，如工商业用地占比不合理，居民医疗、教育、养老、育幼等公共服务设施用地和生态用地占比偏低，影响城市功能完善和品质提升。二是部分城市内部存量土地规模偏大，个别甚至出现"沉睡园区"等园区土地利用不充分的问题，导致城市面临土地开发强度偏高与建设用地地均 GDP 偏低并存的突出矛盾，影响城市开发建设的综合效益和社会影响。在此背景下，因地制宜科学优化城市工商业土地利用，成为以土地利用方式转变推动城市建设发展方式升级的重要抓手。

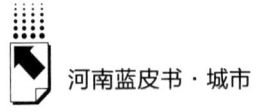

（三）强化现代化河南建设支撑

河南布局了全国重要的要素市场、国家战略科技力量和现代化综合交通枢纽等，是国家中部地区崛起战略的重要承载地、黄河流域生态保护和高质量发展战略的提出地和沿黄经济的集聚区，在构建新发展格局中发挥着主力军作用。河南优化城市工商业土地利用，一方面有利于提升土地要素保障质量和水平，发挥土地要素对资本、人才、科技等生产要素配置的系统性引领作用，推动城市更好实现资源要素优化配置，加快培育和发展新质生产力，打造区域经济高质量发展强引擎；另一方面有利于腾挪更多存量土地来建设公共服务设施，破解城市内部发展不平衡不充分的问题，让现代化河南建设更好地回应人民多元诉求和多层次需要。

二 河南优化城市工商业土地利用的做法与成效

近年来，河南从重视并加强城市土地优化利用顶层设计、构建完善城市土地优化利用政策体系、持续精准推进城市产业用地提质增效以及广泛宣传引导社会各界节约集约用地等方面着手，推进各市县包括工商业用地在内的土地要素配置效能不断提升。

（一）重视并加强城市土地优化利用顶层设计

河南高度重视并加强土地资源的保护利用，强化对包括工商业用地在内的城市土地资源的合理配置和优化利用。省委十一届七次全会提出，要"推进要素市场化改革""实现资源配置效率最优化和效益最大化"，并强调要"深化土地制度改革"，为畅通包括土地在内的要素流通渠道提供了指引。《河南省国民经济和社会发展第十四个五年规划和二〇三五年远景目标纲要》强调要"加快建设城乡统一的建设用地市场"，从鼓励土地复合利用、探索增加混合产业用地供给、推行"标准地"出让、实行全生命周期管理、创新存量低效用地盘活机制、支持工矿废弃土地恢复利用等方面

"增强土地利用管理和调控灵活性"。由此可见，河南在全省经济社会高质量发展的整体谋划部署中，高度重视城市土地资源的合理配置和高效利用，从加强土地市场建设、有效激发土地市场新活力以及以多途径多手段提升工商业等城市建设用地效率等角度着手，为全省各市县优化工商业土地利用提供科学指引。

（二）构建完善城市土地优化利用政策体系

河南不断完善土地资源保护利用相关政策，为优化城市工商业土地利用提供了保障。一是强化规划引领。2024年2月，国务院批复的《河南省国土空间规划（2021—2035年）》整体谋划了国土空间开发保护新格局，还强调要优化城镇用地结构与布局，保障实体经济和生产服务功能的发展空间，尤其是保障创新高地、枢纽经济、高质量制造业及战略性新兴产业等重点产业集群的发展空间，以及城市商圈、社区商业等用地，反映出对优化城市工商业土地利用、提升空间治理现代化水平的高度重视和精心部署，为全省优化城市布局、合理配置土地资源等提供了科学依据。二是适时优化政策。近年来，河南基于经济社会高质量发展的需要及土地资源利用状况，适时完善用地政策，不断加强城市土地管理。为了以高水平土地资源保护利用提升支撑保障现代化河南建设的能力和水平，河南省发布了《关于加强和改进土地资源保护利用推动现代化河南建设的意见》（以下简称《意见》），就遵循城镇建设发展规律、优化先进生产力布局、促进城市品质提升和土地高效利用等方面做出系统的安排部署。当前，河南正在加紧研究制定《关于加快推进城镇低效用地再开发促进城市更新的通知》，力争从明确认定标准、优化再开发模式、丰富配置方式等方面着手，为全面提升土地节约集约利用水平、有效促进城市更新和经济社会高质量发展提供科学依据。根据2020~2022年《河南省自然资源公报》，2022年全省工矿仓储用地供给规模增长至0.94万公顷，稳定在当年国有土地供给总量的1/5以上。商服用地供给规模由2020年的0.19万公顷下降至2021年的0.14万公顷，又在2022年增至0.15万公顷，努力满足"一主两副"中心城市，郑州都市圈，其他发展质量高、效益好的地区以及省级以上开发区、重要创新平台、重大项目等的土地要素需求。

（三）持续精准推进城市产业用地提质增效

河南立足经济社会发展水平和建设用地利用实际，在遵循城市建设发展规律的前提下，持续推进产业用地提质增效。首先，省级层面自2022年开始实施《河南省开发区标准体系及基准值（试行）》，通过推出以"亩产效益"为导向、正向激励与反向倒逼相结合的差别化政策措施，推动产业用地配置精准度和效率提升。2023年以来，河南出台的《河南省开发区高质量发展促进条例》《河南省转型升级试点开发区培育办法》均对强化产业发展用地保障做出了安排。制定的《关于实施开发区土地利用综合评价促进节约集约高效用地的意见》《工业用地"标准地"管理规范》《关于进一步严格落实"增存挂钩"机制的通知》《河南省开发区多层标准厂房规划用地管理办法》《河南省开发区规划用地标准实施办法》等，与之前出台的《意见》共同构建了河南"1+N"节约集约用地政策体系，持续精准地推进全省产业用地等提质增效。2023年底，"土地豫选云"平台上线，对推动土地资源高效精准配置、降低企业用地成本、提升土地节约集约利用水平发挥了重要作用。其次，市县层面纷纷结合实际展开相关探索。如郑州、洛阳、长垣等城市相继在省相关文件的基础上结合实际出台工业用地弹性出让实施细则，创新工业用地"标准地+弹性出让"模式，南阳等城市就完善产业用地供应政策、支持实体经济发展出台实施意见，持续规范产业用地管理，提高土地要素生产率。此外，全省持续加强批而未供土地和闲置土地盘活整治，仅2022年一年就盘活了54.98万亩土地，2023~2025年计划盘活超过110万亩的批而未供土地，闲置土地处置率达到90%以上，单位GDP建设用地使用面积将明显缩小。

（四）广泛宣传引导社会各界节约集约用地

河南各个城市采取多种形式广泛宣传节约集约用地理念，引导全民共同关注土地资源。一是采取多种形式广泛宣传引导。全省各地利用"6.25"全国土地日等重要节点，广泛应用电视台、报纸、电子屏、实体展板等传统手段及微信、微博、抖音、快手等社交媒体平台，以投放宣传视频、开展知识问答竞赛等多种方式向社会公众普及节约集约用地理念，全社会珍惜土地资源、节约集约用地的意识进一步增强。二是积极向社会推广节地技术和节地模式。引导和支持各市县结合实际，因地制宜采取立体化、复合化、集约化技术或模式开发利用土地，推动节约集约用地水平不断提升。

三 河南优化城市工商业土地利用存在的问题

（一）土地利用强度偏大，土地利用效率不高

河南是人口大省，以不足全国2%的土地承载了全国超过7%的人口，土地开发建设程度高，土地利用率接近97%，增量拓展空间有限。部分城市内部存量土地规模偏大，甚至存在园区土地利用不充分等问题，面临土地利用强度偏大与土地利用效率不高并存的矛盾。

（二）工业用地占比偏低，用地结构仍需优化

全省村庄建设用地规模占城乡建设用地规模的比重达到74%，相比之下，城镇建设用地规模占比不高。而在城镇建设用地中，工业用地占比为18%，与一般城市（占15%~25%）相比也偏低。此外，城镇工商业发展所需的停车场用地等规模偏小，城市内部用地结构仍需优化。

（三）面临多元用地需求，存量开发情况复杂

加快培育以科技创新为核心要素的新质生产力，已经成为城市高质量发展的重要抓手。与传统郊区封闭式、园区化的产业用地供给相比，城市嵌入式、密集化、混合化、生态化、开放化、弹性化的空间越来越成为科技创新的优势空间，新质生产力的发展对城市土地利用提出了新的要求。此外，当前郑州等城市已经迈进了存量挖潜与增量开发并存的发展阶段。相对于传统

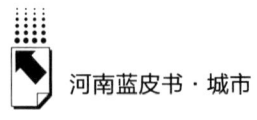

的增量开发，城市推进存量土地再开发面临用地状况多样、土地权属复杂、人本诉求多元及再开发成本高等系列挑战。

四 河南优化城市工商业土地利用的对策建议

随着经济社会高质量发展的深入推进，河南需在适时优化政策体系、建立健全建设用地市场、科学实施存量土地和低效用地再开发及提升土地利用管理的适用性和灵活性等方面着手，进一步优化城市工商业土地利用。

（一）以系统思维优化城市工商业土地利用

一是在省级层面优化空间布局，完善政策体系。坚持以国土空间规划为引领，科学引导建设用地等要素向郑州国家中心城市和郑州都市圈等优势发展地区集聚，推动新增建设用地优先满足郑州航空港经济综合实验区、豫东南高新区、省级以上开发区及重要创新平台和重大项目建设的需求。基于经济社会高质量发展的需要，适时优化包括工业用地、商业用地等在内的城市土地资源保护利用政策体系，建立健全同宏观政策、区域发展更加高效衔接的土地管理制度，强化对全省各市县工商业高质量发展的用地政策支撑。二是在城市层面持续优化土地资源配置。支持各市县基于人口、产业等发展需要，合理优化城市空间结构，统筹管理增量土地、存量土地和低效用地，适当提高城市工业用地占比，满足消费集聚区的停车场所、配送中心、社区商业服务设施等配套用地需求，增加城市体验型、互动型、时尚型、社交型空间供给，提升城市功能与品质，推动产城融合和职住平衡，构建城市空间与新制造、新服务、新业态发展之间的良好关系，有效保障战略性新兴产业和未来产业的发展空间，更好地满足培育新质生产力所需高端人才的空间需求，以更具系统性、前瞻性、创新性的土地资源配置导向回应新质生产力发展的现实诉求。

（二）加快构建完善城乡统一的建设用地市场

构建完善城乡统一的建设用地市场，是充分发挥市场在资源配置中的决定性作用、促进土地要素公平交易、提高土地资源配置效率的必然需要。河南要以放权赋能为核心，深化农村土地制度改革，积极探索符合河南实际、具有河南特色的农村闲置宅基地自愿有偿退出机制和集体经营性建设用地入市机制。加快完善适用于集体经营性建设用地的入市价格形成机制、土地增值收益分配机制等相关制度和配套措施，建立健全城乡统一的建设用地市场。加快完善建设用地使用权转让、出租、抵押二级市场，健全二级市场规则，充分发挥"土地豫选云"平台作用，促进二级市场供需信息公开透明。规范交易流程，完善市场监管机制，推进城市存量土地、低效用地的再开发，提高城市土地要素配置效率。

（三）推进城市存量土地和低效用地盘活利用

面对全省土地利用强度大、增量拓展空间有限以及郑州等城市的国土开发已经步入存量挖潜和增量建设并存阶段的实际，唤醒存量土地和低效用地等"沉睡"的土地资源，更好地满足工商业发展需求，撬动城市发展增量显得尤为必要和迫切。一是加强整体谋划。省级层面要加快出台关于推进城镇低效用地再开发、促进城市更新的实施意见，健全盘活存量土地和低效用地政策体系，引导各市县有序盘活、高效利用存量土地和低效用地。科学界定并采用多元化手段精准识别城市低效用地资源，全面掌握全省各市县低效用地资源的底数。建立健全建设用地计划指标与消化盘活存量土地直接挂钩的机制，完善低效用地再开发奖补机制，合理运用容积率转移和奖励等立足市场需求的弹性调控手段，鼓励优质市场主体参与城市低效用地再开发。探索完善土地增值收益分配机制，促进城市低效用地再开发后的土地增值收益合理分配。二是鼓励城市实践探索。市县层面要扎实开展全要素低效用地再开发潜力评估，明确城市低效用地再开发的潜力和价值，在此基础上建立低效用地再开发专项规划体系，科学划定低效用地再开发重点区域，合理确定低效用地再开发空间单元，因地制宜选择产业升级型、历史文脉传承型等再开发模式，促进城市生产、生活和生态空间的均衡协调。三是加强零星土地的整合利用。探索"肥瘦搭配""公私搭配"等模式，推动城市内部的边角地、夹

心地、插花地等零星土地通过整合、置换等方式纳入成片开发区，推动城市整体空间形态和功能布局优化，更好地保障城市工商业发展所需空间。

（四）增强土地利用与管理的适应性和灵活性

随着城市发展方式的转变，传统单一的土地利用方式已经不能很好地适应发展的需要。河南应围绕推进以人为本的新型城镇化，加快建立完善新增城镇建设用地指标与常住人口增加相协调的配置机制。鼓励各市县结合实际探索制定土地混合开发利用相关制度和土地用途转换等规则要求，支持市县在符合国土空间规划及安全、生态环境保护要求的前提下，调整土地用途，合理推进土地复合利用。因地制宜推广"以存量换增量""以地下换地上""以资金、技术、数据换空间"等节地技术和节地模式，完善城市地上地下空间立体开发、土地混合开发、空间复合利用政策，基于工商业新业态、新模式的发展需求和城市功能完善的需要，实施精准灵活的土地资源配置，提高城市土地要素的配置效率。坚持"以亩产论英雄"的导向，推动各地严格落实《河南省开发区标准体系及基准值（试行）》，加强对包括工商业用地在内的城市土地资源的全生命周期管理，持续开展各类产业园区用地专项治理，加大批而未供土地和闲置土地利用力度，不断提升工商业用地效能及城市空间治理的现代化水平。

参考文献

河南省人民政府：《河南省国土空间规划（2021—2035年）》，2024年2月。

林坚、叶子君、杨红：《存量规划时代城镇低效用地再开发的思考》，《中国土地科学》2019年第9期。

严金明、蒲金芳、夏方舟：《创新配置土地要素保障新质生产力发展：理论逻辑、基本模式与路径机制》，《中国土地科学》2024年第7期。

B.22
提升河南城市基层社会治理效能研究

李建华*

摘 要： 基层社会治理是实现国家治理体系和治理能力现代化的基石，推动城市基层社会治理提质增效，不仅有助于夯实城市治理的根基，也有助于增强人民群众的归属感和幸福感。当前河南城市化进程加快，城市社区居民结构趋于复杂，利益群体日益分化，城市基层社会治理仍面临风险和挑战，迫切需要进一步创新治理理念、完善治理体系、提升治理效能，更好地保障经济社会高质量发展。

关键词： 城市 基层社会治理 高质量发展

基层强则国家强，基层安则天下安。习近平总书记在党的二十大报告中提出"建设人人有责、人人尽责、人人享有的社会治理共同体""健全共建共治共享的社会治理制度，提升社会治理效能"[1]。党的十八大以来，河南省不断完善基层社会治理体系，推动社会治理重心向基层下移，基层治理社会化、法治化、智能化、专业化水平不断提高，人民群众的获得感、幸福感、安全感持续增强。但同时要清醒地认识到，随着社会结构的深刻变革和社会利益结构的不断调整，城市基层社会治理仍存在不少亟待解决的问题，需要坚持以习近平总书记关于社会治理的系列重要

---

* 李建华，河南省社会科学院城市与生态文明研究所助理研究员，主要研究方向为城市生态、城市经济。
[1] 《习近平：高举中国特色社会主义伟大旗帜 为全面建设社会主义现代化国家而团结奋斗——在中国共产党第二十次全国代表大会上的报告》，中国政府网，2022年10月25日，https://www.gov.cn/xinwen/2022-10/25/content_5721685.htm。

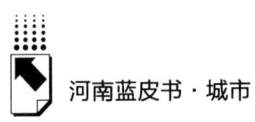

论述为指导,坚持问题导向,积极探索高质量提升城市基层社会治理效能的现实路径。

一 基层社会治理效能内涵

基层社会治理效能是指基层社会治理主体有计划、有目的、有组织地开展基层社会治理活动所获得的效率、效果、效益和所展示的能力。基层社会治理效率是指一段时间内基层社会治理目标的实现情况,反映的是基层社会治理过程中的人力、物力、财力、时间等投入与产出的关系,这里的产出主要是指基层社会治理社会化、法治化、智能化、专业化等目标的实现程度。基层社会治理效果是指基层社会治理主体在推进基层社会治理过程中所产生的积极成果。这些成果主要体现在城乡社区的违法犯罪行为持续减少、民事纠纷事件日趋减少、群体性极端事件逐年递减、民众信访率显著下降、生活困难群体得到有效帮扶等方面。基层社会治理效益是指基层社会治理主体在推进基层社会治理过程中所产生的正面社会影响。基层社会治理能力是指基层社会治理主体在推进基层社会治理过程中所体现的综合素养。城市基层社会治理效能是衡量城市基层社会治理成果的重要标准,提升城市基层社会治理效能是推动城市治理体系和治理能力现代化的关键一环。

二 河南城市基层社会治理实践探索

河南各地市积极践行新时代"枫桥经验",在城市基层社会治理实践中不断创新,因地制宜探索出各具特色、行之有效的治理新路径,亮点纷呈、成效显著,人民群众的获得感、幸福感和安全感持续增强。

(一)优化网格布局,激发"善治"活力

基层社会治理网格是城市治理体系的"神经末梢",也是关乎百姓获得感、幸福感、安全感的重要基石。郑州市立足特大城市发展现实,以网格为

阵地汇聚各方力量，以高质量党建引领基层网格化治理，做到民有所呼、我有所应，形成琐事不出楼院、小事不出社区、大事不出街道的基层社会治理模式，有力地提升了特大城市治理体系和治理能力现代化水平。

郑州市以党建引领网格化治理，将组织优势与数字优势有机融合，构建了分级授权管理、层层督办落实、扁平高效协同的基层社会治理新模式。按照"地域全覆盖、人员全覆盖、事务全覆盖、组织全覆盖"的原则，在全市域建立四级网格组织，构建起"一格管全面、一屏观全域、一网统全局、一线通上下、一键全处理"的数智治理格局。郑州市四级网格组织中，一级网格有214个，覆盖全市的主要行政区划；二级网格有3502个，进一步细分一级网格，确保每个区域都有具体的管理责任人；三级网格有19497个，细化到社区和村庄，实现更精细的管理；在三级网格的基础上，郑州市按照"50~70户，2小时内完成入户排查、宣传动员"的标准划分微网格（四级网格），同时在大型商超、市场、学校、医院、企业、高铁站等城市重点部位建立专属网格，夯实精细化治理、精准化服务底座。在四级网格组织中，通过单独组建、联建共建方式分级分类建立党支部、党小组等网格党组织。另外，郑州市坚持以党建带群建、促社建，一方面充分发挥工青妇等群团组织的桥梁和纽带作用，另一方面吸引外卖配送员、快递员、出租车司机、环卫工人、物业保安等担任网格动态信息员，积极引导新经济组织、新社会组织、新就业群体参与基层社会治理，构建了"党组织+社会组织+群众自治组织""一核带多元"的治理架构，使基层社会治理体系有效、有序全覆盖。

郑州市用数字化手段赋能网格化管理，打造新型智慧城市运行中心，推动12345便民热线、文明城市创建等业务融入网格化平台，推出"郑好拍""郑连心""AI小郑"等应用，促进政务网、视联网、物联网、基层社会治理网深度融合，形成"问题自动发现、任务智能分派、信息直达基层、结果跟踪反馈"的智慧化工作闭环。截至2024年4月，郑州各级城运平台累计处置各类事件429.7万件，及时消除了风险隐患，有效解决了群众的烦心事。

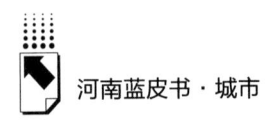

（二）践行新时代"枫桥经验"，打造市域社会治理现代化示范区

南阳市以建设国家市域社会治理现代化示范区为契机，践行新时代"枫桥经验"，积极探索市域社会治理现代化的实践路径。南阳市在市域社会治理方面采取了多项措施，大力开展"五星"支部创建，持续深化"三不四零"平安村、平安社区、平安企事业单位创建，以党建引领全科网格化治理，突出党的领导、法治思维、多元参与、科技赋能，着力构建完善网格化管理、精细化服务、信息化支撑的基层社会治理平台，解决好人民群众急难愁盼问题，把党的政治优势、组织优势、密切联系群众优势不断转化为基层社会治理成效，为高质高效推进中国式现代化南阳实践创造安全稳定的社会环境。2023年以来，南阳市矛盾纠纷化解成功率、平安村（社区）创建率、平安企事业单位创建率都位于全省前列，连续9年被评为"全省平安建设优秀省辖市"。

（三）打造"三调四化五聚焦"镇域社会治理模式，以"镇域之治"提升社会治理效能

济源产城融合示范区把"镇域之治"作为提升社会治理效能的关键，创新打造了"三调四化五聚焦"镇域社会治理模式。"三调"即在矛盾纠纷化解过程中将"人民调解、行政调解、司法调解"融合，构建多元调解格局，有效破解了矛盾纠纷外溢上行难题，做到了"小事不出村、大事不出镇、矛盾不上交"。"四化"即镇域社会治理实行"网格化管理、精细化服务、信息化支撑、社会化参与"，快速有效解决社会治理中的突出问题。"五聚焦"即在镇域社会治理过程中聚焦"党建引领"，以"党建+微网格"模式突出党在基层社会治理中的领导地位；聚焦"人民主体"，让人民参与社会治理、评价社会治理成效；聚焦"四治融合"，充分发挥法治、德治、自治、智治在社会治理中的保障、教化、强基、支撑作用；聚焦"四防并举"，以人防、物防、技防、心防为人民筑牢社会治理安全屏障；聚焦"共建共享"，最大限度地汇聚社会治理合力，着力解决群众急难愁盼问题，实现社会治理成果普惠化。

（四）创新"党建+大数据+全科网格"基层社会治理新模式，打造共建共治共享新格局

新乡市红旗区探索创新"党建+大数据+全科网格"基层社会治理新模式，构建以党建为统领、大数据为支撑、网格为平台、自治法治德治并举的共建共治共享基层社会治理体系，打造基层社会治理的"红旗模式"。

新乡市红旗区坚持党建统领，凝聚治理合力。筑强基层组织堡垒，把党建末梢向网格、楼院延伸，把支部建在楼院，把党建服务延伸到所有网格，及时有效服务群众。开展党员"亮作树"活动，即亮身份、作表率、树形象；开展干部"联包助"行动，即联系镇（街道）、村（社区）、高校，分包重点行业、重大项目、疑难案件，帮助企业、基层、群众活动，推动治理重心下移、力量下沉、资源下倾。

新乡市红旗区坚持网格夯基，以网格平台提升治理效力。科学设置全科网格，打造"多网合一、一格多能"的全科网格，实现"小事不出村、大事不出镇、矛盾不上交"。创新推行"政务警务社务"与"3+N"警务模式，打造上下协同、群防群控、城乡一体的网格平台。

新乡市红旗区坚持智治支撑，以数字赋能激发治理潜力。建设智能综治系统，探索"1+2+3+4+N"新型智慧城市建设模式，即打造1个智慧城市运营平台，贯通区、镇2级政府和党务、政务、综合治理3类数据，构建区—街道—社区—网格4级管理体系以及N个智慧城市应用场景，利用数据赋能激发治理动力。自2020年以来，红旗区公众安全感连续3年位列全省前六，红旗区连续4年获评全省平安建设工作优秀县（市、区）。

三 河南提高城市基层社会治理效能存在的难点和问题

基层是城市社会治理的基本单元，是巩固党的执政基础的重要基石。河

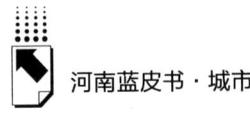

南推进城市基层社会治理取得的成效值得肯定,但也应注意到基层社会治理还存在一些问题,效能有待进一步提高。

(一)公众参与治理的意愿和程度不高

习近平总书记指出,要完善基层群众自治机制,调动城乡群众、企事业单位、社会组织自主自治的积极性,打造人人有责、人人尽责的社会治理共同体①。社会治理共同体以人民群众为主体,其核心在于激发公众参与的内生动力,从而实现公共利益最大化。构建社会治理共同体需要公众积极参与,实现人人有责、人人尽责、人人享有。但随着城乡社会结构和生活方式发生变化,城市里人与人之间的距离变得疏远,多数人是被动参与治理,"多一事不如少一事"成为城市社区中人们较为普遍的心态。如何达成全民共识,有效协调大家的利益诉求,激发大家参与社会治理的积极性,从而形成社会治理的合力是提高社会治理效能的难点之一。

(二)基层社会治理人才不足

提高城市基层社会治理效能需要热情热心、跨学科、跨领域、跨行业的复合型治理人才,但目前基层社会治理人才力量薄弱,在人员构成方面存在年龄偏大、专业知识不足等问题。此外,城市基层工作烦琐、压力大,工作环境、薪资待遇和发展空间相对有限,难以吸引和留住高素质的年轻人才,基层社会治理人才不足制约了治理能力的进一步提高。

(三)多元治理主体协同性不强

多元治理主体涉及政府、企业、社会组织、公众等,不同主体之间的利益诉求、价值观差异较大,如何推进协同合作是提高基层社会治理效能的一个难点。提升基层社会治理各主体间的互动性,推动基层社会治理由分散治理到协同治理成为重点。

---

① 《为健全基层治理体系提供制度支撑》,人民网,2021年11月2日,http://theory.people.com.cn/n1/2021/1102/c40531-32271024.html。

（四）数字治理转型带来新挑战

城市基层社会治理适应新形势下社会变革和发展需求，进入数字治理时代。数字治理转型面临的挑战主要有两个：一是许多基层社会治理工作者面对日益复杂多样的数字新技术、新应用，处理工作显得有些力不从心，难以满足基层社会治理向纵深推进的要求；二是基层社会治理依然存在政务服务移动App或小程序等各类应用平台跨部门、跨领域协同应用水平不高，数据融合难度大以及政务数据应用场景开发不够等难点痛点。

四 提升河南城市基层社会治理效能的对策建议

城市基层社会治理效能提升是一项综合性的系统工程，涉及社会治理理念改变、社会治理体系构建、社会治理效能提升、社会治理人才队伍建设等诸多方面。因此，要提升城市基层社会治理效能，就必须坚持问题导向，直面城市基层社会治理难题，补齐城市基层社会治理短板，提高为居民群众排忧解难的能力和水平。

（一）加强党组织建设，提升基层党组织领导基层社会治理的能力

把党的领导贯穿基层社会治理全过程、各方面，推动基层党建与基层社会治理深度融合，切实增强基层党组织的向心力、战斗力、吸引力、组织力和号召力。一是增强基层党组织的向心力。基层党组织在工作中要时刻保持与党中央的高度一致，不打折扣地宣传贯彻落实执行党的各项路线、方针、政策措施。二是增强基层党组织的战斗力。严守党的纪律，营造风清气正的社会环境，将基层党组织建设为领导基层社会治理、推动社会经济高质量发展的坚强堡垒。三是增强基层党组织的吸引力。坚持守正创新，积极探索智慧党建、网络党建新模式，增强党的基层工作的实践吸引力。四是增强基层党组织的组织力。发挥基层党组织凝聚和服务群众的作用，最大限度地凝聚人心、汇聚力量，统筹推进基层社会各项任务落细落小、落地落实。五是增

强基层党组织的号召力。把人民对美好生活的向往作为奋斗目标，认真对待群众反映的突出问题，加强群众对党的理解、认同、信任和支持，通过制定为民、便民、惠民的政策措施，增强基层党组织在人民群众中的代表性和号召力。

（二）汇聚社会多元主体合力，发挥多方作用

健全社会治理共同体机制，形成共同参与治理的合力。积极引导社会力量参与社会治理，营造和谐稳定的社会治理共同体发展环境，促进社区、社会企业、社会组织与社区居民通力合作，提升基层社会治理效能。畅通和规范企业经营主体、新社会阶层、社会工作者和志愿者等参与社会治理的途径，营造人人参与、人人负责、人人奉献、人人共享的良好治理环境。社会组织协同融合是基层社会治理的重要抓手，应充分发挥社会组织连接社区、政府和市场的桥梁作用，建立以社区为平台、社会工作者为支撑、社区社会组织为载体、社区志愿者为辅助、社区公益慈善资源为助力的"五社"联动治理格局。通过"五社"联动，打造社区"需求共同体"、社会工作者"互助共同体"、社区社会组织"项目孵化共同体"、社区志愿者"爱心共同体"、社区公益慈善资源"帮扶共同体"，汇聚社会多元主体合力，打造共建共治共享的基层社会治理新格局。

（三）加快推进数字化建设，提升城市基层社会治理效率

数字化技术的应用有助于提升城市基层社会治理的效率、精准度和透明度，构建更加高效、精准、智能的基层社会治理体系。一是加强基层社会数字化基础设施建设。一方面，加快推进5G和"双千兆"网络协同建设及IPv6规模化部署与应用，确保城乡地区都能拥有高速、稳定的网络连接，为数据的传输和共享提供保障。另一方面，加强基层社会治理中的大数据存储和分析计算能力建设，通过数据分析挖掘，提取有价值的信息，从而为基层社会治理制定更精准、有效的政策和措施。二是提升基层社会数据治理水平。一方面，建立统一的数据标准和规范，确保不同部门、不同系统之间的

数据能够互联互通、有效整合。另一方面，注重数据安全和隐私保护，制定严格的数据管理制度和技术防护措施，保护基层群众的切身利益和个人信息，防止数据泄露和滥用。三是完善基层社会数字化治理机制。打破部门之间的信息孤岛，实现数据共享和业务协同，形成一体化的数字社会治理格局。在应对自然灾害、公共卫生事件等突发事件时，通过大数据、云计算等技术手段对基层社会的各种信息进行全面收集和深度分析，从而迅速整合资源、高效协同应对，最大限度地减少人民群众的生命财产损失。

（四）壮大基层社会治理队伍，促进基层社会治理提质增效

提高城市基层社会治理效能的关键在人，应以问题为导向，选派骨干力量充实基层社会治理一线，着力解决基层"小马拉大车"等难题。一是打造高素质网格员队伍，提升网格管理服务水平。网格员作为基层社会治理的落实者，其能力素质的提升尤为重要。要加强网格员业务培训，重点强化网格员在矛盾化解、应急处突、协调沟通等方面的能力训练，进一步提升网格员服务群众的能力。二是完善高水平人才培养体系，提高基层社会治理人才的素质和能力。在人才选聘、激励保障、培养锻炼等方面优化措施，引进高素质、专业化、具有创新能力的专业人才和复合型人才，壮大城市基层社会治理骨干队伍。青年是基层社会治理的生力军，要大力挖掘和培养青年骨干，把政治过硬、本领出色、有群众基础的青年骨干推荐到基层参与社会治理工作，让青年人用知识和技术服务群众，实现青年人才发展与基层社会治理创新齐头并进。三是培育基层社会治理所需的群众工作队伍、志愿服务队伍、社会工作队伍、应急管理队伍。充分激发社会活力，广泛凝聚社会共识，积极发挥各种社会力量的作用。

参考文献

《大力加强社区工作者队伍建设，不断壮大城市基层治理骨干力量》，《光明日报》

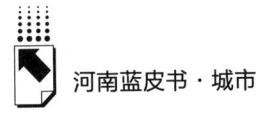

2024年4月11日。

《加强基层党组织建设要提升五种能力》，人民网，2020年4月10日，http://theory.people.com.cn/GB/n1/2020/0410/c40531-31669203.html。

季强：《加强基层治理研究》，《人民日报》2023年12月11日。

刘琼莲：《打造社会治理共同体　推进基层治理现代化》，《光明日报》2024年1月11日。

徐静：《多元协同构建基层社会治理现代化新格局》，《新华日报》2024年9月11日。

《以数字化提升基层社会治理能力》，光明网，2024年7月19日，https://digital.gmw.cn/2024-07-19/content_37449198.htm。

Abstract

The Third Plenary Session of the 20th CPC Central Committee studied the issue of further deepening reform comprehensively to advance Chinese modernization, and put forward strategic initiatives to improving the institutional mechanism for promoting new urbanization, which is the fundamental guideline for Henan to promote the innovation of the institutional mechanism for promoting new urbanization in the current and future period. In 2024, Henan is able to deeply promote people-centered new urbanization, make efforts to push forward coordinated regional development, further promote the full integration of agricultural migrant populations into the cities, actively enhance the core competitiveness of the national central city, promote the coordinated development of the Zhengzhou Metropolitan Area, and further improve the radiation-driven ability of the central city. The development pattern of "main and sub-centre cities leading, four regional synergies and multiple growth points supporting" has been accelerated, and the new urbanization has achieved improvement in quality and speed. At the same time, it should be noted that Henan's new-type urbanization still has a large room for improvement, but also faces problems such as a slowdown in the speed of urbanization, the coordinated development of large, medium and small cities is not enough, the level of urban safety resilience is insufficient and other issues, compared with the advanced regions and the national level. It is urgent to systematically plan, target policy, and promote the new-type urbanization to achieve the catching up and leaping, and to better support the construction of modern Henan.

Annual Report on Urban Development of Henan (2025) focuses on the theme of "Improving the institutions and mechanisms for advancing new urbanization", and based on the Henan's development, and explores the countermeasures and suggestions for improving the institutions and mechanisms of new urbanization from the four parts of "regional coordination, central city, planning and construction, and urban governance", and promotes and supports the construction of modern Henan with high-quality urban development.

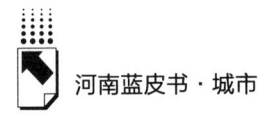

The general report of Annual Report on Urban Development of Henan (2025) is divided into two parts. The first part is "Advancing the Deepening Reform of Henan's New Urbanization—A Review of Henan's New Urbanization Development in 2024 and Outlook for 2025", which systematically summarizes and analyses the main practices, and existing problems of Henan in 2024 in terms of promoting people-centered new-type urbanization, analyzes and forecasts the situation facing Henan's continued promotion of new urbanization in 2025, and Henan should continue to make efforts in improving the institutions and mechanisms for advancing new urbanization, accelerating the transformation of the city's development mode, and promoting urban-rural integration in order to promote the new urbanization in the reform of deepening. The second part is "the 2024 Henan Province Healthy City Data Monitoring Report", which constructs healthy city indicator system from four dimensions such as healthy people, healthy environment, healthy services and healthy facilities, and comprehensively evaluates and analyzes the construction of healthy cities of 17 provincial cities and the Jiyuan demonstration area in Henan province in 2023. On this basis, it puts forward thoughts and suggestions for improving the health level of cities in Henan. Other special reports respectively put forward countermeasures and suggestions for improving the institutions and mechanisms of new-type urbanization from the aspects of deepening regional synergistic development, accelerating the development of central cities, and comprehensively improving the level of urban and rural planning, construction, governance and integrated development.

Keywords: New Urbanization; Synergistic Development; Henan

Contents

I General Reports

B.1 Advancing the Deepening Reform of Henan's New Urbanization

—A Review of Henan's New Urbanization Development in 2024 and Outlook for 2025

Research Group of Henan Academy of Social Sciences / 001

Abstract: In 2024, Henan Province will continue to promote the construction of a new type of urbanization centered on people. The level of new urbanization will steadily improve, the comprehensive carrying capacity of urban areas will be comprehensively enhanced, a new pattern of integrated urban-rural development will gradually form, the shortcomings of urban safety and resilience will be accelerated, and the urbanization system and mechanism will continue to be improved. However, the new urbanization in Henan still faces problems such as a slowdown in progress, insufficient coordinated development of large, medium, and small cities, shortcomings and weaknesses in urban public services, and significant regional development imbalances. In 2025 and beyond, Henan Province will continue to make efforts to improve the urbanization level of potential areas, accelerate the transformation of urban development mode, guide the coordinated development of large, medium, and small cities and towns, build a smart and efficient urban governance system, enhance urban safety and resilience, adhere to

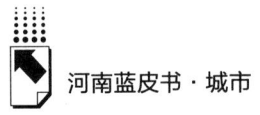

green and low-carbon development, promote urban-rural integration development, and promote the deepening of new urbanization in the reform.

Keywords: New Urbanization; Integrated Urban-rural Development; Henan

B.2 The 2024 Henan Province Healthy City Big Data Monitoring Report

Research Group of Urban and Rural Planning Design Institute of Henan Province / 032

Abstract: This report focuses on physical environmental elements such as natural environment and built environment that can be optimized, and constructs a healthy city indicator system covering 4 primary indicators, 8 secondary indicators, and 25 tertiary indicators. The aim is to comprehensively evaluate the level of healthy city construction in 17 provincial cities and Jiyuan Demonstration Zone in Henan Province, and thereby improve the overall health level of residents. The research results indicate that significant progress has been made in the construction of healthy cities in Henan Province, but there are also several shortcomings, and the overall health level of the city still needs to be improved. In response to these issues, this report proposes corresponding suggestions for improving the urban health level in Henan Province from five dimensions: medical and health, social atmosphere, cultural and sports facilities, healthy environment, and intermediate groups, including optimizing the allocation of medical resources, constructing a psychological health education system, and balancing the distribution of cultural and sports facilities.

Keywords: Healthy City; Big Data; Healthy People; Henan

Contents

II Regional Collaboration Chapter

B.3 Research on the Development of Urbanization in

Zhengzhou Metropolitan Area　　　　*Zhang Fangfei* / 060

Abstract: Urban agglomeration is an important stage of urban economic integration and an important way to promote high-quality regional economic development. The Zhengzhou metropolitan area is located in the central region of China, and its urbanization development will accelerate the integration process of the Central Plains urban agglomeration and promote the rise of the central region. This report is based on the advantages of Zhengzhou's urban circle structure, transportation location, infrastructure, natural endowment, etc., analyzing the practical basis of its urbanization development. In response to the existing problems of weak core competitiveness of the central city, insufficient support for innovation momentum, poor industrial cooperation and supporting facilities, and uneven supply of public services, specific paths are proposed to further promote the urbanization development of Zhengzhou's urban circle, namely accelerating the construction of the national central city to promote the urbanization development of the urban circle, accelerating the collaborative promotion of the urbanization innovation system construction of the urban circle, realizing the urbanization of enterprise production through the construction of a high-quality modern industrial system, and realizing the urbanization of residents' lives through the construction of a high-quality urban circle.

Keywords: Metropolitan Area; Urbanization Development; Zhengzhou

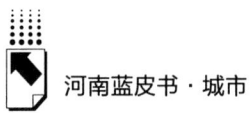
河南蓝皮书·城市

B.4 Study on Deepening Cooperation and Development Between Adjacent Areas in Shandong and Henan Provinces
　　　　　　　　　　　　　　　　　　　　　　　　Sheng Jian / 073

Abstract: The cooperation and development in the adjacent areas of Henan and Shandong have a foundation, conditions, willingness, and enormous potential. However, the current cooperation in the adjacent areas of Henan and Shandong is not deep enough, and still faces problems such as insufficient stimulation of endogenous driving forces, incomplete formation of industrial cooperation, ineffective synergy effects, and incomplete improvement in development speed. Drawing on the successful experience of inter provincial cooperation and development in adjacent areas such as Anhui, Jiangsu, and the Chengdu Chongqing economic circle, and combining with the actual cooperation and development in the adjacent areas of Henan and Shandong, we will comprehensively deepen the cooperation and development in the adjacent areas of Henan and Shandong by strengthening infrastructure connectivity, exploring the establishment of a win-win benefit distribution mechanism, focusing on promoting industrial co construction and co prosperity, establishing a sound consultation and promotion mechanism, and promoting ecological environment co construction and co governance.

Keywords: Adjacent Areas in Henan-Shandong Provinces; Regional Coordinated Development; Ecological Environment

B.5 Research on Accelerating the Coordinated Development of Adjacent Regions Between Henan and Anhui
　　　　　　　　　　　　　　　　　　　　　　　　Zhang Jian / 083

Abstract: Accelerating the coordinated development of the adjacent areas of Henan and Anhui is an important part of achieving the accelerated rise of the central region. This report analyzes the practical conditions of the adjacent areas of

Henan and Anhui in terms of geographical conditions, transportation infrastructure, economic and policy environment, as well as the problems and challenges they face such as incomplete industrial structure and serious population outflow. It proposes directions and paths to strengthen top-level design, enhance transportation interconnection level, and accelerate urbanization construction to help achieve regional economic prosperity and social harmony.

Keywords: Adjacent Areas of Henan and Anhui; Collaborative Development; Industrial Division of Labor; Urbanization

B.6 Exploration and Practice of Accelerating the Construction of the Southeast Henan High-Tech Industrial Development Zone　　　　　　　　　　　　　　　　*Wang Jianguo* / 095

Abstract: Accelerating the construction of the Southeast Henan High tech Industrial Development Zone is a concrete action to implement General Secretary Xi Jinping's "Two Better" instructions, a major measure to accelerate the cultivation and development of new quality productive forces, an important lever to build an efficient ecological economy demonstration zone in southern Henan, and a beneficial exploration to implement the reform and innovation of the development zone, as well as a strong support for the revitalization and development of revolutionary old areas. In recent years, the Henan Provincial Party Committee and Government have approached problems with a forward-looking perspective, made decisions, and focused on development, promoting the construction of the Southeast Henan High tech Industrial Development Zone and achieving a series of results. The project construction has taken substantial steps, the industrial system has accelerated construction, the urban functions have been preliminarily improved, and the driving effect has gradually emerged. Looking ahead to the future, the Southeast Henan High tech Industrial Development Zone will focus on the "four major positioning", continuously pursue excellence, and strive to promote the leapfrog development of various undertakings.

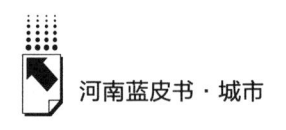

Keywords: Southeast Henan High-Tech Industrial Development Zone; "Two Better" Instructions; Regional Construction

Ⅲ Central City Chapter

B.7 Research on Accelerating the Transformation of Development Models in Zhengzhou　　　　*Zuo Wen* / 107

Abstract: Mega cities play a driving force and growth pole role in economic and social development, and promoting the accelerated transformation of their development mode is an inevitable requirement for the comprehensive construction of a socialist modernized country. Zhengzhou actively promotes the transformation of its development mode from scale expansion to connotation enhancement, and has achieved significant results. At the new starting point of Zhengzhou's development into a mega city, we must actively explore the path and laws of modern urban development, rely on industrial transformation, factor aggregation, optimized layout, and strengthened leadership to enhance Zhengzhou's urban level and core competitiveness, focus on building a smart, green, humanistic, and resilient city to improve Zhengzhou's urban quality and comprehensive carrying capacity, and promote the modernization of the urban governance system and governance capacity through refined management, grassroots social governance, and service quality and efficiency improvement.

Keywords: Mega City; Urban Governance; Zhengzhou

B . 8 Research on Improving the Concrete Level of Urban

Culture in Zhengzhou *Zhao Zhi* / 116

Abstract: Improving the level of concretization of urban culture is an important means for Zhengzhou to deeply explore the cultural heritage of the city, accelerate the cultivation of new cultural and tourism productivity, promote the inheritance, promotion, and dissemination of urban culture, and enhance the cultural taste, overall image, and development quality of the city. At present, the concrete development of urban culture in Zhengzhou still faces some challenges, such as insufficient extraction of cultural connotations and insufficient aggregation of cultural elements. Efforts need to be made to deepen the protection and utilization of urban cultural resources, promote historical and cultural empowerment of urban renewal, vigorously enhance the explanatory power of cultural concreteness, and strengthen the guarantee of cultural concreteness development, in order to improve the level of urban cultural concreteness.

Keywords: Urban Culture; Concretization; Zhengzhou

B . 9 Study on Building a Youth-Friendly City with High

Quality in Luoyang *Geng Yazhou* / 124

Abstract: Youth gather in cities, and cities thrive because of youth. The high-quality construction of a youth friendly city in Luoyang will gather youth power for Luoyang to "build a strong sub center and form a growth pole", provide solid support for the basic formation of the urban and rural integration development pattern in Henan, and make positive practice for promoting Chinese path to modernization with the people as the center. At present, Luoyang's high-quality construction of a youth friendly city has the advantages of stable and positive economic development, clear support for friendly policies, broad employment market prospects, profound historical and cultural heritage, and significant

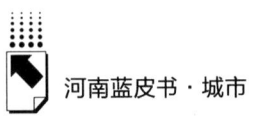

geographical advantages. However, at the same time, Luoyang still has practical shortcomings in promoting the aggregation of youth population and promoting youth employment and entrepreneurship. In this regard, it is necessary to effectively learn from the construction experience of other cities and focus on the combination of "Luoyang is more friendly to young people, and young people are more productive in Luoyang". On the one hand, we need to continuously optimize the urban environment, better attract, retain, and achieve young people. On the other hand, we need to actively lead young people to make achievements and better build, develop, and revitalize Luoyang.

Keywords: Youth-Friendly City; Youth; Luoyang

B.10 Research on Enhancing the Urban Development Level of Nanyang as a Sub-Center City　　　　*Kou Mingzhe* / 136

Abstract: Nanyang is located in the southwest of Henan Province and is a national historical and cultural city with abundant natural resources and profound cultural heritage. Based on the new development stage, fully implementing the new development concept, thoroughly implementing General Secretary Xi Jinping's important speech and instructions during his inspection of Nanyang, and in the context of the national regional coordinated development strategy and the acceleration of the construction of a new pattern of regional development with "one main and two secondary" in Henan Province, Nanyang has been entrusted with the important mission of building a sub central city in Henan Province. This report explores in depth how Nanyang can build a new highland for regional development, achieve high-quality development, and build a strong sub center city by enhancing the level of urban construction. By analyzing the regional advantages and development foundation of Nanyang, combined with the new stage, new tasks, and new requirements, a series of strategies are proposed to promote regional coordinated development, build innovative carrier platforms, accelerate industrial chain clustering, promote multimodal transport development, implement urban renewal actions, and promote green and low-carbon transformation, providing theoretical guidance and practical solutions for building a strong sub center city in Nanyang.

Keywords: Sub-Central City; Scientific and Technological Innovation; Green Development; Energy Level Elevation; Nanyang

Ⅳ Planning and Construction Chapter

B.11 Study on Improving the Urban Planning System of Henan

Liu Shen / 156

Abstract: A sound urban planning system is an important basis for implementing regional coordinated development strategies, an important carrier for improving the system and mechanism of urban-rural integrated development, and an important path for deepening the "integration of multiple regulations" reform. Since the establishment of the People's Republic of China, the construction of the urban planning system in Henan has gone through the stages of serving national key projects in urban construction planning, serving rapid urbanization in urban overall planning, serving urban-rural development in urban and rural planning system, and serving land planning system reform. Initial results have been achieved, but there are still problems such as insufficient transmission system, incomplete digital governance system, incomplete policy system, and insufficient public participation. To solve the above problems, Henan needs to further coordinate the "three types of relationships" to ensure efficient implementation of the plan; Accelerate transformation and upgrading, consolidate the foundation of digital governance; Strengthen policy research to ensure that the policy system is in line with reality; Establish a sound mechanism for public participation and facilitate channels for public participation.

Keywords: Urban Planning System; Territorial Space Plan; Integration of Mutiple Regulations

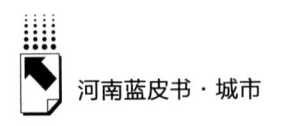

B.12 Research on the Integration of Industry-City-People
Driven by Smart City Construction in Zhumadian

Zhang Xinqin, Zhang Wenjing / 168

Abstract: In recent years, Zhumadian has actively implemented the requirements of the 20th National Congress of the Communist Party of China's report on "building livable, resilient, and smart cities". Through the construction of smart cities, an innovative mechanism for industrial upgrading, talent aggregation, positive interaction and integrated development of urban construction has been established, forming a virtuous cycle of integrated development between industry, city, and people, which has effectively promoted the high-quality development of regional economy and society. However, at the same time, Zhumadian still needs to further increase the development of smart industries, improve the level of refined urban governance, and attract digital professionals to meet the needs of smart city construction driven by smart city construction. It is necessary to make further efforts in promoting the transformation and development of industrial digitization, improving the level of refined urban governance, and cultivating and introducing digital professionals.

Keywords: Smart City Construction; Integration Development of Industry-City-People; Zhumadian

B.13 Study on Sustainable Promotion Strategy of Urban
Renewal in Henan Province

Yao Chen / 184

Abstract: The sustainable development model of urban renewal is a new modern urban governance model proposed under the trend of "incremental to stock, development to operation". It has the main characteristics of sustainable planning goals, sustainable institutional construction, sustainable operation mode, and sustainable implementation subject. In recent years, Henan has been deeply promoting the sustainable development of urban renewal, by steadily and cautiously advancing the transformation of urban villages, strengthening the shaping of urban style and the protection and inheritance of historical and cultural heritage, promoting urban green development and ecological restoration, and other means, systematically improving the quality of urban development and urban safety resilience. Although significant achievements have been made in urban renewal work, there are still issues such as the construction of the urban renewal system being in its early stages, the need for continuous innovation in urban renewal models, and multiple challenges facing project implementation processes. Based on this, the integrity of institutional design should be ensured to form a closed-loop urban renewal management system; Enhance the diversity of participants and explore the implementation path of organic renewal; To achieve overall efficiency improvement and meet the needs of sustainable development.

Keywords: Urban Renewal; Sustainable Development; Modernization Urban

B.14 Research on the Constructtion of Henan New Realty Development Model　　　　　　　　　　　　*Han Peng* / 195

Abstract: Against the backdrop of significant changes in the supply and demand relationship in the Chinese real estate market, the traditional extensive real estate development model has accumulated multiple risks and is no longer suitable for the needs of China's economic and social development. Therefore, the country proposes to accelerate the construction of a new model for real estate development to better meet the needs of the people for a better living environment. Henan Province actively implements the decisions and deployments of the Party Central Committee, and on the basis of meeting the overall housing needs of the people, continues to carry out relevant explorations, achieving positive results. However, due to its heavy reliance on the traditional path of real estate development, Henan Province is still facing significant regional urban-rural differences, incomplete housing supply system, and severe real estate market situation in accelerating the construction of a new model of real estate development. The task of reform and development is still heavy, and it is urgent to further optimize the development ideas of real estate, improve the housing supply system, strengthen factor allocation, and accelerate reform and innovation development.

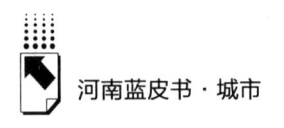

Keywords: Real Estate; New Development Model; Housing Supply System

B.15 Research on Enhancing the Resilience of Urban Safety in Henan Province   *Cheng Wenru / 207*

Abstract: Security is the prerequisite for development, and development is the guarantee of security. Improving urban safety resilience and enhancing risk resistance are not only necessary means to ensure urban safety, but also an important cornerstone to promote sustainable urban development. Henan Province is accelerating the improvement of urban safety resilience, implementing actions to address shortcomings in municipal infrastructure, continuously improving the urban ecological environment, promoting the construction of digital management systems, and comprehensively enhancing the city's ability to defend against disasters and risks. However, there are still challenges such as the insufficient firmness of the urban full cycle management concept, the existence of "arrears" in the risk governance system, and low public safety awareness and participation. On this basis, this report proposes countermeasures and suggestions such as increasing investment in urban safety infrastructure, building a composite coordination and linkage mechanism, improving the urban emergency plan system, and enhancing public safety awareness and participation.

Keywords: Safety Resilience; Urban Governance; Emergency Response

B.16 Research on Enhancing the Comprehensive Carrying Capacity of County Towns in Henan Province

Jin Dong / 219

Abstract: County towns are natural carriers that connect cities and serve rural areas, as well as key supports for promoting integrated urban-rural development. With the deepening of urbanization construction with county towns as an important carrier, enhancing the comprehensive carrying capacity of county towns has become increasingly important. The promotion of the comprehensive carrying capacity of Henan county towns has a profound historical and practical logic. In recent years, Henan has been promoting the practice of new urbanization centered on people, insisting on the coordinated efforts of central cities and county towns, deepening the action of filling the gaps and weaknesses in county towns, and striving to enhance the priority of county towns. The absorption and radiation power of county towns have been significantly enhanced. However, the overall comprehensive carrying capacity of Henan's county towns is still relatively low, and there is a large gap between each county town. The resources that support the improvement of the county town's comprehensive carrying capacity are also relatively limited. To this end, it is necessary to focus on strengthening the population and industrial carrying capacity of county towns, and coordinate efforts from institutional mechanisms, industrial development, public services, infrastructure, urban management, and other aspects to promote the continuous improvement of the comprehensive carrying capacity of Henan county towns.

Keywords: County Town; Comprehensive Carrying Capacity; County Level; Henan

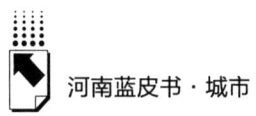
河南蓝皮书·城市

V Urban Governance Chapter

B.17 Research on the Construction of a Smart Urban Operational Management System in Zhengzhou

Cheng Fang / 235

Abstract: The intelligent city operation management system utilizes advanced information technology to comprehensively integrate and deeply optimize various complex systems of urban operation, aiming to achieve intelligent management and efficient operation of the city, demonstrating a high degree of intelligence, informatization, and efficiency. Given the inevitable trend of future urban construction, it is particularly crucial for Zhengzhou, as an important national transportation hub and central city, to establish a smart city operation and management system. At present, Zhengzhou has made significant achievements in this field, but still needs to solve some difficulties, such as the existence of information silos and relatively insufficient funding. It is urgent to further adopt measures such as strengthening top-level design and promoting cross departmental collaboration to comprehensively improve the efficiency and level of smart city operation and management, and ensure the sustainable development of the city.

Keywords: Smart City; Operational Management System; Information Silos; Collaborative Innovation

B.18 Research on the Implementation of a New Round of Citizenization of Rural Migrant Population in Henan

Yi Xueqin / 246

Abstract: Currently, the core task of new urbanization is still to promote the urbanization of agricultural migrant populations. Since the 18th National

Congress of the Communist Party of China, Henan has continuously promoted the urbanization of agricultural migrant population, and the level and quality of new urbanization have significantly improved. However, there are still many challenges in supporting and promoting the urbanization of agricultural migrant population in industries, public services, factors, systems, and other aspects. With the continuous advancement of urbanization, new trends and characteristics have emerged in the key groups, main demands, transfer locations, and institutional mechanisms of agricultural migrant populations. In the coming period, Henan should implement a new round of citizenization of agricultural transfer population by continuously deepening the system reform linked to registered residence, improving the sustainable factor support mechanism, building a more equitable public service supply mechanism, improving the new citizen social governance participation mechanism and other measures to promote high-quality development of new urbanization.

Keywords: Rural Migrants; Citizenization; Urbanization; Henan

B.19 Study on the Improvement of the System of Providing Basic Public Services at the Place of Permanent Residence in Henan Province　　　　*Qin Yiwen* / 260

Abstract: The so-called 'small wisdom governing affairs, big wisdom governing system' was approved at the Third Plenary Session of the 20th Central Committee of the Communist Party of China, which proposed to 'promote the basic public service system provided by registered household registration in the place of permanent residence' and elevate mature experience and practices into institutional norms. Since entering the 14th Five Year Plan period, Henan Province has achieved significant results in promoting equalization of basic public services, but still faces pain points and difficulties such as the incomplete residence permit system and inadequate financial security mechanisms. In the future, Henan Province can

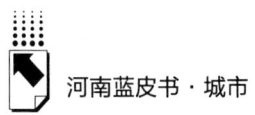

implement classified and tailored policies based on the pressure and supply capacity of basic public services in permanent residences, improve cost sharing mechanisms, strengthen factor guarantee support, and promote full coverage of basic public services for permanent residents in the province in a hierarchical manner.

Keywords: Permanent Residence Location; Basic Public Services; Equalization; Residence Permit

B.20 Promote the Research on the "Three Reforms" of the County Economy in Henan Province *Zhao Zhonghua / 272*

Abstract: County areas are the main economic and population gathering areas in Henan. The foundation of high-quality development in Henan lies in the county areas, where the shortcomings and potential also lie. The implementation of the "three reforms" of the county decentralization and empowerment reform, the reform of the financial system of the province directly governing the county, and the reform of the development zone system in Henan is of great significance to the promotion of Chinese path to modernization in Henan. The current promotion of the "three reforms" of county-level economy in Henan Province still faces problems such as insufficient implementation of administrative reforms, weak coordination of fiscal system reforms, challenges in industrial structure transformation, insufficient infrastructure and service support, as well as population outflow and talent shortage. To strengthen the effectiveness of the "three reforms" in county-level economy, Henan still needs to continue efforts in top-level design, policy coordination, administrative system reform, fiscal system reform, and industrial transformation and upgrading.

Keywords: County Economy; Decentralization and Empowerment; Fiscal System Reform; Development Zone System Reform

Contents

B.21 Research on the Optimized Use of Urban Industrial and Commercial Land in Henan Province *Zhao Zhi* / 286

Abstract: Industrial and commercial land is an important component of urban construction land, and its spatial layout and utilization directly affect the cultivation and development of new quality productivity, the transformation of urban development mode, and the modernization of Henan construction. At present, Henan has achieved significant results in strengthening top-level design, improving policy system, and enhancing land use efficiency. However, there are still problems such as excessive land use intensity, low proportion of industrial land, and facing diverse land demands. With the accelerated cultivation of new quality productivity and the gradual evolution of urban development stages, Henan needs to start from timely optimization of policy system, establishment and improvement of construction land market, scientific implementation of the redevelopment of existing and inefficient land, and improvement of the applicability and flexibility of land use management to further optimize urban industrial and commercial land use.

Keywords: Industrial and Commercial Land; Utilize Optimization; Urban

B.22 Research on Enhancing the Efficiency of Grassroots Urban Governance in Henan Province *Li Jianhua* / 295

Abstract: Grassroots social governance is the cornerstone of modernizing the national governance system and governance capacity. Promoting the quality and efficiency of urban grassroots social governance not only helps to solidify the foundation of urban governance, but also enhances the sense of belonging and happiness of the people. The current urbanization process in Henan is accelerating, and the structure of urban community residents is becoming more complex, with increasingly differentiated interest groups. Grassroots social governance in cities still faces risks and challenges, and there is an urgent need to further innovate governance concepts, improve governance systems, enhance governance efficiency, and better ensure high-quality economic and social development.

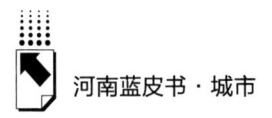

Keywords: City; Grassroots Social Governance; High-quality Development

权威报告·连续出版·独家资源

皮书数据库
ANNUAL REPORT(YEARBOOK) DATABASE

分析解读当下中国发展变迁的高端智库平台

所获荣誉

- 2022年，入选技术赋能"新闻+"推荐案例
- 2020年，入选全国新闻出版深度融合发展创新案例
- 2019年，入选国家新闻出版署数字出版精品遴选推荐计划
- 2016年，入选"十三五"国家重点电子出版物出版规划骨干工程
- 2013年，荣获"中国出版政府奖·网络出版物奖"提名奖

皮书数据库

"社科数托邦"
微信公众号

成为用户

登录网址www.pishu.com.cn访问皮书数据库网站或下载皮书数据库APP，通过手机号码验证或邮箱验证即可成为皮书数据库用户。

用户福利

- 已注册用户购书后可免费获赠100元皮书数据库充值卡。刮开充值卡涂层获取充值密码，登录并进入"会员中心"—"在线充值"—"充值卡充值"，充值成功即可购买和查看数据库内容。
- 用户福利最终解释权归社会科学文献出版社所有。

数据库服务热线：010-59367265
数据库服务QQ：2475522410
数据库服务邮箱：database@ssap.cn
图书销售热线：010-59367070/7028
图书服务QQ：1265056568
图书服务邮箱：duzhe@ssap.cn

卡号：749512198834
密码：

基本子库
SUB DATABASE

中国社会发展数据库（下设 12 个专题子库）

紧扣人口、政治、外交、法律、教育、医疗卫生、资源环境等 12 个社会发展领域的前沿和热点，全面整合专业著作、智库报告、学术资讯、调研数据等类型资源，帮助用户追踪中国社会发展动态、研究社会发展战略与政策、了解社会热点问题、分析社会发展趋势。

中国经济发展数据库（下设 12 专题子库）

内容涵盖宏观经济、产业经济、工业经济、农业经济、财政金融、房地产经济、城市经济、商业贸易等 12 个重点经济领域，为把握经济运行态势、洞察经济发展规律、研判经济发展趋势、进行经济调控决策提供参考和依据。

中国行业发展数据库（下设 17 个专题子库）

以中国国民经济行业分类为依据，覆盖金融业、旅游业、交通运输业、能源矿产业、制造业等 100 多个行业，跟踪分析国民经济相关行业市场运行状况和政策导向，汇集行业发展前沿资讯，为投资、从业及各种经济决策提供理论支撑和实践指导。

中国区域发展数据库（下设 4 个专题子库）

对中国特定区域内的经济、社会、文化等领域现状与发展情况进行深度分析和预测，涉及省级行政区、城市群、城市、农村等不同维度，研究层级至县及县以下行政区，为学者研究地方经济社会宏观态势、经验模式、发展案例提供支撑，为地方政府决策提供参考。

中国文化传媒数据库（下设 18 个专题子库）

内容覆盖文化产业、新闻传播、电影娱乐、文学艺术、群众文化、图书情报等 18 个重点研究领域，聚焦文化传媒领域发展前沿、热点话题、行业实践，服务用户的教学科研、文化投资、企业规划等需要。

世界经济与国际关系数据库（下设 6 个专题子库）

整合世界经济、国际政治、世界文化与科技、全球性问题、国际组织与国际法、区域研究 6 大领域研究成果，对世界经济形势、国际形势进行连续性深度分析，对年度热点问题进行专题解读，为研判全球发展趋势提供事实和数据支持。

法律声明

"皮书系列"（含蓝皮书、绿皮书、黄皮书）之品牌由社会科学文献出版社最早使用并持续至今，现已被中国图书行业所熟知。"皮书系列"的相关商标已在国家商标管理部门商标局注册，包括但不限于LOGO（ ）、皮书、Pishu、经济蓝皮书、社会蓝皮书等。"皮书系列"图书的注册商标专用权及封面设计、版式设计的著作权均为社会科学文献出版社所有。未经社会科学文献出版社书面授权许可，任何使用与"皮书系列"图书注册商标、封面设计、版式设计相同或者近似的文字、图形或其组合的行为均系侵权行为。

经作者授权，本书的专有出版权及信息网络传播权等为社会科学文献出版社享有。未经社会科学文献出版社书面授权许可，任何就本书内容的复制、发行或以数字形式进行网络传播的行为均系侵权行为。

社会科学文献出版社将通过法律途径追究上述侵权行为的法律责任，维护自身合法权益。

欢迎社会各界人士对侵犯社会科学文献出版社上述权利的侵权行为进行举报。电话：010-59367121，电子邮箱：fawubu@ssap.cn。

社会科学文献出版社